KB128971

신자유주의 교육정책의 비판

- 교육정치학과 교육사회학의 관점 -

Geoff Whitty 저 | 김달효 역

학지사

Making Sense of Education Policy:
Studies in the Sociology and Politics of Education
by Geoff Whitty

역자 서문

이 책은 Geoff Whitty가 쓴 *Making Sense of Education Policy*(2002)를 번역한 것이다. 이 책을 번역한 목적은 우리나라에서도 만연하고 있는 신자유주의적 교육정책이 어떤 심각한 문제점들을 내포하고 있는가를 이론적으로뿐만 아니라 실증적으로도 알리는 데 있다. 신자유주의를 추종하는 사람들은 '학교선택'과 '학교자율성'이라는 그럴듯한 명분을 내세우고, 그러한 교육정책을 확장해 나가는 것이 바람직하다고 주장한다. 하지만 이 책에서 여러 가지 실증적 근거들을 바탕으로 두고 강조하듯이, 학교선택과 학교자율성이라는 것으로 대표되는 신자유주의 교육정책은 평등성을 비롯한 여러 가지 민주주의적 가치를 훼손할 뿐만 아니라 사회 및 교육 양극화를 더욱 심화한다. 그럼에도 불구하고, 그와 같은 교육정책을 주장하는 사람들은 아마도 신자유주의 교육정책의 문제점에 대해서는 잘 모르면서 막연하게 주장을 펼치는 '무지한' 사람이거나, 그 문제점들을 잘 알면서도 특정 집단에 유리한 교육정책을 수립하기 위해 억지를 부리는 '음흉한' 사람일 것이다.

'좋은 사회란 어떤 사회인가'를 판단하는 방법은 다양하다. 하지만 그중에서도 반드시 고려하여야 할 것은, 그 사회의 약자를 실제로 얼마나 배려하고 존중하며, 강자와 약자와의 차이를 좁히려고 노력하는가다. 따라서 더 나은 교육 및 사회를 구현하기 위해서는 '평등성' '협력' '연대' '재분배'와 같은 가치들이 더욱 강조되어야 하는 것이지, '차등성' '경쟁' '서열화'와 같은 비교육적이고 비인간적인 개념이 강조되어서는 안 된다. 그런데 현실은 전자의 가치보다 후자의 개념을 강조하고 있어서 안타까울 뿐이다. 따라서 이렇게 거꾸로 진행되고 있는 교육정책을 바로잡으려면 많은 사람들이 신자유주의 교육정책의 실체(진실)에 대해 알아야 하고, 바로잡는 데 도움이 될 만한 의사 표현을 할 기회가 있을 때 적극적으로 하는 것이 필요하다. 이러한 현실 속에서 이 책이 그러한 역할을 하는 데 조금이나마 도움이 되기를 바라는 마음이다.

마지막으로, 고마운 분들에게 감사를 전하고자 한다. 먼저, 언제나 필자의 마음을 편하게 만들어 주고자 노력하는 천사 같은 아내와 그저 사랑스러운 딸과 아들에게 풋풋한 감사를 표한다. 그리고 이 책의 출판을 맡아 주신 학지사의 김진환 사장님을 비롯한 직원 여러분께도 감사를 표한다.

2012년 9월

승학산 캠퍼스에서

김달효

저자 서문

이 책은 여러 강연과 발표 내용을 취합하여 수정 및 보완한 것이다. 1장은 필자가 Mannheim의 사망 50주년 기념으로 1997년 1월 런던 대학교의 교육연구대학원에 전달하였던 Karl Mannheim의 추도 강연을 바탕으로 하였다. 2장은 1993년 포르투갈에서 있었던 제2회 교육사회학 국제콘퍼런스에서 강연했던 것을 바탕으로 하였다. 3장은 1996년 11월 미국의 위스콘신-메디슨 대학교의 Havens 센터에서 강연했던 내용을 보완하여, 2000년 3월 스위스의 취리히에서 있었던 '교육의 미래'에 관한 국제심포지엄에서 기조 강연했던 것을 바탕으로 하였다. 4장은 1999년 11월 영국의 럭비(Rugby) 지역에서 교사들의 교육과 양성 위원회의 연례회의에서 다루었던 내용을 바탕으로 하였다. 5장은 1995년 3월 국립타이완 대학교에서 강연했던 것을 바탕으로 하였고, 6장은

1996년 7월 호주의 시드니에서 비교교육사회 국제회의에서 발표한 것을 바탕으로 하였다. 7장의 대부분은 1999년 7월 영국의 더비셔(Derbyshire) 지역에 있는, '도시빈민지역의 가톨릭 학교'에 대한 가톨릭교육 서비스 콘퍼런스에서 강연하였던 것을 바탕으로 하였으며, 일부분은 2000년 7월 킹스칼리지런던(King's College London)에서 '교육정책과 사회계층'에 대한 세미나에서 발표했던 것을 바탕으로 하였다. 8장은 원래 1998년 2월 옥스퍼드 대학교에서 강연한 것을 바탕으로 하였지만, 2001년 5월 영국 루이스(Lewes) 지역의 헤드스트롱클럽(Headstrong Club)에서 강연한 것을 덧붙여서 보완하였다.

그리고 2장은 Peter Aggleton과 Garielle Rowe와 공동 집필한 것이고, 3장과 6장은 Sally Power와 공동 집필한 것이다. 따라서 필자는 그러한 논문들을 이 책에 실을 수 있도록 허락해 준 이들에게 가장 깊은 감사를 표한다. 또한 자신의 글을 7장의 일부분으로 사용하도록 허락해 준 Peter Mortimore에게도 감사를 표한다. 다른 여러 장들과 관련해서도 감사를 전할 분들이 많지만, 특히 Peter Aggleton, Michael Apple, Elizabeth Barrett, Len Barton, David Crook, Marny Dickson, Tony Edwards, John Furlong, Eva Gamarnikow, Sharon Gewirtz, David Halpin, Sheila Miles, Sally Power, Paul Tyrer, Caroline Whiting 그리고 Deborah Youdell에게 감사를 표한다. 필자는 이들의 협조에

감사하며, 출판과 관련한 책임은 전적으로 필자에게 있음을 분명히 밝힌다.

경제사회연구위원회(The Economic and Social Research Council)는 이 책을 집필하는 데 근거로 필요한 연구물들을 지원 및 제공해 주었다. 또한 필자는 미국의 위스콘신-메디슨 대학교와 뉴질랜드의 캔터베리 대학교에 감사를 표한다. 이들 대학교에서 필자를 특별연구원의 자격으로 방문할 수 있도록 해 준 덕분에 이 책에서 필요한 연구에 착수할 수 있었다.

마지막으로, 원고를 준비하는 데 도움을 준 Marcia Beer에게 감사를 표한다.

차 례

Chapter 1

사회학과 교육정책

이 장에서는 저명한 사회학자인 Karl Mannheim의 견해를 바탕으로 교육정책의 사회학적 연구를 살펴본다. Mannheim은 사회이론과 지식사회학으로 잘 알려져 있지만, 1940년대에 런던 대학교 경제학대학과 교육연구대학원에서 일하면서 교육사회학 및 교육정책 분야에도 점차 관여하게 되었다. Mannheim의 특정한 접근이 오늘날에는 적합하지 않다고 하더라도 그가 던진 많은 질문은 여전히 의미 있으며, 그가 사용한 사회학적 개념은 교육정책을 이해하는 데 도움을 준다.

이 책은 교육사회학과 교육정치학의 자원을 사용하여, 지난 10년간 교육정책에서의 변화를 이해시키는 데 중점을 두었다. 어떤 면에서, 이 책은 학교교육과정의 변화를 연구하기 위해 비슷한 자원을 사용하였던 필자의 전작인 *Sociology and School Knowledge: Curriculum Theory, Research and Politics*(Whitty, 1995)와 연계되기도 하였으며, 지난 10년간 필자가 했던 일련의 강의를 취합하고 보완한 것이다. 또한 이 책은 2000년대의 교육정책 흐름을 반영하였을 뿐만 아니라, 그동안 필자가 연구하고 가르치면서 교육정책을 이해하는 데 도움을 주었던 개념적 틀을 반영하였다.

1992년에 필자는 런던 대학교 내 Goldsmiths 단과대학에서 교육정책과 경영의 Goldsmiths 교수직을 맡았다가 교육연구대학원에서 교육사회학의 Karl Mannheim* 교수직을 맡았다. Karl Mannheim 교수직은 1940년대에 런던 대학교의 교육연구대학원에서 일했던 헝가리 출신의 저명한 사회학자 Karl Mannheim의 이름을 딴 것이다. 필자가 교수직으로 있었던 8년 동안, 교육연구대학원의 규율로서 교육사회학의 강한 전통을 만들고자 역점을 두었고, 특히 교육정책과 경영의 쟁점들을 연구하는 데 교육사회학을 활용하려고 노력하였다. 이 책의 몇몇 장들은 경험적 연구에서 도출된 결과를 바탕으로 구성하였고, 다른 장들은 좀 더 이론적이거나 사변적인 내용을 바탕으로 구성하였다. 비록 많은 실재적인 내용이 잉글랜드와 웨일스 지역의 교육정책과 관련되어 있지만, 필자는 교육정책의 비교연구를 바탕으로 한 내용들도 포함하였다.

이 장에서는 Karl Mannheim의 노력에서 시작된 사회학적 연구의 전통이 오늘날의 교육정책 연구에 여전히 의미가 있음을 살펴보고자 한다. Mannheim은 19세기 말, 헝가리의 중산층 유대인 가정에서 태어났다. 그는 부다페스트뿐만 아니라 베를린, 파리, 프라이부르크, 하이델베르크에서 공부한 후, 1918년 부다페스트 대학교에서 철학박사 학위를 취득하였다. 이러한 경력 때문

---

* **역자 주)** (1893. 3. 27. 헝가리 부다페스트~1947. 1. 9. 영국 런던) 독일의 사회학자인 Karl Mannheim은 아돌프 히틀러가 집권하기 전에는 독일에서 활동했으나, 그 후 영국으로 망명했다. '지식사회학', 사회조직 밖에서 사회학적 영향을 미치는 과학에 대한 연구, 지도력과 합의의 문제에 관한 연구 활동 등으로 알려져 있다. 하이델베르크 대학교(1926~1930)와 프랑크푸르트암마인 대학교(1930~1933)에서 교수를 지낸 뒤 런던 대학교 경제학대학에서 사회학을 강의했고(1933~1945), 그 뒤에는 런던 대학교 교육연구대학원에서 교육철학과 교육사회학 교수로 지냈다(1945~1947).
그는 사고방식과 진리에 대한 기준이 개인마다 다른 데서 사회갈등이 발생한다고 인식했고, 이런 차이점들은 마르크스주의 철학자들이 강조하는 경제적 불균형과 계급의식보다 더 근본적이라고 믿었다. 또 입증할 수 있는 사실들보다는 주관적 믿음(이것은 그에게 '지식'을 뜻함)을 지지했다. 그리고 전체주의에 대한 혐오와 점점 더해 가는 사회계획의 필요성에 대한 신념을 양립시키기 위해 애썼다(브리태니커 백과사전).

에 그는 실증주의(positivist)와 반실증주의(anti-positivist) 모두를 자연스럽게 겸비하게 되었다. 반면, 공산주의-사회민주주의 연합 정부에서 잠깐 동안 위원으로 있었고 마르크스주의 문학 평론가이기도 하였던 George Lukács를 주축으로 하는 집단과 가장 밀접한 관계를 가졌었다. 비록 Mannheim은 공산당 가입을 거절하였지만, Lukács는 그를 부다페스트 대학교 사범대학 강사로 임명하였다.

Lukács와 관계한 결과로, Mannheim은 부다페스트에서 새로운 반(counter)혁명 정부에 저촉되었고, 1919년 12월 비엔나로 떠났다. 그러고 나서 독일로 이동하였고, 그의 대부분의 공식적인 지적인 경험은 독일의 바이마르에서 망명 생활을 하면서 이루어졌다. 그는 처음에는 프라이부르크와 베를린에 갔었지만, 나중에는 하이델베르크에 정착하였다. 하이델베르크에서 그는 Max Weber의 주축으로 성장하였던 한 집단의 구성원이 되었고, 1920년 Max Weber 사망 이후에도 Alfred Weber 아래에서 모임을 계속 유지하였다. 1930년 Mannheim은 사회학 교수가 되었고, 프랑크푸르트의 괴테 대학교의 사회학 단과대학을 새롭게 창설하여 학장이 되었다. 1933년 그는 나치 정권에 의해 프랑크푸르트에서의 지위를 내려놓게 되었고, 암스테르담을 경유하여 잉글랜드로 가게 되었다. 그곳에서 그는 런던 대학교 경제학대학에서 사회학을 가르쳤다.

그 당시 런던 대학교 교육연구대학원의 교수직으로 있었던 저명한 교육학자인 Sir Fred Clarke는 'Moot'라는 지성인들의 집단

모임에서 Mannheim을 만나고 깊은 감명을 받게 되었다. 그 당시 Moot라는 지성인 집단의 구성원들은 J. H. Oldham, Adolph Lowe, J. Middleton Murry, Sir Walter Moberly, Lord A. D. Lindsay 그리고 T. S. Eliot와 같은 유명한 사람들이었다. 1941년 Clarke는 Mannheim이 런던 대학교 경제학대학에서 재직하면서도 교육연구대학원에서 파트타임제로 사회학 수업을 할 수 있도록 주선하였다. 하지만 이러한 주선은 직접적으로 이루어지지는 못하였는데, 그것은 Mannheim과 사회학 교수인 Morris Ginsberg의 관계가 껄끄러웠기 때문이었다. 따라서 그러한 주선은 Clarke와 런던 대학교 경제학대학의 학장인 A. M. Carr-Saunders 교수 간의 밀접한 친분으로 비밀리에 이루어졌다(Kettler, Meja & Stehr, 1984; Woldring, 1986). 그 후 2년 동안 Mannheim은 햄스테드—자신의 집이 있는—에서 노팅엄과 케임브리지까지 왕래하게 되었다—그때 당시 전쟁으로 인해 교육연구대학원은 노팅엄에, 런던 대학교 경제학대학은 케임브리지에 있었다.

1943년 3월 Clarke는 전쟁이 끝나자마자 Mannheim을 교육연구대학원의 새로운 교수 지위로 임명하자는 안을 주장하였다. Clarke는 런던 대학교 교육연구대학원의 상임위원들에게 다음과 같이 글을 썼다.

> 사회학적 접근으로 연구하는 교수직은 쉽지 않은 깨달음이 요구되는 것 같습니다. 사회학은 지금 널리 알려져 있지만 분명치는 않고, 사회질서의 커다란 변화와 사회 세력들의 상호작용은 이미 진행 중

입니다. 하지만 교육이론과 교육정책은 이러한 변화와 작용에 대해 무시하고 있어서 그 결과가 매우 해로울 수 있습니다.

(Sir Fred Clarke, 교육연구대학원 교수, 1943. 3. 18.)

이러한 결과로, 1946년 1월 1일 Mannheim은 Clarke의 뒤를 이어 교육연구대학원 교수직을 맡게 되었다. 비록 Mannheim은 교육 분야의 일을 맡았지만, 사회학적 접근 분야에도 특별한 책임감을 가졌다. Mannheim이 이러한 개념과 열정을 갖게 된 것은 그의 성장 배경에 영향을 받은 것일 뿐만 아니라 철학, 사회학 및 사회심리학에 관심을 가졌기 때문이다. 또한 그는 강한 열정으로 사회학 및 사회 재건의 국제도서관을 설립하였고, 사회학이 전쟁 이후의 사회 재건을 위한 근본이 되고 교육이 그 핵심적인 역할을 할 수 있도록 공헌하였다.

Mannheim은 1947년 1월 9일, 53세의 나이로 사망하기 1년 전까지 교육연구대학원 교수직을 맡았다. 필자의 생애는 Mannheim의 생애와 약 1주일 정도밖에 겹치지 않을뿐더러, 그와 같은 세대라고 하기에는 여러모로 부족한 것이 사실이다. Mannheim의 사망 이후 사회적으로 크고 많은 변화가 있었지만, Karl Mannheim의 가치와 유산은 계속될 것이다.

Mannheim의 오늘날 가치?

교육 연구 분야에 사회학자들을 포함시키는 것이 옳은가에 관한 논쟁은 Clarke가 Mannheim을 초빙한 1940년대에 이미 제기되고 있었다. 오늘날에도 이와 비슷한 의문이 제기되고 있다. 즉, 사회질서의 성질을 갖는—중요하지만 분명치 않은—변화가 진행 중이다. 사회학자들뿐만 아니라 '양질'의 언론매체들도 우리가 살아가고 있는 삶의 의미를 포스트모더니티(postmodernity), 탈산업(post-industrial) 사회, 후기 자본주의(late capitalism), 고도의 모더니티(high modernity), 탈전통(post-traditional) 사회의 주제를 가지고 논쟁한다. 오늘날 영국에서 가장 통찰력을 지닌 교육사회학자들 중의 한 명이며, '고도의 모더니티(high modernity)'의 개념을 즐겨 사용하는 Chris Shilling은 다음과 같이 글을 썼다.

> 모더니티는 급속한 변화의 시기와 통제에 대한 긍정을 가져왔다. 이와 대조적으로, 고도의 모더니티는 통제할 수 없는 특징을 갖는 '탈세계'다. ……이러한 고도의 모더니티의 결과로 ……교육의 명확한 목적으로 무엇을 성취해야 하는가에 관한 급진적인 의혹이 나타나게 되었다. 이러한 결과는 또한 '교육체제가 완전히 통제를 따라야 하는 존재인가' 아니면 '정확하게 계획된 사회변화를 달성하기 위한 능력을 가진 존재인가'에 관한 의문을 불러일으켰다.
>
> (Shilling, 1993: 108)

오래전에는 모더니티의 특성이 오랫동안 지속될 것으로 생각되었다. Mannheim은 비록 다른 용어를 사용하였었지만, 이러한 비슷한 화제에 대해 논쟁한 적이 있다. 그는 한때 '이러한 새로운 시대의 비결(the secret of these new times)'을 배우고 직면해 보기를 바란다고 기록하였다(Kettler & Meja, 1995). Kettler와 Meja는 Mannheim에 관한 책의 서문에서, Mannheim은 20세기의 마지막까지 반성적인 사람으로밖에 남을 수 없는 불가항력적인 사람으로 보았다. 하지만 Mannheim은, Shilling의 스승이며 런던 대학교 경제학대학의 학장이자 영국의 저명한 사회이론가로 간주되는 Anthony Giddens의 방대한 연구에 대해서는 거의 관심을 나타내지 않았다.

비록 Mannheim의 지식사회학에 관한 연구가 다른 문헌들에 여전히 인용되고 있고, 1970년대에 사회적 결정(social determination)에 관한 그의 아이디어는 '새로운' 교육사회학자로 기대되기도 하였지만, Denis Lawton(1975)은 Mannheim의 교육 분야에 대한 연구가 상대적으로 부족하다는 점을 정확하게 지적하였다. 그리고 몇몇의 연구자들, 예를 들면 Lander(1983)는 Mannheim의 연구가 더 이상 영국의 연구소나 기타 기관의 교육사회학 분야의 주요 이론적 자원이 아니라고 하였다. 사실상, 일반적으로 Mannheim의 가장 중요한 연구라고 간주되는 *Ideology and Utopia*(Mannheim, 1936)도 1970년대 초반부터 교육연구대학원 도서관에서 거의 대출되지 않고 있다.

물론, 어떤 면에서 보면 이러한 지적은 정당하다. 하지만 Mannheim의 교육사회학에 대한 연구와 저술의 우수성을 본다면, 그러한 지적이 과장된 것임을 쉽게 알 수 있다. 하나의 예를 들면, 필자는 Mannheim에 관한 지성인 전기(intellectual biography)

를 흥미롭게 읽다가, Mannheim이 '아무것도 믿지 않는 태도의 확산' 그리고 '새로운 도전을 위한 끝없는 갈망'(Loader, 1985: 189)이라고 쓴 부분을 발견하였는데, 이것은 포스트모더니티의 특징을 나타내는 것이다. 이 부분의 출처는 *Diagnosis of Our Time*(Mannheim, 1943)이었고, 다음과 같이 기술되었다.

> 밑바닥 생활의 경험을 해 보지 않고 자신만의 심연에 빠진 몇몇 뛰어난 사람들은 새로운 반항심을 갖게 되는 반면, 같은 상황에 빠진 일반적인 사람들은 아무것도 믿지 않는 경솔한 태도와 새로운 기분을 위한 끝없는 갈망을 갖게 된다.
>
> (Mannheim, 1943: 108)

위와 같은 문체와 내용의 모든 면에서 느껴지는 이질적인 정서는 Mannheim이 우리가 살고 있는 시대와 너무 동떨어져 있는 것같이 느껴지게 만든다. 이러한 이유에 대해서, 킹스 대학의 Cavanagh 교수는 아마도 '독일식의 글쓰기가 영어식에 잘 맞지 않기' 때문에, '많은 수의 모호한 단어들에서 표현하기가 어려운 것' 같다고 하였다(1942. 9. 10. Cavanagh가 Clarke에게 쓴 글에서). 더욱이, Mannheim의 연구는 그가 무엇을 말하고자 하는지를 명확하게 이해하기가 항상 쉽지만은 않은 특징을 갖는다. 그의 사후에 출판된 책들 중의 하나인 *Systematic Sociology*(Mannheim, 1957)를 보면, 그를 체계적인 사상가로 보기는 어렵게 느껴진다. 이러한 문제에 대해 Mannheim의 지성인 전기 작가인 Colin

Loader(1985)는 '역동적 총체(dynamic totality)'라는 차원에서 이해해야 한다고 완곡하게 주장하겠지만, 역시 모순되는 부분이 있다.

하지만 필자는 여전히 Mannheim의 연구가 지금보다 더 관심을 받을 자격이 충분히 있다고 믿는다. Meja와 Kettler는 "Mannheim은 희망과 절망에 대해 이 시대의 많은 사회학자들과 맞서고, 그들에게 풍부한 사고를 할 수 있는 모델을 제공한다."(Meja & Kettler, 1993: xxxiv)라고 지적하였다. Mannheim이 강조한 어떤 주제들은 이 시대의 우리에게 놀라움을 주거나, 최소한 사회학과 교육 모두에서 계속 관심을 갖도록 해 준다. Mannheim은 모든 사상은 계층과 관련해서 이해될 수 있다는 생각에 대해 반대하였기 때문에, 그의 지식사회학에 관한 이론적 연구는 1970년대의 마르크스주의 교육사회학자들에게는 잘 받아들여지지 않았다. 또한 Mannheim은 그가 살았던 시대의 남성 사회학자들과는 달리, 여성들의 목소리(요구)가 남성들에 의해 전달되기 때문에 여성들의 이익이 제대로 반영되지 못한다고 지적하였다(Meja & Kettler, 1993: xxxii). 이 때문에 그의 언어에서 느껴지는 강한 남성다움에도 불구하고, 그는 1980년대의 페미니스트 작가에게서 자주 인용되었다. 그리고 그가 이러한 주장을 모든 사회적 집단들에게 일반화하는 이상, 계층 관계에 대한 그의 우수성과 계층, 인종, 성(gender)이라는 '놀라운 삼위일체'에 대한 그의 우수성에 의문을 가지는 그 시대의 학자들에 의해, 그의 연구는 1980년대와 1990년대에 회고되지 못하였다. 더욱이 '사회적 기법'의 성장에 대한 그의 연구는 우리의 사생활에 깊이 통찰해 들어옴은 물론, 그 이전에는 지극히 개인적인 것으로 고려되던 심리학적 과정들을 '공적인 통제'에 두었다. 이를 통해, 어떤 면에서는 '도덕적 기술'에 관심을 가진 Foucault보다 Mannheim이 앞선다고 간주될 수 있다. 마지막으로, 의식과 깨달음에 대한 Mannheim의 연구는 동시대의 성찰이라는 개념에 선행한다.

그렇다고 해도, 상상력을 더해 Mannheim을 후기구조주의자 또는 포스트모더니스트로 특징짓는 것은 매우 어렵다. 그의 사회심리학적 측면은 탈중심적 주제와는 어울리지 않고, 상대주의의 '문제'에 관해 연구하고 제공한 '해결책들'은 오늘날 거의 통용되지 않는다. 이런 관점에서 볼 때, 그가 전적으로 틀렸다고 말하는 것은 매우 위험할지 몰라도, 그의 연구는 계몽운동의 구조적 계획에 강하게 맞추어져 있었다. 그래서 Mannheim은 이론에 '광대한 내러티브' 접근을 하게 되었고, '탈세계'에 대한 그의 해결책들은 전형적으로 모더니스트들이 제시하는 해결책들이었다. Kettler와 Meja는 "그의 계획은 사고(thinking)와 해방(emancipation)의 연계가 불가능하다는 강한 증거에도 불구하고, 그것들을 연결시키는 것이었다."(Kettler et al., 1995: 1)라고 제안한다.

그럼에도 불구하고, Mannheim과 마찬가지로 많은 현대의 사회학자들은 우수성을 보이는 대상에 대한 비판의 근거를 찾으려 여전히 다투고 있고, 사회과학과 사회 개입을 위한 실행 가능한 인식론적 근거를 찾고 있다. Mannheim은 이러한 문제를 그가 살았던 시대에만 국한되는 문제로 보지 않고, 사회학적 용어로 결부시키기 위해 본질주의와 근본주의를 거부하는 방식을 추구하였다. 결국, 이러한 문제는 사회이론과 교육사회학 내의 주제로 회귀되었다. 또한 이러한 문제는 사회과학에 대한 포스트모더니스트의 비판적 관점에서 불명확한 세계에서의 행동을 위한 근거를 찾고자 하는 사람들에게 중요한 관심이 되었을 뿐만 아니라, Merleau Ponty의 사회현상학을 통해 주장을 펴고자 하였던 Michael Young을 비롯한 1970년대의 '신교육사회학자들'에게도 중요한 관심사가 되었다(Young, 1973).

이후, 교육사회학에서의 이런 특정 라틴계의 영향은 알튀세주의자(Althusserian)의 영향과 푸코주의자(Foucauldian)의 영향으로 급속하게 빛을 잃게 되었다. 하지만 다른 교육사회학자들은 정책 연구에 관심을 보였고, 1980년대의 혹독한 대처리즘(Thatcherism)* 아래에서 적극적인 이론적 대응을 하는 것을 피하였다. 예를 들면, Brian Davies는 자신은 과격한 방식보다는 온건한 방식으로 전환하여, 내부 비평가보다는 신마르크스주의 교육과정 분석가와 정책 연구자 및 이론가로 전환하였다고 말하였다(Davies, 1994: 14). 어떤 면에서 보면, 이러한 전환은 Mannheim의 경력과 비슷한 점이 있다. 1930년대에 Mannheim과 잘 알고 지냈으며 나중에 런던 대학교 교육연구대학원에서 교육사회학을 가르쳤던

---

* **역자 주)** 1979년 총선거에서 영국 보수당의 승리로 집권한 마거릿 대처(Margaret Thatcher) 수상이, 그동안 노동당 정부가 고수해 왔던 각종 국유화와 복지정책 등을 포기하고 민간의 자율적 경제활동을 중시하는 통화주의(monetarism)에 입각한, 강력한 경제개혁을 추진한 정책을 일컫는다.

Jean Floud는, Mannheim이 1940년대에 접어들면서 사회의 위기를 진단하는 쪽에서 그러한 위기를 통제하기 위한 정치적 문제에 적극적으로 관여하는 쪽으로 전환하였다고 제안한다(Floud, 1959: 49). 또 다른 이는 초연한 비판적 관찰자였던 Mannheim이 정치적 · 사회적 전략가로 성장하였고, 다른 사람들이 그러한 문제를 실행에 옮길 수 있도록 하였다고 제안한다(Bramstedt & Gerth, 1951: xii). 그리고 Mannheim은 방임적 사회와 전체적 연대 간의 제3의 방식인 '자유를 위한 계획(Planning for Freedom)'을 제안하면서, 어떻게 행동해야 하는가를 좀 더 분명하게 제안하였다(Mannheim, 1951: xvii). 그러나 1950년대 후반 Floud는, 사회 실천의 과학인 사회학이 잔혹한 사회변화를 막을 수도 있고 완화시킬 수도 있다는 Mannheim의 확신에 대해 부정적으로 기록하였다(Floud, 1959: 42). 비록 Mannheim의 사후에 *The Times* 신문은 그가 항상 사회문제의 진단에만 관심을 가졌다고 강조하였지만, Campbell Stewart(1967)는 "그것은 일본의 진주만 폭격 이전에 루스벨트 대통령이 중립을 강조한 것과 같은 이치"라고 하였다.

Mannheim에 영향을 받은 일본인 학자 Yoshiyuki Kudomi에 따르면, Mannheim은 연구를 하면서 끊임없이 좀 더 발전된 다음 연구를 구상하였다. Mannheim이 1930년대 중반 이후 사회이론에 중대한 공헌을 하였든 하지 않았든 간에, 그는 그가 '사회성 교육(social education)'이라고 불렀던, 민주주의적 인물의 창조를 위해 필요한 기법의 개발과 함께 사회학적 분석의 필요성을 계속 강조하였다. 그리고 그는 자신이 강조한 '자유를 위한 계획'의 정책 제안들이 자신의 사회이론에 의해 잘 알려질 것으로 생각하였다.

Floud 및 다른 학자들이 Mannheim의 탐구를 1950년대 이후에 부적합한 것으로 간주한 이유들 중의 하나는, Mannheim의 진단이 전쟁 이후 사회의 민주주의에 직접적으로 적용되기가 어려웠기 때문이었다. 그러나 영국의 Margaret Thatcher 수상과 그녀의 후임자들의 정권하에서 규제 완화와 정치적 적대 행위를 경험한 현 시점에서 볼 때, 국가가 그 책임을 소홀히 하는 방임적 사회의 부정적 효과에 관해 우려하였던 Mannheim의 사상이 오히려 현실적으로 더 적합하다는 것은 적어도 분명한 사실이다. 또한 Madeleine Arnot(1998)도 '개인주주와 무관심이 팽배된' 지금의 사회적 맥락에서 Mannheim에 관한 내용을 다시 읽는다는 것은 가치 있는 것임을 지적하였다. 하지만 Frederik Hayek은 Mannheim의 관점을 비판하기 위해 *Road to Serfdom*이라는 책을 1944년에 출판하였고, 이 책은 그 당시에 Mannheim에게 큰 상처를 주었을 뿐만 아니라 나중에는 뉴라이트(New Right) 진영의 핵심 교재가 되었기 때문에(Hayek, 1944), Thatcher 수상 시대 이후에 Mannheim의 사상이 인정받게 된 것은 분명히 극적인 일임에 틀림없다.

필자는 Mannheim의 현 시대적 적합성에 관해서는 깊이 다루고 싶은 생각이 별로 없다. 사실상, Mannheim이 제시한 구체적인 제안들이 오늘날 우리에게 직접적으로 도움될 만한 것이 별로 없는 것 같기도 하다. 그럼에도 불구하고, 필자는 Colin Loader가 "만약 Mannheim이 제안한 답들이 거절될 수 있으려면, 그가 제기하였던 질문들이 성립될 수 없어야 한다."(1985: 189)라고 한 말에 동의한다. 이러한 이유에서, 필자는 이 장에서 사회학적 관점에서 교육정책뿐만 아니라 교육연구를 '상식' 차원에서도 살펴보는 것이 중요함을 설명함으로써 Mannheim의 전통에 관해 논하고자 한다.

Mannheim이 살았던 시대와 마찬가지로, 오늘날에도 너무 많은 교육정책과 교육연구들이 "더 넓은 사회의 본질에 대한 감성(sensitivity)으로 교육정책이 알려질 필요가 있다."(Mannheim, 1951: 199)라는 Clarke의 중요한 통찰력을 망각하고 있다. Mannheim 자신은 사상보다는 조직의 문제에 대해 그리고 목적보다는 기법에 대해 논의하기 위한 민주주의적 경향에 관심을 가졌다. 하지만 만약 오늘날 대학들이 교육과 더 넓은 사회질서 간의 관계를 탐구하는 곳이 되지 못한다면, 단지 수단적 합리성만을 추구하는 곳이 될 것이다. 더욱이 지속적이고 체계적인 원리를 바탕으로 교육이 이루어지는 곳을 발견하기는 어려울 것이다. 비록 지식의 산물이 점차 다양한 곳에서 발생하지만(Gibbons et al., 1994), 교육과 관련된 대부분의 장소에서는 단순한 기술적인 문제에 대한 임시변통의 해결책을 강구하는 것보다 더 큰 압박이 가해지기 때문에, 어떤 형태의 지식 산물은 그 어떤 곳에서도 발생하지 않는 위험성을 띤다. 이것은 매우 중요한 의미를 갖는데, 자세한 것은 이 책의 뒷부분에서 다룬다. 예를 들면, 이 책의 2장과 3장에서는 사회학이 교육적 개입의 복잡성과 그 문제에 대한 판단에 폭넓은 이해를 도울 수 있다는 구체적인 예들을 포함한다.

학급 담론과 일상생활

이 책의 2장에서 다루는 첫 번째 예는 학교 지식사회학과 관련된다. 학교 지식사회학은 필자가 교육연구대학원의 학생이던 1960년대 후반과 1970년대 초반에 Basil Bernstein과 Michael Young에 의해 알려지게 된 분야다. 하지만 필자는 Peter Aggleton과 Gabrielle Rowe와 함께 1990년대에 범교육과정(cross-curricular) 주제의 이행에 관한 경험적 연구를 수행하였다. 그리고 2장에서 그 연구에 대한 간략한 내용을 소개할 것이다.

Mannheim이 학급 관찰을 통해 지적한 것 중의 하나는 학업적인 가르침이 오히려 학생들에게 '깨달음의 억압'을 가져온다는 것이었다. 즉, 지나치게 짜여 있고 전문적인 가르침이 오히려 "현실적인 문제에 대한 진정한 관심을 갖지 못하게 하고, 단지 가능한 답을 찾는 데에만 관심을 갖도록 한다."라는 것이다. 그리고 이러한 방식으로 수업을 하게 됨에 따라, 그는 "학생들은 단편적인 지식만을 아는 데 몰두하게 될 뿐이고, 그 결과로 무비판적인 사람으로 육성되며 전체적인 관점에서 상황을 판단하는 능력이 길러지지 못한다."라고 보았다(Mannheim, 1943: 65-66).

이러한 문제는 영국 교육이 그동안 계속 안고 있었던 것이고, 또한 1970년대에 이미 Denis Gleeson과 필자가 '의미 있고 비판적인' 형태의 사회성 교육이 필요함을 주장한 것과 관련된다(Gleeson & Whitty, 1976). 1980년대에는 Thatcher 정부에서 교육부 장관을 한 Kenneth Baker가 국가 교육과정이 교과 위주로 된 것에 대한 해법으로 범교육과정 주제를 제시하였고, 이것을 통해 학생들에게 성숙한 삶에 도움이 되는 기회, 책임, 경험을 제공해 줄 것으로 기대하였다(Education Reform Act, 1988). 그리고 이 아이디어는 범교육과정 주제가 학업적인 교과를 통해서도 충분히 가르쳐질 수 있다는 생각에서 비롯되었다.

하지만 필자가 Peter Aggleton과 Gabrielle Rowe와 함께 수행한 연구에 따르면, 범교육과정 주제는 전문적인 관리 팀에 의해 이끌어질 때 매우 감명 깊고도 정교하게 운영될 수 있는 것으로 나타났다. 따라서 일선 학교 현장에서는 원래 기대했던 것과는 다른 양상으로 나타났다. 실제로, 주제가 강조되기보다는 교과가 강조되었고, 교과들 간의 경계, 학교지식과 비학교지식 간의 경계도 여전히 강하게 남게 되었다. 더욱이, 범교육과정 주제에 대한 불확실한 과업은 공식적 교육과정 및 감독기관에 의해 우선순위에서 밀려났고, 지속적 운영은 위기를 맞게 되었다. 이 때문에 진보적 교육자들이 교육에 대한 의미 있고 비판적인 접근을 발전시키는 데 전념하지 못하게 되었을 뿐만 아니라, 종교적 우익단체가 인지적 성과만을 과대평가하여 학생들에게 학교교육의 도덕적인 목적과 학교교육의 전통적인 가치를 가르치지 못하게 되었다.

우리는 이것을 어떻게 이해할 수 있을까? 이와 관련해서는 이 책의 2장에서 Mannheim 자신의 연구보다는 Mannheim 이후 그의 이름을 딴 첫 번째 교육연구대학원 교수인 Basil Bernstein의 연구를 바탕으로 살펴볼 수 있다. 비록 Bernstein의 연구의 근원이 Mannheim보다 Durkheim에서 비롯되었지만, 사회이론을 발전시키려는 그의 노력은 충분히 영향받은 것으로 보인다. 이들은 많은 교육정책이 학교와 사회 간의 관계에 대한 본질을 잘못 파악하고 있다는 것을 우리가 이해할 수 있도록 도움을 제공해 준다. 가장 많이 인용되는 Bernstein의 공식 견해는 다음과 같다.

> 사회가 교육지식을 공식적으로 어떻게 선별하고, 분류하고, 분배하고, 전달하고, 평가하는가는 사회통제의 원리와 권력의 분배를 반영하는 것이다.

이것은 '문화적 전승의 구조 변화와 구조의 더 큰 문제'에서 교육과정 변화에 대한 연구의 필요성을 요구한다(Bernstein, 1971: 47). Bernstein의 이론에서 중심이 되는 것은 "기존의 권력 분배와 통제의 원리가 사회집단/계층에 불평등하게 그리고 차등적으로 전달되는 특별한 원리의 과정을 밝히는 것"(Bernstein, 1996: 93)이다.

범교육과정 주제의 예를 들면, 교육지식의 분류(classification)와 구조(framing)에 대한 Bernstein의 연구, 인지와 깨달음의 규칙 그리고 수직적 및 수평적 담론에 대한 Bernstein의 저술(Bernstein, 1990, 1996, 2000)은 우리에게 교과와 주제 간의 전환이 왜 어려운지와 그 속에 담긴 더 넓은 의미를 이해하도록 도움을 제공해 준다. Bernstein은 "분리(insulation)의 정도를 변화시키려는 노력은 분류가 기본이 되고 재생산되는 권력관계를 드러내 준다."(Bernstein, 1996: 21)라고 지적하고 있다.

비록 교육의 가치와 사회공동체의 가치에 관한 논쟁이 국가교육과정위원회 및 학교교육과정평가원에서 먼저 시작되었지만, 이 기관들은 학교교육이 사회에 보상할 수 있는 정도에 대해서는 관심을 보이지 않았다. 이런 가운데, Bernstein의 연구는 오랫동안 계속되어 오는 정치적 또는 전문적 본질과 관련된 교육적 딜레마에 대한 임시변통의 해결책은 단지 한정된 영향만 가질 뿐이라는 것을 이해하는 데 도움을 제공해 준다. Bernstein의 이러한 통찰력에 관해서는 이 책의 6장에서 시장화된 교육체제의 명시적 교육과정 및 잠재적 교육과정에 대한 논의를 좀 더 깊이 다루면서, 교육정책의 사회학 및 학교 지식사회학에 대한 필자의 관심도 나타내고자 한다.

교육에서의 권한 이양과 선택

교육정책의 사회학에 관한 필자의 연구는 이 책의 3장에 제시되어 있다. 이 연구는 1980년대 초반, Tony Edwards, John Fitz, Sharon Gewirtz, Sally Power 그리고 David Halpin 등과 함께 연구한 것이고, 교육에서의 권한 이양과 선택의 효과에 관한 내용들이다.

Mannheim은 이미 자신이 살았던 시대에 교육에서의 선발 형태에 관한 글을 남겼다. 또한 그는 '사회적 경쟁이 항상 절대적 기준의 가치에 부합하는 최고의 사람을 육성하고 선발해 준다.'는 관점에 의문을 제기하였다. 그러면서 그는 '연줄의 작용과 영향력 있는 부모의 작용'을 설명하면서 '객관적 능력'과 '사회적 능력'을 대조하였다(Mannheim, 1957: 85). 그는 경쟁의 중요성을 간과하지 않으면서도, 경쟁이 너무 과도할 때 나타나는 위험성을 경고하였고, 협동의 필요성을 강조하였다. 또한 그가 '새로운 민주주의적 개성주의'라고 불렀던 것과 '방임적 시기의 원자화된 개인주의'를 대조하였고, '소외, 과도한 프라이버시와 종파주의에서 비롯되는 좌절'을 극복할 필요성을 강조하였으며, '사회적 이상의 공헌을 지향하는 집단세력의 힘'의 발휘를 추구하였다(Mannheim, 1943: 52).

최근 영국을 비롯한 세계 각지에서 마치 합의라도 한 듯, 학교를 비롯한 교육기관에 상당한 정도의 자율성을 보장하고 다양한 형태의 학교중심경영이 이루어지도록 하는 변화가 일어났다. 하지만 많은 경우에서 이러한 변화는 부모의 선택을 강조하는 것과 연계되었고, 공급의 다양한 형태와 특별한 형태 간의 경쟁을 강조하는 것과도 연계되었으며, 결과적으로 교육적 서비스면에서 '유사시장(quasi-markets)'을 만들게 되었다(Le Grand & Bartlett, 1993). 이러한 교육정책은 1980년대의 영국과 미국의 뉴라이트 정부에 의해 특히 장려되었으며, 그 이후로는 동유럽과 라틴아메리카의 국제통화기금(IMF)과 세계은행(World Bank)에 의해 촉진되었다(Arnove, 1996). 많은 정당들의 정치적 수사학도 교육에서의 다양성과 선택을 점차 강조하게 되었고, 이는 영국의 신노동당의 경우에서도 마찬가지였다—이에 대해서는 이 책의 마지막 두 장에서 다룬다.

선택과 학교자율성을 찬성하는 대부분의 사람들은 경쟁이 학교의 효율성과 반응을 신장시킬 것이고, 그 결과로 학교의 효과성을 증가시킨다고 주장한다. 그리고 학생들의 학력 하향성의 원인을 대중교육의 관료적 체제 때문으로 간주하고, 이러한 문제는 교육에 시장의 힘(market forces)을 가담시켜 경쟁을 유도하고 선택을 보장해 줌으로써 극복할 수 있을 것으로 기대한다. 또한 그럼으로써 불리한 여건에 처한 학생들도 유리한 여건에 있는 학생들과 마찬가지로 교육 기회를 보장받을 수 있다고 간주한다(Moe, 1994; Pollard, 1995).

이 책의 3장에서 자세히 다루겠지만, 많은 연구 결과와 근거에 의하면, 학교선택과 학교자율성을 찬성하는 사람들이 주장하고 기대하는 바는 거짓이거나 꿈에 불과하다는 것이 밝혀지며, 오히려 그러한 교육정책이 사회적·문화적 불평등을 심화시키는 결과를 초래한다는 것이 드러난다. 비록 사회적 연대의 형식으로 나타나는 학교선택과 학교자율성이라는 변화가 포스트포디즘(post-Fordism)과 포스트모더니즘의 변화만큼 중대한 것은 아닐지라도, 그것이 사회적 차이를 강화시키고 그러한 현상을 새롭게 정당화시키는 수사학으로 찬사받는 것에 대해서는 문제의식을 가질 필요가 있다. 어느덧 선택, 특수화 및 다양성이라는 새로운 담론들이 보편적 및 종합적 학교교육의 담론을 대신하게 되었고, 인기 있는 학교들과 그렇지 않은 학교들 간 수직적 서열화의 차이를 보다 크게 만들게 되었다. 그 결과로, 그들이 주장하는 수평적 다양성이 학교들에서 나타나기보다는 학교들 간의 수직적 위계 서열이 오히려 더욱 강화되었다. 또한 불리한 여건에 처한 학생들이 혜택을 받을 것이라는 주장도 결과적으로 엉터리이며, 오히려 시장화된 교육 조건에서는 그들이 잠재적으로 더욱 불리해진다는 결정적인 증거들이 나타나게 되었다(Smith & Noble, 1995; Gewirtz et al., 1995; Lauder et al., 1994). 그리고 하위계층의 불리한 여건에 처한 대다수의 학생들은 학교들 간의 전통적인 구분 및 학생들 간의 전통적인 구분이 더욱 정교한 방식으로 재생산되는 상황 속에 놓이게 된다.

이렇듯, 잘못된 신념에 의한 교육정책의 시행을 주장하는 것은 큰 범죄를 저지르는 것과 마찬가지다. 설령, 의사결정을 학교와 부모에게 위임하는 것이 '학교교육의 위기를 해결하는' 현명한 방법이라고 주장하는 것이 그럴듯하게 보일지 모르지만, 그러한 주장은 학교교육의 더 중요한 의미를 모르는 데서 비롯된 것이다. Amy Stuart Wells(1993a)가 지적하였듯이, 학교가 사적인 것으로 간주되고, 이윤을 추구하는 기업처럼 운영되며, '수요자들'의 요구에 반응하게 되면 학교가 개선될 것이라는 경제적 은유는 학교 소비 과정이 매우 복잡하다는 비판적인 사회학적 이슈를 무시하는 것이다. Wells는 미국에서 수행한 연구에서, "힘 없는 가족의 삶은 그들의 사회경제적 현실 속에서 묻어나기 때문에 학교 선택을 시행한다고 해서 빈곤한 학교가 그 빈곤함에서 벗어나지는 못한다."(Wells 1993b: 48)라고 밝혔다. 마찬가지로 Gewirtz, Ball 그리고 Bowe(1992)은 학교선택에 따른 교육 '소비자'가 되지 않고 학교선택에 대한 우려를 하는 사람은 차별대우받게 되는 것을 영국의 경우에서 볼 수 있다고 지적하였다. 또한 이들의 후속 연구(Gewirtz et al., 1995)에서는 '문화적 자산이 경제적 가치와 관련되는 논리'를 탐구하기 위해 프랑스의 사회학자 Pierre Bourdieu(Bourdieu & Passeron, 1977)의 이론을 사용하였는데, 이를 통해 학교선택을 시행하게 되면 계층에 따라 유리함과 불리함이 나타난다는 점을 다시 확인하였다.

따라서 이미 깊이 뿌리내린 구조적·문화적 불리함의 패턴을 학교선택으로 극복할 수 없다는 사실에도 불구하고, 사회학은 사람들이 왜 학교선택을 찬성하는지를 우리에게 이해할 수 있도록 도움을 제공해 준다. 교육에서의 성(gender) 차이가 좁혀진 것처럼, 변화는 사회적 · 정치적 세력들의 복잡한 상호작용으로 일어난다(Arnot et al., 1999). 모든 사람들을 위한 진정으로 평등한 기회는 더 폭넓은 사회적 · 경제적 변화의 전략 차원에 의해서만 성취될 수 있을 것이다. 그래서 Jean Anyon이 "교육적 체념과 실패에 대한 유일한 해결책은 빈곤과 인종적 불리함을 근본적으로 없애는 것"(Anyon, 1995: 89)이라고 주장한 것은 옳은 지적이다.

이것은 학교가 사적인 것으로 간주되는 한, 교사에게 이러한 문제를 해결하도록 기대하는 것은 분명히 한계가 있다는 것을 의미한다. 하지만 영국 정부는 그러한 문제의 원인과 해결책을 학교와 교사에게 전가시키고, 학교와 교사를 비난하는 태도를 보였다.

가르치는 전문직(즉, 교직)의 '개혁'을 위한 많은 전략에 관해서는 이 책의 4장에서 다루고 있는데, 여기에서 국가가 아닌 학교와 교사에게 교육의 실패와 더 커져 가는 불평등 문제의 '책임을 전가시키려 하는' 잘못된 시도에 관해 사회학적 관점에서 냉소적으로 분석하고자 한다.

사회학과 교육연구

교육정책과 마찬가지로 많은 교육연구도 오랫 동안 피상적이고 무비판적이며 탈맥락적으로 이루어져 왔다(Ozga, 2000). 이러한 이유 때문에, 사회학자들은 특히 학교효과성 및 학교개선에 관한 연구에 비판적인 관점을 취해 왔다. 예를 들면, 오스트레일리아의 교육사회학자인 Lawrence Angus(1993: 335)는 좀 더 폭넓은 관점에서 '사회경제적 구조와 정치경제적 이해관계 간의 구체적인 관련성에 관한 탐구'를 하지 못하는 것에 비판하였다.

어쨌건 그러한 근시안적인 결과로, 이러한 분야에서의 더욱 낙관적인 연구는 마치 지방 기관이 구조적 불평등을 해결할 수 있는 것으로 과장하였다. 더구나 그러한 과장은 종종 구체적인 주장으로서가 아니라 침묵으로 나타났는데, 여기에서는 그것이 중요한 의미를 갖는다. Clarke는 Mannheim을 런던 대학교 교육연구대학원에 임명한 것을 "교육에 관한 영어식 이론화는 ……사회적 현실로 당연하게 받아들이는 경향이 있다."(Clarke, 1967: 167)라며 정당화하였다. 이 책의 7장에서 다루었지만, 심지어 오늘날에도 학교효과성 및 학교개선에 관한 문헌들은, 선구적인 연구라 할 수 있는 *Fifteen Thousand Hours* 연구(Rutter et al., 1979)에서 지적한 사실, 즉 만약 우수한 학교들뿐만 아니라 모든 학교들이 실행된다면 사회계층에 의한 학업성취도 서열화가 지금보다 더욱 견고해질 수 있다는 사실을 교묘히 숨긴다.

또한 Angus(1993: 343)는 사회학적 이론이 배제된 채 연구가 '우파가 지배하는 프로젝트에 상식의 논리가 적합한 것으로 간주되도록' 만들었다고 제안하였다. 따라서 때로는 신자유주의의 수사학뿐만 아니라 어떤 형태의 교육연구들도 학교교육의 원자화(atomisation) 때문에, 유리한 여건에 있는 학교들이 그 유리함을 더 극대화하게 된다는 것을 깨닫기보다는 학교를 그저 자율적인 자기개선의 기구로 간주하기만 한다. 그리고 시장의 위치(market position)에서 자본화하기가 어려운 학교들에 대한 책임의 권한 이양은 비난의 권한 이양을 이끌 수 있다.

개별 학교와 교사에게 권한을 부여하는 것이 그럴듯하게 보일지는 몰라도, 그것은 비현실적인 기대를 불러일으킬 뿐이고, 일반적으로 냉소적인 사고방식과 낮은 의욕을 가져오게 된다. 이것은 교육정책의 폭넓은 맥락적 관계에 대한 고려가 되지 못함에서 비롯되는 것이 크다. 그러한 위험은 '정책결정과정의 정치학과 이데올로기 그리고 이익집단에 대한 검토, 정책결정의 내부적 모순의 파악, 정책결정의 사회경제적 관계의 폭넓은 구조적 및 구속적 효과'에 대한 관점들을 가질 때 해결될 수 있다(Grace, 1991: 26). 그리고 여기에는 '정책 학식(policy scholarship)'이 필요하다.

하지만 필자는 정책 학식은 '둘 중 어느 하나/또는'이라는 이슈가 아니라는 점을 항상 강조해 왔다. 좋은 정책 학식은 정책 과학의 더욱 긍정적인 특징들을 포괄해야 할 뿐만 아니라 그것을 넘어서야 한다. 확실히, 어떤 학교효과성 연구는 정책 학식 차원을 더욱 강조함으로써 더 나아질 수 있다. 만약 우리 스스로가 교육정책과 실제의 가능성과 한계성 모두에 관해 지속적으로 상기시키지 않으면, 교육연구자들은 그것을 잘못 이해할 수 있다. 예를 들어, Peter Mortimore와 Harvey Goldstein의 연구는 Melanie Phillips에 의해 *The Observer* 신문(1996. 10. 27.)에서 비판받았다—Melanie Phillips는 그들(Mortimore와 Harvey Goldstein)이 수행한 연구에서 학생들의 읽고 쓰는 능력이 낮은 것은 지역의 구조적 특징들 때문이라고 주장하는 것과 Mortimore 자신이 학교가 변화를 가져올 수 있다고 주장하는 것은 모순이라고 비판하였다. 이것을 통해, 우리는 '더 큰 그림'의 관점에서 파악하는 것이 중요함을 알 수 있다. 이 책의 7장에서는 학교효과성과 학교개선을 사회학이라는 더 큰 그림으로 파악해 볼 것이다.

사회학적 상상

교육연구에서 사회학의 역할에 대한 은유를 하자면, '세계를 독수리의 눈으로 보는 것'이라고 할 수 있다. 사실, 독수리는 뒷배경에서 눈을 떼지 않고서도 먹잇감에 초점을 맞출 수 있다. 하지만 이러한 유추는 '더 큰 그림'의 개념의 중요성을 명확히 나타내지는 못한다. '더 큰 그림'은 배경의 그곳에 있는 것이 아니다. Giddens가 세계화에 대해 말했듯이, '더 큰 그림'은 지역 차원에서 일어나는 것이 아니라, 우리의 삶의 가장 심오한 측면에서 변증법적으로 영향을 미치는 것이다. 교육과 관련해서는, Jean Floud(1977: 16)가 지적하였듯이, 이러한 생각은 '더 큰 사회적 구조와 교육기관 및 교육의 과정 간의 완전한 연계'를 설명하는 Bernstein과 Bourdieu의 연구와 직접적으로 관련된다.

이러한 연계를 설명하기 위해, 필자는 전기와 역사 간의 교차, 정체성과 구조 간의 교차, 그리고 개인적 문제와 공적 이슈 간의 교차—C. Wright Mills(1961)는 이것을 '사회학적 상상(sociological imagination)'이라고 불렀다—에 관해 주장하고자 한다. 첨언하면, Mannheim이 미국의 메디슨에 있는 위스콘신 대학교로 옮기기 전에 하이델베르크에 있을 때 그의 조교였던 Hans Gerth가 Mills의 지도교수이자 공저자였기 때문에, Mills는 Mannheim으로부터 간접적인 영향을 받은 사람이라고 간주될 수 있다.

Mills의 입장에서 본다면, 그 당시 사회학적 상상의 발휘는 모든 사회학자들의 연구 특징이 아니었고, 그럴 의무가 있는 것도 아니었다. 하지만 '반성적 현대화(reflexive modernisation)'의 상황인(Beck et al., 1994), 현대의 제도적 및 정치적 삶에서도 사회학적 상상은 잘 발휘되지 않는다. 이러한 상황에서, 필자는 "교육사회학의 관점이 아니면 교육활동이나 연구가 적합하게 인식되지 못한다."(Mannheim & Stewart, 1962: 159)라는 Mannheim의 강력한 사회학적 관점은 아니더라도, "교육연구 분야에서 사회학이 공식적인 지위를 갖는 것이 중요하다."라는 Sir Fred Clarke의 관점에 동의해야만 한다. 필자는 Giddens의 '이중 해석학(double hermeneutic)'(Giddens, 1984)이 여타 교육자들과 교육연구자들의 상식 차원에서 세계를 바라보는 사회학적 방식을 이미 채택하였다는 이유로 "사회학자들은 사회학의 몰락을 받아들여야 한다."라는 Martyn Hammersley(1996)의 견해에 반대한다. 필자는 이 책을 통해 그의 견해가 잘못되었다는 예들을 분명히 제시하고자 한다. 더욱이, 교사 양성과 교사들의 전문성 개발에 관한 이론들의 지속적인 비판적 관점에서 본다면(Furlong et al., 2000 참조), Sir Fred Clarke의 염려가 1940년대보다 현대에 더욱 타당하다는 것을 알 수 있다. 비록 이 책의 4장과 8장에서 교사의 전문성 개발에 관해 논의된 내용이 장차 비판을 받을지도 모르지만, 행위(action)의 가능성뿐만 아니라 한계성을 이해하는 것이 교사의 전문성 교육의 핵심적인 부분이다.

1960년대, Campbell Stewart(1967)는 이론적인 것보다 실험 및 관찰 등의 경험적인 것을 지향하는 교육사회학자들은 더 폭넓은 이론적 관점을 가지지 못한다고 지적하였다. 오늘날의 교육연구를 볼 때 그러한 지적은 더욱 사실이라고 생각한다. 그렇다면 어떤 이론이 요구되는가? 이러한 물음에 대해, 필자는 모든 개인과 기관이 자신의 미래를 이해하기 위한 현실적인 기회를 갖도록 알려 주고 강조해 줄 수 있는 교육정책과 연구에서, '새로운 상식'을 요구하는 이론들이 요구된다는 것을 분명하게 강조해 왔다. 또한 '새로운 상식'을 보강해 주는 다른 이론들도 강조해 왔는데, 이러한 이론들은 현존하는 권력관계가 합법화되고 지속되는 것을 이해하는 데 도움을 제공한다. 필자는 개인적으로, 우리가 당연하게 받아들이는 것에 대해 다른 관점으로 바라볼 수 있도록 해 주는 이론들을 선호한다. 한편, 우리는 한 시대의 현실을 다른 '면'으로 볼 수 있도록 해 주는 그러한 관점이 다른 사람들에게는 당연한 것으로 받아들이는 한 부분이 될 수 있다는 사실을 Mannheim처럼 인지할 필요가 있다. 그런 면에서 Stephen Ball이 이론의 역할에 관한 후기구성주의자와 해체주의자의 관점을 '기호게릴라전(semiotic guerrilla warfare)'으로 본 것은 흥미롭다(Ball, 1995). 그러나 Mannheim처럼, 필자는 여전히 '모더니스트'의 관점을 취한다. 하지만 그와 반대로, 이론을 연구하는 데 어떤 이론들은—다른 이론들보다 더 강력하게—우리들로 하여금 교육에서 무엇이 문제인지 알 수 있도록 도움을 제공해 주고, 전문가와 정치적 개입의 가능성과 한계를 깨닫도록 도움을 제공해 준다는 관점을 취한다는 것을 주장하고 싶다.

이 책의 5장에서 분명히 다루겠지만, '차이(difference)'와 '이질성(heterogeneity)'을 긍정적으로 간주하는 포스트모더니즘의 관점은, 단편적인 사회질서 내에서 '구별(distinction)'과 '위계(hierarchy)'를 강조하는 것(Lash, 1990)이 더 적합하다는 개혁의 수사학을 정당화시키는 데 영향을 미쳤다. 사실상 필자는 David Harvey(1989)와 함께, 현 시대가 새로운 사회질서의 지표로서 이질성, 다원성 및 지역적 내러티브를 지지하는 것은 현상학적 형태를 구조적 관계로 잘못 아는 것임을 깊이 파헤치고자 한다. 즉,

포스트모더니스트 문화 형태와 자본 축적의 좀 더 유연한 형태는 완전히 새로운 후기자본주의 또는 후기산업사회의 출현의 징후로 나타나기보다는 자체적으로 표면적 양상을 변화시킬 수도 있다. 따라서 다른 전제로 정책을 편다는 것은 매우 해로운 것이 될 수 있다.

하지만 아직도 필자는 행위보다 무행위으로 이끄는 관점이 가능하다는 것을 인정한다. '교육을 통해서는 달라질 수 있는 기회가 나타날 수 없다.'는 총체적 비관을 발생시키는 사회학 이론 형태를 비판하는 사람들이 오래전부터 있었다. 그런 면에서, 필자가 말하고자 하는 사회학의 종류는 그람시주의자(Gramscian)가 말한 '비관적 지성'(pessimism of the intellect)과 비슷하게 보일 수 있다. Gerald Grace(1996)도 이와 비슷한 지적을 하였는데, 그는 정책 학식이 학교개선 압력단체의 '단순한 기대'보다 '복잡한 기대'를 발생시키는 데 도움을 제공할 수 있다고 강조하였다. 그래서 그람시주의자가 말한 '낙관적 의지(optimism of the will)'의 더욱 현실적인 수준을 기대할 수 있다고 강조하였다. 이것은 교육정책의 관계에서 사회학이 책임 있는 중요한 역할을 맡을 수 있음을 나타내는 것이다.

교육정책과 민주주의적 계획

비록 Grace가 말한 '정책 학식'은 이론과 역사 모든 면에서 알게 해 주고 교육정책과 실제의 '좀 더 큰 그림'을 파악하는 데 도움을 제공해 주더라도, 학교의 관심사와 세상의 관심사 간의 차이를 너무 많이 반영한다. 따라서 필자는 가능한 개입들(possible interventions)과 관련된 처방의 진단을 넘어서기 위한 사회학자들의 역할이 무엇인지를 고려해 보고자 한다. Jean Floud는 Mannheim이 "법률을 제정하고 계획을 세우기보다는 이해하고 진단하려 하였다."(Floud, 1959: 62)라고 추정하였다. 비록 그녀가 학생일 때 Mannheim을 존경하였고 그 이후에는 그의 연구를 보조하기도 하였지만, Floud(1959)는 사회과학의 힘에 대한 그의 관점뿐만 아니라 민주주의에 대한 그의 관점에도 의문을 가졌다. 그녀는 Mannheim이 사망한 지 10년도 되지 않아, Mannheim의 '민주주의를 위한 계획'은 ……'민주주의적 계획'이 아닌 것으로 널리 알려지게 하였고, 사람들은 '민주주의적 계획'은 그 말 자체가 모순인 것이라고 생각하게 되었다고 주장하였다(Floud, 1977: 8). 그러나 내게는 그것이 모순일 필요는 없다고 보며, 교육의 수사학과 실제가 어떻게 좀 더 밀접한 대응이 될 수 있는지를 고려하는 과업을 피하지 말아야 한다고 생각한다. 하지만 더 이상 모든 사회학자들이 그렇게 되어야 한다고 주장하고 싶지는 않다.

Mannheim은 자유로운 사상가 또는 사회적으로 구속받지 않는 지성인으로 가장 잘 알려져 있다. 1970년대 교육사회학자들은 자신들을 그람시주의자, 즉 노동계층의 유기적 지식인들(organic intellectuals)로 간주되기를 선호하였다. 사실상, 필자도 Carlos Torres(1998)와의 인터뷰에서, Karl Mannheim보다는 Antonio Gramsci의 이름을 딴 교수직을 하고 싶었던 때가 있었다고 고백한 적이 있다. 다른 교육사회학자들은 점차 자신들을 푸코주의자(Foucauldian), 즉 '운동'에 관여하는 관념으로서 특유한 지식인들(specific intellectuals)로 재구성하였다. 하지만 교육사회학이 학교에서 더욱 격리되고, 광범위한 사회운동에서도 멀어지게 됨에 따라, Anthony Giddens 같은 저명한 이론가들은 변화하는 사회질서에 의해 놓인 정치적 도전들에 발언하려는 의지를 보여 주기 위해 사회이론을 다시 채택하였다. Giddens는 "우리는 정치적 스펙트럼의 각 분야마다 사회적 분열의 공포를 보게 되고, 공동체의 회복이 요구된다."라고 하면서도, 시대의 본질과 그리고 그 위험성의 분석에서는 '대화적 민주주의'의 발전을 주장한다(Giddens, 1994a: 124). 비록 그 자신이 몰랐을 수도 있겠지만, 이것은 분명히 만하임주의자(Mannheimian)의 계획에 해당된다. Giddens가 발전시키고자 하였던 방식(Giddens, 1998)은 교육정책에 관한 사회학적 사고를 함양하는 데 유용할 수 있다.

하지만 우리는 교육사회학만이 연구의 대상에서 멀어진 것이 아니라는 점 또한 깨달아야 한다. James Ladwig(1994)은 Bourdieu의 사회적 장(social field)이라는 관념을 사용하여, 미국에서 교육정책의 장은 그 자체가 상당한 정도의 자율성을 발전시켰다고 주장한다. 즉, 그는 교육정책의 '실패' 또는 그 결과가 특정한 집단에 영향을 미치더라도, 교육정책의 자율적인 장에는 상대적으로 위협이 없는 것 자체가 교육정책이 자기정당화하고 자기영속적인 장이 되었다는 것을 나타내는 것이라고 주장한다. 교육정책이 평가받기도 전에—때로는 교육정책이 시행되기도 전에—

정부가 그 교육정책의 성공을 공표하고 확대하려 하는 방식이 그 또 다른 예다.

안타깝게도, Mannheim의 처방은 교육정책과 교육실제에 사회학을 관련시키는 데에서는 그리 좋은 모델을 제공해 주지는 못한다. 예를 들면, 민주주의를 위한 교육을 통해 촉진되는 시민의식의 개념을 부흥시키는 데 일조한 그의 후기 저술들에서는, 세대의 구성 단위에 관한 그의 초기 사회학적 연구의 복잡성 부분이 나타나지 않는다. Hoyle(1962)은 사회적 통합에 관한 Mannheim의 합의적 접근이 과연 그 당시에 얼마나 실현 가능한 것이었는지 의문을 가졌고, 현대사회에서 점차 증가되는 다양성은 Mannheim의 일차원적인 제안들을 더 단순하고 불확실한 것으로 만든다.

그럼에도 불구하고, 필자는 여전히 사회학적 연구를 교육정책 및 실제에 잠재적으로 관련성이 있는 것으로 간주한다. 사회학적 연구는 교육개혁의 폭넓은 맥락을 이해하는 데 도움을 주고, 상세하게 규정할 수 없는 교육개혁의 복잡성을 설명하는 데 도움을 준다. 이것은 Mannheim의 *Ideology and Utopia*에 표현되어 있는 것과 일치하는 것인데, 그는 정치사회학과 관련하여 "구조적 관계를 중요하게 가르쳐야 한다. 판단 그 자체는 가르칠 수 없는 것이지만 우리는 판단을 다소 적합하게 하는 것을 깨달을 수는 있고 이해할 수는 있다."(Mannheim, 1936: 146)라고 기록하였다.

Taylor는 "민주주의는 정치인, 학교교육, 행정가 그리고 전문가가 탁상공론이 아닌 정책 논쟁에 참여할 수 있는 기회를 가질 때와, 동의된 결론이나 분명한 결정이 요구되지 않는 맥락에 참여할 수 있는 기회를 가질 때 이룹게 된다."라고 제안한다. 그는 또한 "정책에 영향을 미치기 위한 비공식 집단들의 능력은 구성원들을 끌어당길 수 있는 사람에게 전적으로 달려 있다."라고 말한다. 하지만 어떤 집단은 민주주의의 관점에 배타적이고 생색내기만 하는 식으로 작용한다. 비록 Hoyle(1962, 1964) 같은 비판가들이 Mannheim의 엘리트주의의 정도를 과장하여 말한다는 Stewart(1967)와 Loader(1985)의 주장이 맞을지라도, 사회에서 벌어지고 있는 변화들은 좀 더 완전한 민주주의의 개념을 요구하고, 또한 그 대안에 대한 열린 논의도 요구한다. 우리는 교육의 '오래된' 정치학을 넘어설 필요가 있고, 배제된 사람들의 생각과 의사결정을 존중할 필요가 있다. 그리고 이와 비슷한 의견이 이 책의 4장에서 논의하는 '민주주의적 전문가의식(democratic professionalism)'의 요구에 근거가 된다.

교육에서의 대처리즘은 부분적으로 성공적이었는데, 그것은 모든 구성원들이 전쟁 이후 시대의 사회민주주의적 안정으로부터 배제되었다고 느꼈기 때문이었다. 사실상, 많은 사람들은 합리성과 발전이라는 이름으로 다른 사람들의 삶을 통제함으로써 유복해진 '관료적 전문가들'의 지배를 받았다. '권한 이양'의 정책들을 통해, Thatcher 정부는 그 자체가 민주주의적인 정부라고 간주할 수 있었고 엘리트주의적인 교육을 정착시킬 수 있었으며, 은근히 제한적인 책략을 사용할 수 있었다.

물론, 대처리즘이 '심오한 민주주의'를 실질적으로 건설한 것은 아니었다. 교육과 관련된 결정은 민주주의적으로 뿌리가 약한 집단들에 의해 이루어지게 되었다. 권한 이양의 수사학이 그 무엇을 선전하든지 간에, 상당수의 사람들이 교육정책과 의사결정에서 배제된 채 남게 되었다. 그 결과, 시장 지향적 개혁들이 기껏 한 것이라고는 유리한 여건에 있는 학교와 가족이 더욱 유리해질 수 있도록 만든 것이었다. 이러한 사실은 만약 공정성과 사회적 단결이 교육정책에서 중요하게 고려되기를 바란다면, 사회민주주의와 신자유주의 정책 두 가지 모두의 혜택으로부터 배제된 사람의 의사를 반영하기 위한 시민 및 소비자의 권리가 균형을 이루도록 하는 것이 진정으로 필요하다는 것을 뜻한다.

이 책의 5장에서도 강조하겠지만, 강한 국가와 자유로운 경제의 관념 속에서 사회적 관계가 점점 더 형성되면(Gamble, 1988), 그것이 국가든지 시민사회든지 간에 민주주의적 시민의식을 통한 사회정의는 추구될 수 없다. 교육에서 시민권의 재강조는 국가와 시장화된 시민사회 간의 새로운 공공 영역의 개발을 요구하고, 새로운 형태의 단체적 연대가 개발될 수 있기를 요구한다. 진정한 도전은 Mannheim이 지지하였던 과도한 중앙집권화된 계획 같은 방식을 재현하지 않고서, 원자화된(atomized) 의사결정으로부터 교육을 위한 공동 책임의 재강조로 이동시키는 방법을 찾는 것이다.

만약 공동 의사결정의 새로운 접근들이 이전의 접근들보다 더욱 합법적인 것으로 인정된다면, 21세기 교육에서의 민주주의적 시민권을 재강조하는 데 적합한 방식을 입증하기 위한 새로운 제도적 형태들의 구성, 본질 및 권력을 형성할 때 신중하게 고려하는 것이 필요하다. 그리고 그러한 접근들은 대부분의 현대사회에서 나타난 인습적인 형태를 띤 정치적 연합의 비평에 반응할 필요가 있다. 시장의 형태들은 단체주의(collectivism)의 전통적인 형태들을 약화시키는 새로운 대상의 국면을 형성하는 데 도움을 주는 사회적 텍스트(social text)의 부분이 된 반면, 단체주의의 형태들은 그 스스로가 여성과 소수민족집단을 포함한 사회의 많은 구성원들에게 권한을 부여해 주는 것에 자주 실패하였다.

교육적 의사결정의 원자화를 피하기 위하여 그리고 학교 간의 분열과 양극화의 경향을 피하기 위하여, 우리는 진정으로 포용적인 교육과정 정비와 제도적인 정비를 위한 시민사회 내의 새로운 공동체적 맥락을 만들어 낼 필요가 있다. 또한 특수성을 거부하지 않으면서도 통합을 이끌어 낼 수 있는 시민의식의 개념을 반영할 필요가 있다(Mouffe, 1989, 1992). 그리고 우리는 그렇게 하는 데에서 더욱 적합한 방식들을 찾으려고 노력해야만 한다.

좌파들은 기존의 국가 교육과는 다른 관점의 공교육 접근을 개발하는 데에는 지금까지 별로 집중하지 않았고, 사회적 불평등을 재생산하고 합법화한 과거의 교육적 관점을 비판하는 데 주로 집중하였다(Young & Whitty, 1977). 비록 신자유주의적 정책과 비교할 때 사회민주주의적 정책들이 더 나은 관점일지라도, 새 시대에 맞는 진보적 정책이 어떠해야 하는가에 관해서 곰곰이 다시 생각해 볼 필요성은 여전히 남아 있다. 만약 우리가 이러한 노력의 기회를 갖지 못한다면, 우리는 Mannheim이 자유민주주의의 미래에 위협될 것으로 보았던 극우파의 개인주의와 경쟁의 형태에 지배받았던 정책 의제를 찾게 될지도 모르는 일이다.

그러한 차원에서, 우리는 교육에서 시장화되고 사사화된 형태를 변화시켜야 한다. 사실, 시장의 힘(market forces)을 옹호하는 자들은 그동안 이도저도 아닌 개혁 때문에 제대로 된 것이 없다고 주장하였다. 예를 들면, James Tooley(1995)는 더욱 탈규제적인 체제를 선호하였으며 중앙집권적인 교육과정의 포기를 선호하였다. 또한 그는 교육에서의 시장의 잠재력은 유사시장의 효과로 감히 평가될 수조차 없는 것이라고 주장하였다. 그의 이러한 주장은 우리에게 민주주의적 체제의 공정성 실패를 상기시켜 준다. Chubb과 Moe(1990)의 시장주의적 교육정책 옹호에 응하여 Smith와 Meier(1995)가 지적했듯이, 민주주의적 통치로 현재 사용되는 형태의 실패는 민주주의적 통치 형태의 포기를 요구하는 것이 아니라 민주주의적 통치 형태에 개혁이 필요함을 의미하는 것이다.

애석하게도, 우리는 최근의 신자유주의적 개혁들에 매혹되어서, 불리한 여건에 있는 집단의 교육을 신자유주의적 개혁이 아닌 다른 방식으로 개선시키려는 노력을 하지 못했다. James Henig는 미국에서의 비슷한 상황에 대하여 다음과 같이 말하였다. "현재의 교육개혁 운동의 슬픈 아이러니는 시장중심의 사상에 뿌리를 둔 학교선택을 과도하게 신봉하면서도, 사회문제를 고심하기 위한—근본적인 개혁을 고려하기 위한—건전한 충격이 단체적 숙의와 단체적 반응을 위한 잠재력에 영향을 줄 것이라고 믿는 것

이다."(1994: 222)

새로운 의제를 향하여?

국가와 시민사회를 민주화시키는 방식에 관한 많은 논의들이 있었다. 예를 들면, Mike Geddes(1996)는 민주주의에 대한 서로 다른 접근의 장점을 결합시키려는 시도의 관점에서 미래를 보았다. 특히, 그는 정책 과정을 분권화하는 것과 공동체 위원회, 시민들의 심사위원단, 전문가집단을 확립하는 것을 고안함으로써, 대의제이며 참여적인 민주주의의 요소들을 결합시키는 것을 선호하였다. 하지만 대부분의 논의들은 혁신을 위한 확고한 입헌적인 토대가 결여되었기 때문에, 결과적으로는 의사결정에서 민주주의적 참여를 법률로 제정할 것인지 아니면 단지 자문으로 할 것인지 불명확하게 되는 경향이 있었다. 그럼에도 불구하고 그러한 논의들은 그람시주의자들의 투쟁을 위한 맥락과 민주주의적 통치에 관한 새로운 사상의 온상으로서 기능하였다. 이와 유사하게, 미국에서는 Joshua Cohen과 Joel Rogers(1995)가 비록 시장이 지배하는 사회일지라도 평등주의적이고 민주주의적인 규범에 근접하도록 개선시킬 수 있다는 관점을 가졌다. 즉, 시민사회의 '부수적인 단체들(secondary associations)'의 지위를 변경함으로써, 단체적 민주주의가 "경제적 수행과 정부 효율성을 개선시킬 수 있고, 평등주의적인 민중의 주권과 민주주의적인 규범, 정치적 평등, 분배의 공정성, 그리고 시민의식을 촉진할 수 있다."(Cohen et al., 1995: 9)라고 주장하였다.

우리는 교육정책 결정에 있어서 이러한 사상을 깊이 검토하기 위한 새로운 민주주의적 포럼들을 개발할 수 있다. 그러나 이와 관련해서, 우리는 Mannheim이 자신의 사상을 시험해 본 맥락 같은 것이 아니라 인터넷 같은 새로운 미디어를 사용하는 형태로 더욱 민주주의화된 버전을 개발할 필요가 있다.

저명한 사회학자인 Anthony Giddens(1998)는 '제3의 길(Third Way)'을 제안하였는데, 그것은 사회민주주의와 신자유주의의 대안이 되는 관념이었다. 그는 좌파와 우파라고 하는 이원론을 넘어설 것을 제안하였다. 그가 제안한 '제3의 길'은 좌파와 우파라고 하는 두 가지 정치적 이데올로기 간의 단순한 중간 지점을 의미하는 것이 아니라, '새로운 시대'를 알아보는 사상의 새롭고도 틀을 깨는 협력의 창조를 의미하는 것이었다. 이렇게 함으로써, 그는 좌파가 주장하는 평등주의라는 것과 뉴라이트가 주장하는 불평등의 인정이라는 것 모두를 초월하여, 그러한 것들이 사회적 포용(social inclusion)이라는 개념으로 대체될 것이라고 보았다.

영국 신노동당의 교육개혁 중에는 Giddens의 '제3의 길'에 해당되는 것으로 보이는 것이 있다. 교육우선투자지역(Education Action Zones: EAZ)이 여기에 해당되는데, 이것은 '사회적 빈곤 지역의 교육을 현대화하기 위해 비즈니스, 학교, 지역교육청, 그리고 학부모를 하나로 결합시키는 새로운 개혁'을 알리는 것이었다(DfEE, 1998). 이 정책은 언뜻 보기에는, 복합적으로 불리한 여건에 처한 지역의 낮은 학업성취도 문제를 해결하기 위해 적극적인 구별을 사용한 1960년대와 1970년대의 교육우선지역(Educational Priority Areas: EPA) 정책과 같은 것으로 보인다. 비록 어떤 사람들은 교육우선투자지역(EAZ)의 진짜 목적은 '사사화(privatisation)에 대한 트로이의 목마'라고 주장할지라도, 다른 한편으로는 보수당의 개혁인 기업촉진지구(Enterprise Zones), 도시개발법인(Urban Development Corporations), 도시기술고등학교(City Technology Colleges)와 유사한 조직적·관리적 특징들 또한 갖는다. 즉, 교육우선투자지역(EAZ)은 교육에 대한 공동 책임을 재강조하면서도 '영리 추구'를 하는 사업의 적극적인 참여도 준비시키는 것이었다. 그리고 비록 정부는 '소수가 아닌 다수'에 혜택이 돌아가도록 하기 위해 사립학교재정지원정책(Assisted Places Scheme: APS)*을 포기하였지만, 이윤 추구의 사업과 교육이 동반자 관계가 되도록 만들었다. 따라서 교육우선투자지역(EAZ)은 뉴라이트와 좌파의 사상을 절충한 것 같지만, 보수당이 도입한 비즈니스 지향적 접근들을 신노동당의 개혁 의제에 있어 선호한 것이기도 한 것이었다.

이론적인 측면에서, 교육우선투자지역(EAZ) 정책은 현재 유행

★ **역자 주)** 1979년 보수당의 신자유주의 노선을 반영한 정책이라고 할 수 있다. 이는 사적 영역(private sector)을 보다 확대하기 위한 정책으로 비싼 사립학교의 수업료를 정부가 보조해 주는 것이다. 즉, 경제적인 이유로 자립학교에 자녀를 보낼 수 없는 부모에게 수업료를 보조해 주는 것이다. 하지만 경제적인 어려움이 있는 모든 가정의 자녀에게 지원해 주는 것이 아니라, 입학 시험에서 상위 15% 이내에 들어야만 지원이 가능하다. 부모에게 주는 보조금은 공적 영역(public sector)에 대한 지원을 축소시켜서 나온 감소분으로 충당된다.

하는 '사회 자본' 이론과 관련성이 있는데(Putnam, 1993), 이 정책은 '사회 자본'을 증가시키는 보호적 교육활동이 불리한 여건에 처한 지역에 거주하는 사람의 교육적 성취와 경제적 번영을 증진시킬 수 있다고 본다.

이러한 잠재력에도 불구하고, 신노동당은 지금까지 교육우선투자지역(EAZ)의 그러한 측면을 상대적으로 강조하지는 못했다. 우리 연구팀이 수행한 연구에 따르면, 교육우선투자지역(EAZ) 정책으로 새로운 형태의 시민단체 육성과 공동체의 참여가 확연하게 제한되었고, 오히려 교육 분야에 사적 영역을 포함시키려는 시도들이 더욱 뚜렷하게 나타났다(Hallgarten & Watling, 2001; Dickson et al., 2001). 더욱이 교육우선투자지역(EAZ)에 대한 정부의 발표는 Giddens가 선호하였던 '적극적인 복지'의 관념에 근거한 것이 아니라 지역 공동체의 결핍 모델과 '문제' 부모와 아동에 근거한 것이었다(Gewirtz, 1998, 1999). 그러므로 교육우선투자지역(EAZ) 정책에서조차도, 신노동당의 교육프로그램은 때때로 뉴라이트의 길을 실제로 따르는 것이 되었다. 그리고 교육우선투자지역(EAZ) 정책을 위한 자원은 전체 교육예산에서 너무 적게 차지하고 있으며(Plewis, 1998), 사회적 · 교육적으로 불리한 여건에 있는 사람들에게 견고하고도 지속적인 효과를 미치는 데 요구되는 중대한 재분배는 충족되지 못하고 있다.

결 론

Campbell Stewart는 "오래지 않아 우리는 Mannheim의 관점을 추구할 필요가 있을 것"(Stewart, 1967: 37)이라고 말하였다. 그리고 Chris Woodhead(1998) 또한 Mannheim의 시대가 다시 올 것이라고 말하였으며, 현대의 교육연구와 교육사회학을 비판하기 위해 Mannheim의 교육사회학 관점을 사용하였다. Woodhead는 '사회구조에 대한 일반인의 상식적 이해를 다루는 길'의 대안으로서 교육사회학의 '제3의 길'을 주장하였다. 이에 필자는 Woodhead가 "교육연구의 방법론, 개념, 우선사항 등에 관한 냉정한 질문이 요구된다."라고 지적한 것에는 인정하면서도 그의 분석에는 명백한 한계와 모순이 있다고 지적한 Michael Young(1998a: 31)의 관점에 동의한다. 그러나 필자는 Woodhead의 관점이 여전히 교육사회학에서 '고전적 지위'로 남아 있기를 바라며, 현대의 교육사회학이 교육정책을 이해하고 개발하는 데 유용한 기여를 계속할 수 있을 것으로 기대한다.

| 추가 참고도서 |

Demaine, J. (Ed.) (1999). *Education Policy and Contemporary Politics*. London: Macmillan.

Demaine, J. (Ed.) (2001). *Sociology of Education Today*. London: Palgrave.

Mannheim, K. (1951). *Freedom, Power and Democratic Planning*. London: Routledge & Kegan Paul.

Chapter 2

학교지식과 사회성 교육

이 장에서는 교육사회학의 Karl Mannheim 교수직을 가장 먼저 맡았던 Basil Bernstein의 개념들을 바탕으로, 교육과정 지식과 일상생활 간의 복잡한 관계를 탐구한다. 더 구체적으로, 1980년대 영국의 중등학교 범교육과정 주제(cross-curricular themes)를 가르치는 것에 대한 경험적 연구를 다룬다. 이 같은 분석은 영국의 Thatcher 정부가 학생들로 하여금 성인의 삶을 준비하도록 하기 위해 교과중심의 국가교육과정을 사용하려 한 시도들을 찾아보기가 어려워지게 된 이유를 설명하는 데 도움이 된다.

영국은 1988년의 교육개혁법을 만들어 '학생들의 정신적 · 도덕적 · 문화적 · 마음적 · 육체적 발달을 향상할 수 있게 해 주고 ……학생들이 성인의 삶의 기회, 책임, 경험을 준비할 수 있도록 해 주는' 균형 있으면서도 폭넓은 교육과정을 학교에 제공하도록 요구하였다. 하지만 이 법은 학업적 교과의 관점에서 정의되는 법에 명시된 국가교육과정이 도입되도록 하였다. 이 같은 '중핵 교과와 기초 교과'에는 영어, 수학, 과학, 기술, 역사, 지리, 현대 언어, 음악, 미술, 체육을 포함한다. 그리고 학교는 다섯 가지의 법에 명시되지 않은 '범교육과정 주제들', 즉 건강교육, 시민의식, 진로교육과 생활지도, 경제 의식, 환경교육을 가르치도록 요구받았다. 비록 국가교육과정위원회(NCC, 1990a)가 제안하는 안내서에는 이러한 주제를 다양한 방식으로 가르칠 수 있고 필요하다면 독자적인 방식으로 어떤 요소들을 실험할 수도 있다고 되어 있었지만, 주제의 대부분은 중핵 교과와 기초 교과를 통해 또는 종교교육을 통해 가르칠 수 있도록 되어 있었다.

교과와 주제 간의 관계에 관한 공식적인 설명은 영국의 중등학교 교육과정에서 사회성 교육의 두 가지 대조적인 전통에 관한 양면성을 반영하였다. 엘리트의 사회성 교육은 일반적으로 다양한 학업적 교과 내의 '교양 교육'에 근거한 반면, 대중의 사회성 교육은 일반적으로 시민의식과 직업을 위한 직접적인 준비의 형태를 띠었다. '교양 교육'의 전통적인 관념은 광범위한 전문 교과의 담론을 접하도록 하는 것이 '교육받은(교양 있는) 사람'을 만들어 낸다고 가정한다. 그리고 이렇게 교육받은 사람은 고용될 수 있고 환경적으로 우호적이며, 책임감 있는 시민이자 납세자가 되고 건강한 생활방식을 추구하게 될 것으로 가정한다. 이러한 관점에서 볼 때, 범교육과정 주제를 중핵 교과와 기초 교과를 통해 가르치도록 한 것은 이해가 된다. 이것이 학교에서는 모든 상류층의 정치적 명령(imperative)에 직접적으로 응하기 위한 교육과정에의 압력을 경감시킨다. 또한 주로 시민의식과 직업교육을 통해 성인의 삶을 준비시키는 학생에게 더 명확하게 가르치고자 시도되는 '교화'와 '사회적 통제'의 책임에서 벗어나면서도, 그러한 요구를 만족시킬 수 있는 방법을 제공한다(Gleeson & Whitty, 1976; Whitty, 1985).

하지만 범교육과정 주제의 가르침의 '투과(permeation)' 접근은 교과와 주제는 같은 교육과정 요소들을 조직하는 방식이 본질적으로 다르다고 가정한다. 또한 같은 요소들이 동시에 각기 다른 교육목적에 사용될 수 있다고 가정한다. 예를 들면, 건강교육은 교과 지식과 이해의 습득, 건전한 선택과 관련한 삶의 기술의 발달 그리고 특정한 태도와 생활방식의 채택과 촉진 등의 교육목적들을 포함할 수 있다. 하지만 이러한 각각의 교육목적들은 또 각기 다른 질적 준거를 필요로 하고, 이것은 학급활동의 본질과 평가 양식에 중요한 의미를 갖게 된다. 그리고 전통적인 중등학교교과들은 지식과 이해의 습득에 특권을 주는 경향이 있다. 그러므로 중등학교 교육과정 내의 교과와 주제의 준비 간에는 긴장상태가 발생하기 쉽다. 주제와 관련된 교육목표는 주류 교과들에 포함시켜 나타냄으로써 쉽게 성취될 수 있을 것으로 본 영국 Thatcher 정부의 관점은 고지식했거나 냉소적인 것이었다.

사실상, 국가교육과정 교과특별조사위원회(working parties)와 장관들의 계속된 개입의 결과로 학교의 주류 교과들의 지식으로 포함시키는 것이 좁아짐에 따라 범교육과정 주제의 경우, 사회성 교육의 투과 접근이 갖는 본연의 어려움이 더욱 심해지게 되었다. "학교들이 그동안의 기준으로 추구하였던 모든 달성 목표를 버리고 전체 교육과정을 토대로 하여 다시 설정하게 될 것"(NCC, 1990a: 1)이라는 국가교육과정위원회의 주장은, 특정 달성 목표는 개별 학업적 교과의 필요조건에 주로 이끌려 왔다는 교과특별조사위원회에 의해 확인된 사실을 인정하지 못한 것이다.

이 장에서는 잉글랜드와 웨일스 지역에 있는 4개의 중등학교(1,431명)를 대상으로 수행한 조사연구와 8개 학교에서 수행한 심층관찰연구로 이루어진 연구 프로젝트의 결과를 주로 사용한다. 이 연구 프로젝트는 개별 학업적 교과와 관련된 질적 준거가 1988년의 「교육개혁법」 1장에 내포된 사회성 교육의 폭넓은 관념을 평가하는 데 사용되었던 질적 준거보다 수업과 평가의 모든 면에서 일반적으로 우세한 위치에 있음을 입증한다. 그와 동시에, 이 연구 프로젝트는 엄정성과 적절성을 결합시키는 사회성 교육의 접근을 개발하기 위한 시도들에 직면할 필요성이 있는, 좀 더 일반적인 쟁점들을 지적한다.

이 연구는 교육 지식의 분류(classification)와 구조(framing)에 관한 Basil Bernstein의 연구에 의해 이론적으로 알려지게 되었다(Bernstein, 1971). Bernstein은 '분류'를 '내용들 간의 관계'로 정의하였기 때문에, "분류가 강하면 내용들 간의 경계가 강하게 생겨 명확히 구분되고, 분류가 약하면 내용들 간의 경계가 약하거나 흐려지게 된다."(Bernstein, 1971: 49)라고 보았다. 또한 '구조'의 개념은 '교육학적 관계에서 지식으로 전달될 수 있는 것과 전달될 수 없는 것 간의 경계의 강도'와 관련되었기 때문에, "구조가 강하면 지식으로 전달될 수 있는 것과 없는 것 간의 경계가 분명해지고, 구조가 약하면 그 경계가 흐려지게 된다."(Bernstein, 1971: 50)라고 보았다.

Bernstein은 내용들 간의 강한 분류로 교과들이 구성된 교육과정을 '집합형(collection code)'이라고 기술하였다. 또한 전통적인 교과 중심의 영국 그래머스쿨(grammar school) 교육과정은 이 집합형에 가까운 것이라고 제안하였다. 그러나 1960년대와 1970년대에는 교과들 간의 분류가 약한 '통합형(integrated codes)'으로 변하게 되었는데, 예를 들면 통합된 인문학 과정들의 개발을 통해 변하게 되었다(Whitty, 1992b). 하지만 영국의 국가교육과정의 「교육개혁법」은 강력하게 분류된 교과 교육과정, 즉 집합형을 재강조한 것이었고 중핵 교과와 기타 기초 교과에 관한 공식적 프로그램들의 상세한 설명서들은 Bernstein의 용어로 표현할 때 '구조'의 강화를 알리는 것이었다. Bernstein의 설명에 따르면, "구조가 강하면 습득자들은 지식 전달의 선택, 조직 및 속도 조절을 거의 통제하지 못하게 된다."(Bernstein, 1977: 179)라고 보고 있다.

하지만 주제들에 관해 국가교육과정위원회에서 제안한, 사회성 교육을 위한 근본으로서 범교육과정 주제들을 사용하려는 생각은 학생의 생활방식과 관심에 학교지식이 관계하기 위한 필요성의 결과로서 교과 간의 경계의 약화를 요구하고, 교육학적 관계에서 구조의 약화를 필요로 하는 것이었다. 따라서 우리는 교육과정과 교육학의 상이한 모형들 간에서 나타나는, 분명한 긴장 상태 및 그에 관계된 평가 양식들이 어떻게 학교 정책과 학급 실제 내에서 분해되는지 살펴보는 것에 흥미를 갖게 되었다.

전국 조사

우리는 교장들 또는 교육과정을 책임지는 교사에게 자신의 학교가 1990년에 국가교육과정위원회가 안내한 범교육과정 정책과 실제를 따르도록 변화가 되었는지를 설문조사하였다. 설문조사를 한 1992년 무렵, 82%의 학교가 접근의 변화가 있었다고 주장하였다. 그리고 응답자의 1/3은 그 변화가 국가교육과정 때문이라고 하였고, 응답자의 1/4은 그 변화가 이전의 실제가 발전되었기 때문이라고 하였으며 국가교육과정위원회의 안내 때문만은 아니라고 하였다. 하지만 접근의 변화가 있었다고 응답한 자들의 84%는 국가교육과정위원회의 안내서를 참조하였다고 하였다.

질문지 응답들에 따르면, 다양한 주제들을 가르치는 것이 상이한 방법으로 중핵 교과와 기초 교과에 두루 퍼져 있는 것으로 나타났다. 어떤 응답자들은 주제들이 투과되었다는 식으로 모든 교과에 응답하였다. 그러나 대부분의 응답자들은 자신의 응답에 더욱 차이를 나타내었고, 전체적인 응답은 상이한 주제들에 상이한 패턴들을 보였다. 주제들을 가르친다고 주장한 학교의 최소 50%를 살펴보았을 때, 경제 · 산업 이해는 대부분의 교과들 내에 나타났고 충실히 투과된 주제로 정의내릴 수 있었던 반면에, 건강교육과 진로교육 그리고 생활지도의 주제들은 가장 덜 투과된 것으로 나타났다.

또한 건강교육과 진로교육은 학교 내에서 가장 명확하게 눈에 띄는 것으로 나타났다. 건강교육과 진로교육의 주제는 범교육과정 주제로 정의되기 이전부터 존재해 왔었고, 다른 주제들보다 구별되는 교육과정 위치를 점하였거나 인성 및 사회성 교육(PSE)* 프로그램의 부분이 된 것이었다. 심지어 그러한 경우가 아니더라도, 건강교육과 진로교육의 주제는 상대적으로 적은 중핵 교과와 기

---

* **역자 주)** 영국 웨일스(Wales) 지역의 공립학교 교육과정의 한 구성요소다. PSE는 2003년 9월에 법적 요건을 갖추게 되었고, Key Stage 1~4(즉, 5~16세)에 해당되는 모든 학생들에게 의무적으로 가르치는 것이다[위키피디아 백과사전(영문판)].

초 교과를 통해서 교육되는 경향이 있었다. 그리고 건강교육과 진로교육의 주제는 다른 주제들보다 명시화된 정책들을 가질뿐더러 책임감을 갖고 수행하는 지명된 담당자들을 갖는 것으로 나타났다. 더하여 최근에는 지도교사들(advisory teachers)의 지원을 받는 것으로 나타났다. 따라서 건강과 진로의 주제는 그 지위, 시간 및 자원의 측면에서 '학교교과가 되는 것'의 특성을 가질 정도였다(Goodson, 1983, 1985). 하나의 주제가 이러한 관점에서 관습적인 교과에 가까워질수록 그 존재가 더욱 강해지고 명백해진다. Don Rowe(1993)가 제안하였듯이, 건강과 진로의 주제들 같이 그 속성상 가장 덜 학업적 교과에 해당되는 것일지라도 가장 중요한 사회학적 특성을 가질 수 있는 것으로 나타났다.

이는 그 같은 주제들의 역량을 위해서는 구별되는 질적 준거를 가져야 한다는 것을 함축하는 것인데, 즉 그 형태의 측면에서 한 교과의 속성들이 그 실질의 측면에서 다른 교과들과 달라질 수 있는 주제를 갖는 것이 필요하다는 것을 의미한다. 예를 들면, 건강 교육자와 진로 교육자는 자신들의 일상생활에 대해서, 학습에 대한 자신들의 참여적 접근에 대해서 그리고 자신의 인지적 성과뿐만 아니라 정서적 성과에 대해서 종종 자긍심을 갖게 된다. 또한 이들은 대부분의 학교교과보다 학생의 자기평가 기법을 더 광범위하게 사용하는 경향을 갖는다. 이들이 그러한 것들을 해야 하는 기회는 실질적으로 교육과정 관련 직으로부터 자신이 상대적으로 얼마나 멀어져 있는가에 달려 있다. Bernstein의 용어로 표현하면, 외부 세상과 관계 면에서 약한 경계와 학급에서의 약한 구조를 유지하기 위한 이들의 역량은 다른 교과들과의 강한 분류 관계의 결과가 된다. Graham Fowler(1992)가 의무교육 이후 단계의 교양 교과 관계에서 지적하였듯이, 약한 구조는 다른 교과들과 강한 차이가 있는 영역에서만 수용적일 수 있는데, 그 이유는 고급 지식을 오염시킬 수 있는 위험이 최소화될 수 있기 때문이다.

하지만 이들의 특이한 신분을 유지하기 위한 진로교육과 건강교육의 기회는 자신의 권리에서나 인성 및 사회성 교육(PSE)의 맥락에서나 결코 안전하지가 않다. 여러 연구들에 따르면, 진로교육과 건강교육에 관련한 활동으로 할애된 시간은 국가교육과정에 의해 과중된 교육과정의 압력으로 많은 학교들에서 이미 축소되었거나 위협받고 있는 것으로 나타났다(HEA, 1992; S. Harris, 1993). 그러므로 진로교육과 건강교육이 주제로서 계속 살아남을지는 학교의 교과들에 그러한 주제들의 측면을 실질적으로 강조해 줄 수 있는 투과 접근의 적용에 더욱더 달려 있게 된다.

하나의 주제를 가르치는 것은 투과 모델에 달려 있는 반면, 구별되는 특징들은 관습적인 학업적 교과들과 관련된 강한 분류와 강한 구조의 학급 수준에서 희생되기 쉬운데, 이러한 경향은 교과 중심의 국가교육과정에 의해 더욱 강화되고 있다. Don Rowe(1993)는 진로교육과 건강교육 이외의 세 가지 주제들은 주류 교과들과의 차이에서 실질적으로 진로교육과 건강교육보다는 차이가 덜 하며, 그렇기 때문에 문제가 되는 것도 덜 할 수 있다고 제안한다. 비록 그러한 주제들의 지식 내용이 다른 교과들의 내용과 밀접하다는 그의 주장이 맞을지라도, 추구되는 목적들은 여전히 다르고 평가될 준거를 위한 결과도 갖게 된다.

'투과' 모델의 실제

우리가 수행한 프로젝트의 두 번째 국면은 범교육과정 일과 관련하여 서로 다른 접근을 한다고 확인된 8개의 중등학교를 방문한 것과 관계된 것이다. 간단히 말하면, 우리가 이 학교들을 방문해 본 결과, 범교육과정 일과 관련하여 주제들은 별로 많지 않았고, 심지어 학교 전체의 교육과정 계획에 주제들을 우선적으로 포함시킨다고 주장했던 학교들조차 실제로는 주제들이 별로 많지 않았다. 대부분의 학교들은 국가교육과정의 압력에 의해 종교교육과 함께 중핵 교과와 기초 교과를 매개로 하여 주제들을 전달하는 접근을 적용할 것을 강요당하는 것처럼 느껴졌다. 그리고 그러한 교과들에 어떤 일들이 벌어지는지를 살펴본 결과, 우리는 투과 모델이 적용된 학교들에서 가르치는 새로운 주제들뿐만 아니라, 심지어는 오래된 주제들도 학급 수준에서는 확인되기 어렵고 학생들에게도 거의 전달되지 않는 것으로 나타났다.

우리는 이렇게 파악한 내용들을 Bernstein의 연구, 즉 맥락 소환(evoking contexts), 인지 규칙(recognition rules) 및 실현 규칙(realisation rules)에 의거하여 이해하려고 해 보았다(Bernstein, 1981). 각기 다른 맥락은 서로 다른 반응을 불러일으키게 되고, 능력을 나타내는 표시들 중의 하나는 특정한 맥락에서의 적합한 반응을 생산할 수 있도록 하는 규칙을 아는 것이다. Bernstein은 "인지 규칙은 구분하는 수단을 생성해 내어 맥락을 구성하는 특수성을 인지하도록 만든다."(Bernstein, 1990: 15)라고 보았다. 우리가 수행한 연구 맥락에서, 인지 규칙은 학생들이 전문화된 담론으로서, 즉 교과로서 무엇을 포함하는지를 결정하는 데 필요한 단서가 될 수 있다. 첫 번째 인지 규칙들 중의 하나는 교과들 또는 주제들이 어떻게 분할되는가에서 비롯된다. 초보자를 위한 다른 중요한 단서들은 수업시간에 가져와야만 하는 책, 앞치마, 운동복 같은 용품을 통해서 얻을 수 있다. 다른 인지 규칙은 어떤 형태로 학교 공부가 수행되는가에서 얻을 수 있다. 주제들을 고려할 때 특히 중요한 것은 말을 지배하는 인지 규칙이다. 이러한 것들은 학급 담론의 규칙을 통해 명확하게 또는 암묵적으로 얻을 수 있다. 새 학기 초에 교사는 학생에게 용인될 수 있는 말이 어떤 것들인지를 자주 말한다.

실현 규칙은 학생에게 수업시간에 적합한 실행은 어떤 것들인지를 말하는 규칙을 의미한다. Bernstein의 용어로 표현하면, "실현 규칙은 맥락의 내부에서 전문화된 관계의 형성과 생산을 규정한다."(Bernstein, 1990: 15)라고 보고 있다. 실현 규칙은 학생들이 자신들의 지식을 보여 주기 위해 할 수 있는 행동과 할 수 없는 행동을 말한다. 또한 실현 규칙은 교과의 원리들 내에서 용인될 수 있는 형태로 학생이 자신의 지식을 보여 줄 수 있기를 제안하는데, 이것은 특히 평가의 맥락에서 중요하게 작용한다. 그리고 실현 규칙은 학생이 필기할 때 허용될 수 있는 형태, 말로 하는 의사소통에서 허용될 수 있는 방법, 체육시간에 움직일 수 있는 방식 그리고 기술시간과 미술시간에 만들 수 있는 가공물의 형태 등을 정하게 된다. 더욱 정교한 실현 규칙은 과정에서 허용될 수 있는 순서 또는 논의의 구조를 나타낼 수 있다.

수업시간 동안, 교사는 교과의 코드(code)에 따라 무엇은 말해도 되고 무엇은 말하면 안 되는지를 보여 주기 위해 담론을 통제할 것이다. 때로는 담론의 형태 또는 한도가 명확하게 나타나게 되는데, 예를 들면 공식적 논쟁의 규칙이 이에 해당된다. 그리고 때로는 학생이 담론의 형태 또는 한도를 추론하게 되는데, 예를 들면 교사와 개인적으로 말할 때가 이에 해당된다. 학생이 교과의 공부하는 방식을 사용하려 할 때, 학생은 교사가 허용한 담론 규칙(discourse rules)을 적용하여 시작할 것이다. 또한 학생이 이와 같은 암묵적인 규칙(tacit rules)을 어기게 될 때, 교사는 그 규칙을 분명하게 다시 표현할 것이고, 이렇게 표현될 시간 동안은 암묵적인 규칙이 뚜렷해지게 된다.

주제를 가르치기 위해 교과를 사용하는 것에 관한 핵심적인 문제들 중의 하나는 각기 다른 맥락에서 말의 사용에 관계되는 규칙에 있다. 우리는 모든 학생이 교과와 직접적으로 관계되지 않는 것으로 감지된 말과 교과 담론 간의 구분을 뚜렷하게 하는 것을 발견하였다. 우리는 학생들에게 "어디에서 말을 많이 하는가?"라고 물었다. 학생들은 자신들이 말하는 대부분이 쉬는 시간과 점심시간 동안에 이루어진다고 밝혔다. 친구와 가족의 맥락과 관계된 이 같은 '담소'의 종류는 학교 수업과 관계된 것과는 확실히 다른 것이었다. '담소'가 수업시간에서 언제 이루어지는가와 관련해서는 다음의 학생들의 말에서 알 수 있듯이, 수업시간에서 하는 담소를 불법인 것으로 느끼고 있었다.

A 학교

그거 좋죠. 대부분의 수업시간에 시작되지만, 영어 수업시간에는 안 돼요.

도저히 집중할 수 없는 교과인지 아닌지에 달려 있지요.

B 학교

우리는 미술 수업시간에는 가장자리에 쉽게 앉을 수 있어서 담소를 나눌 수 있어요.

우리는 그래픽(Graphics) 시간에 여러 명이 둘러앉아서 말을 많이 해요.

C 학교

수업이 재미없으면, 그냥 자리에 앉은 채 말을 해요.

D 학교

디자인 및 기술 공예(CDT) 시간에는 담소를 나눌 수 있지만, 그 시간이 지루할 때에만 말을 하고 수업시간에는 말하지 않아요.

따라서 '담소'는 쉬는 시간 또는 공부하지 않을 때 하는 것으로 종종 관련된다. 학생들은 담소를 '해서는 안 되는 것' 또는 '몰래 하는 것'으로 받아들이고 있기 때문에 담소가 교과에 관련되지는 못한다. 교사가 하는 말, 질문과 답변 시간 그리고 구조화된 토의 등과는 달리, 담소는 학습에 도움이 되는 것으로 간주되기보다는 방해가 되는 것으로 간주된다. 주제가 직면하는 문제는 교과의 담론과 일상생활 간 연결되도록 허용하는 말의 종류에 있고, 정당한 학교 말과 부당한 비(non)학교 말 간의 강력한 경계에 도전하도록 하는 말의 종류에 있다. 따라서 주제는 교사의 눈에서뿐만 아니라 학생의 눈에서도 각기 다른 유형에 해당되는 말의 지위와 허용성에 관한 애매함을 만들어 낼 수 있다.

더욱이 학교 말과 '길거리 말' 간의 연결을 구축하기 위해 시도되는 말의 유형들은 주제들을 효과적으로 가르치는 데 매우 중요하며, 각 교과에 따라 서로 다른 가치를 갖는 것이다. 정당한 말로 간주될 수 있는 것은 교과들에 따라 달라진다. 어떤 학생들은 말로 하는 공부가 정당한 것인가 아닌가에 따라 교과들을 구별할 수 있다. 우리는 학생들에게 표적집단면접(focus-group interviews)을 사용하여 교과들에서 발생하는 서로 다른 말의 유형을 구별하도록 요구하였다.

G 학교

과학 시간에 선생님이 많은 학생들을 대화에 참여시키지는 않으며, 단지 칠판에 기록하고 그것에 관해서 말해요. 그런 다음, 선생님은 실험이 어떻게 이루어지는가에 대해서만 설명해요. 영어 시간에 선생님은 판서는 많이 하지 않으며, 우리가 읽고 있는 책에 관해 물어보고 토의해요.

영어 시간에 학생들이 더 토론하게 돼요.

B 학교

생물 시간에 학생은 무엇에 관해 말을 하나요?

우리가 해 온 과제에 관해 말을 해요. 서로 어떻게 해 왔는지 확인하기 위해서예요.

그렇다면, 그것은 담소라기보다는 과제 중심의 말에 가까운 것이겠네요?

네.

그것이 토론 같나요?

아니요, '맞다' 또는 '아니다'지요.

이러한 학생들은 자신의 관점과 생각을 위한 여지가 있는 교과들과 그렇지 못한 교과들을 인지하였다. 따라서 학생들은 각 교과들 간의 구조에 차이가 있음을 인지하였다.

학급 담론이 엄격한 구조로 된 곳에서의 학생은 교사가 말한 것이 완벽한 통제에 있다고 감지하게 된다. 그 한 가지 예는 교사가 폐쇄적 질문에 답하도록 학생의 참여—답에 대한—를 제한할 때다. 하지만 엄격한 구조는 상식 이해를 제한하도록 만들기 때문에, 인지 규칙을 더욱 명확하게 만드는 효과를 가질 수 있다. 따라서 교과의 원리에 근거하기보다는 상식에 근거하여 대답을 잘하는 학생은 인정받지 못하게 된다. 이때 만약 구조가 너무 엄격하게 되면, 어떤 학생은 교과의 원리에 자신의 생각을 연결하지 못할 수도 있고, 교과의 원리는 학생 자신의 생각과는 동떨어진 것이 될 수도 있다.

만약 담론 규칙이 훨씬 더 느슨하게 되면 학생이 말하는 것의 많은 부분이 수용될 수는 있겠지만, 학생으로 하여금 지식의 전문적 영역을 알도록 하기에는 더욱 어렵게 된다. 하지만 어떤 경우에는, 교과 영역 내에서 학생이 이미 파지한 이론들을 알도록 하기 위해 교사 스스로가 느슨한 구조를 사용하기도 한다. 교사가 이미 파지한 이론을 학생이 알도록 했다면, 교사는 교과의 원리를 학생에게 소개해 주기 위해 Bruner의 이론(Bruner & Haste, 1987)에 나오는 비계 설정(scaffolding)으로서 느슨한 구조를 사용할 수 있다. 느슨한 구조는 원리를 설명해 주기 위한 '적절한' 맥락을 제공할 수 있다.

교사는 학생들에게 교과의 원리를 보여 줄 수 있는 맥락을 제공해 주기 위해, 학생들에게 친숙한 예를 자주 사용하려고 한다. 그렇지만 많은 경우에는 그러한 '진정한' 예를 학생으로부터 직접적으로 가져올 수가 없고, 또한 학생이 겪는 일상생활의 경험도 변수로 작용하게 된다. 따라서 어떤 학생은 원리나 예를 이해하는 데 어려움을 겪는다(Keddie, 1971; Noss, 1990; Cooper, 1992). 학생의 이해를 도울 수 있는 또 다른 방법은 교과의 원리를 파악하기 위해 요구되는 이해와 학생의 상식 이론이 어떻게 충돌하는가를 보여 주는 것이다. Driver, Guesne와 Tiberghien(1985)은 만약 교사가 학생의 상식 이론이 과학적 이론과 어떻게 충돌하는가를 지적해 주지 않으면, 학생은 결코 과학적 원리를 획득하지 못할 수 있다고 제안한다.

하지만 만약 교과 또한 주제의 투과 모델에 의해 암시된 일을 하게 되고 학생이 학교를 넘어선 생활을 준비하도록 도와 주려고 한다면, 교과 지식과 상식 간의 또 다른 관계가 요구될 것이다. 그리고 교과의 원리는 학생 스스로에 의해서 또는 교사의 도움에 의해서 일상생활과 관련될 필요성이 있게 될 것이다. 하지만 우리가 수업을 관찰했을 때는 이와 같은 일이 거의 발생하지 않았는데, 그 이유는 실행되고 있는 지배적인 '실현 규칙'이 교과의 실현 규칙이었기 때문이었다. 더욱이 그러한 실현 규칙에 따라 교과를 구분하여 성공적으로 배운 학생은 범교과의 주제적 연결을 금지당하거나, 교과를 넘어선 학교 바깥 세상과의 주제적 연결을 금지당하였다.

범교육과정 주제를 위한 투과 정책을 확실하게 실행한다는 한 학교의 10학년에서 실시한 치아 부식에 관한 과학 수업에서, 우리 연구자들은 학생들에게 다음과 같이 질문하였다.

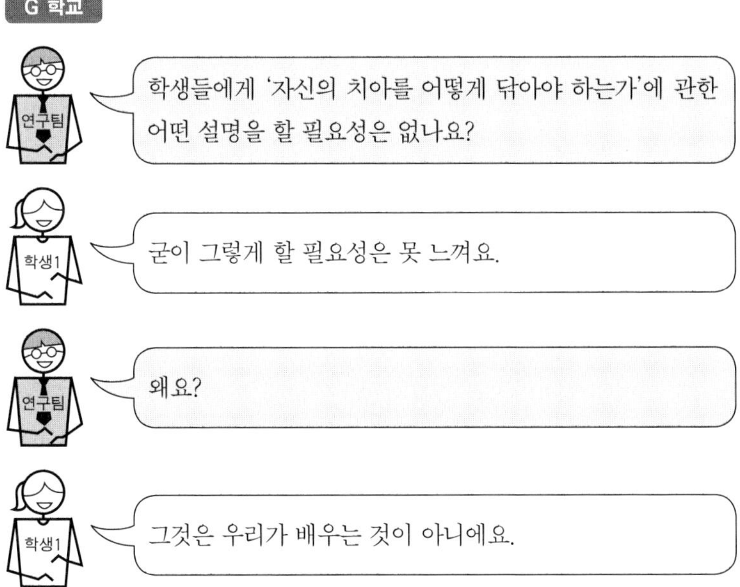

그렇다면 이 수업을 왜 듣는 것이지요?

국가교육과정에 있으니까요. (웃음)

그러나 교과서에는 학생의 치아를 어떻게 닦아야 하는지에 관한 사진이 있잖아요.

그것이 진짜 과학이라고는 생각하지 않아요.

이 학생에게는 과학 교과서에 있는 설명조차 국가교육과정의 교과인 '과학'과 일상생활 간의 연계성을 정당화하기엔 부족하였다. 이 학생에게 과학 수업은 자립하는 것이고 자기 지시적인 것이었다. 즉, 이 학생은 자신이 교과 코드로 지각한 것과 불일치하는 공부의 성과를 만들어 내기 위해 부적합한 인지 규칙과 실현 규칙을 적용함으로써, 교과에서 요구하는 과학적 능력을 성취하는 데 실패한 것이었다. 따라서 이 학생에게 과학 수업의 과업은 개인적인 행동이라기보다는 순전히 과학적 지식과 관계된 것으로 지각되었다.

이러한 특정한 예는 사소한 것으로 보일 수 있지만, 약물 또는 후천성 면역 결핍증후군(AIDS)에 대한 투과 접근에서도 비슷한 문제가 나타났다. 심지어 다른 맥락에서의 건강교육에 대한 학생의 참여 방식 접근에서도 지식과 행동 간의 연계성 구축에 상당한 어려움을 경험하였다. 국가교육과정이 과정적인 능력과 참여적 학습 방식을 훼손하면서 사실적인 지식에 관해서만 지나치게 집중한다는 건강 교육자들의 초기 염려는 주제를 위한 국가교육과정위원회의 안내에 의해 어느 정도 진정되었었다(NCC, 1990b). 그럼에도 불구하고 우리가 관찰한 학급의 실제에 따르면, 건강교육의 질이 학생의 발달적 욕구 또는 성인의 삶의 책임감에 관계되어 정의되기보다는 교과의 특정한 목표에 관계되어 정의될 것이라는 건강 교육자들의 염려가 그대로 나타났다.

역설적이게도, 여기에서 언급하는 과학 교사는 범교육과정 주제의 충실한 지지자였고, 학교 전체 교육과정 정책의 실행을 책임지는 위치에 있는 선임자였다. 그는 예전에 우리 연구 팀에게 아마도 국가교육과정이 과학 수업을 학생의 경험과 연계시키기에 어렵도록 만들 것이라고 염려했었는데, 실제로는 교사 자신이 그러한 논지를 입증해 보인 것이 되었다. 안타깝게도, 이러한 상황은 예외적인 것이 아니었다. 심지어 어떤 과학 교사들, 특히 남자 과학 교사들은 범교육과정 주제를 가르치는 것이 과학 교과를 '오염시켰다'고 가장 강하게 불평하였다. 교사들이 '명확한 주제 관련 수업은 부수적인 것일 뿐만 아니라 교과로서 과학의 온전함에 잠재적으로 위협이 된다.'는 것을 인지하고 있다는 증거는 다음에 나오는 교사의 말을 통해서 나타난다.

C 학교

과학 수업에서 돌발적인 상황이 발생하는 경우도 가끔씩 있지만 자주 발생하는 것은 아니에요. 예를 들면, 제가 11학년의 과학 시간에 알코올에 관해 수업할 때 그런 일이 일어났어요. 더욱 구조적인 형태로 과학 수업을 하려고 하더라도 방해되는 쟁점들이 있어요. 그리고 시간이 있다면 그러한 쟁점들에 관해 토론해 볼 수도 있겠지만요.

표적집단면접에 임했던 다른 학교의 과학 교사는 건강교육에 관해 다음과 같이 진술하였다.

E 학교

건강교육은 절대 우리가 할 일이 아니에요. 우리는 건강교육을 하라고 해서 하는 것이지만, 해서는 안 되는 것이에요. 건강교육은 부모가 해야 하는 것이에요. 우리의 주된 목적은 학생에게 시험을 치도록 하는 것이에요. 사회적 세부 사항은 우리와는 상관없어요. ……우리는 기저귀를 갈아 주는 유모가 아니에요.

이와 같은 진술을 참고로 할 때, 치아 부식에 관한 수업을 가르쳤던 교사가 주제들을 가르치는 데 혼신의 힘을 다하고 있다는 말과 국가교육과정이 주제들을 몰아낼 것이라고 염려한 것은 예외적인 경우에 해당되었다. 그렇지만 이 교사가 수업하는 실제는 자기 교과의 온전함을 수호하는 것이 중요하다고 믿는 교사들이 수업하는 실제와는 별로 다르지 않았다. 과학 교사들은 교과의 전문가로서 자신의 위치를 보호하기 위해 강력한 통제를 유지하려고 하는 것 같았다. 과학 교사들의 담론에 관한 강력한 통제는 일부 학생을 소외시키는 결과를 가져왔고, 동시에 학생이 강력한 규칙과 절차를 적용받고 있다고 지각하는 담론을 생산하는 효과를 가져왔다. 즉, Bernstein의 용어로 표현하면 인지 규칙을 제공하는 효과를 가져왔다.

또한 많은 교사가 교과와 상반되는 것으로서 주제를 느끼고 있었고, 주제의 '비가시성'이라는 특성이 이득을 보고 있는 것으로 느끼고 있었다. 어떤 교사는 경제 · 산업 이해에 관해 우리 연구팀에게 다음과 같이 말했다.

G 학교

그것(경제 · 산업 이해)은 강조되어야 하는 어떤 것으로 간주되기보다는 전체 패턴의 부분으로 간주되어야 해요. 그것은 너무 많은 곳에서 나타나고 ……19세기 역사에 관해 말할 때 나타나며 ……역사의 곳곳에 나타나고 ……문학에서도 나타나요. 여하튼 그것은 배경으로서 거의 의무적으로 나타나요. 우리는 학생들의 의식을 높여 준다고 생각하는데, 그것이 구조화되어서는 안 돼요. 즉, 저는 학생들이 알 필요가 있는 것을 ……덩어리 형식으로 전달해서는 안 된다고 생각해요. 그것은 관점을 띠어야 하고 어떤 것에 투과되어야 해요.

그러나 이것은 주제와 관련된 모든 지식이 교과 원리의 배경으로서만 나타난다는 것을 뜻한다. Bernstein의 관점에서 보면, 뚜렷이 구분된 각각의 교과에 의해 주제들은 전경에 나타나게 된다. 만약 주제가 효과적이려면, 학생 스스로가 각기 다른 교과에 흩어져 있는 주제들의 각 요소들 간의 연계성을 파악할 수 있어야 하고, 그러한 지식을 학교 외부의 삶, 즉 복잡한 인지적·실제적 과업에 적용할 수 있어야 한다.

더욱이 Bernstein의 연구에 근거할 때, 어떤 집단의 학생들은 다른 집단의 학생들보다 그러한 연계성을 더욱 잘 파악하는 것으로 간주할 수 있다. 즉, 적합한 맥락을 인지할 수 있으며 교과별로 다른 맥락에 따른 인지 규칙과 실현 규칙을 적용할 수 있는 학생은 상대적으로 '비가시적인' 주제 또는 재맥락화된 교과 지식을 처리할 수 있다. 이러한 맥락은 학교에서 가르치는 인성 및 사회성 교육(PSE) 수업에도 적용될 수 있고, 가정 또는 또래 집단에도 적용될 수 있다. 만약 이러한 맥락이 가정에서 주로 결정되는 것이라면, 주제 관련된 지식을 이해하기 위한 기회는 사회적·문화적 배경에 따라 다르게 제공되기 쉽다.

현장연구 동안 우리 연구 팀이 방문한 학교들에 재학 중인 8학년과 10학년 학생들에게 물어볼 질문지를 만들었다. 질문지의 내용은 학생들이 범교육과정 주제에 대해 들어 본 적이 있는가 하는 것이고, 다음으로는 그러한 주제를 배운 적이 있는가 하는 것이었다. 분석 결과, 학생들은 교육과정 관리자들이 주제와 관련된 것이라고 간주한 것의 많은 부분을 '보지 못한' 것으로 나타났다.

그러나 주제에 대해 들어 본 적이 있고 배운 적이 있다는 데에는 학생들이 광범위하게 동의하였다. 그리고 학생들 대부분이 진로교육과 생활지도, 건강교육과 환경교육을 배웠다고 동의하였다. 한편, 이와 관련된 자료를 수집한 학교들의 많은 학생들이 경제 · 산업 이해라는 용어에 대해서는 거의 들어 본 적이 없거나 그러한 내용을 배운 적도 없다고 응답하였다. 이러한 결과는 시민의식교육에도 비슷하게 나타났다. 즉, 인성 및 사회성 교육(PSE) 프로그램의 부분으로서 특정한 시민의식 수업 단위를 운영했던 하나의 학교를 제외한 나머지 학교들에서는 많은 학생들이 시민의식이라는 용어에 대해서 거의 들어 본 적이 없거나 그러한 내용을 배운 적이 없다고 응답하였다.

하지만 우리 연구 팀이 학생들에게 주제들에 대해 이해한 것을 간단히 설명해 보라고 요구했을 때는 질문지에서 동의한 사항들이 광범위하게 갈라지는 것으로 나타났다. 우리 연구팀이 수행한 표적집단면접에서, 어떤 학생들은 추상적인 원리를 사용하여 주제를 교과 담론의 관례에 따라 설명하였고, 다른 학생들은 구체적인 예들의 형식을 띠는 화제 지향에 따라 설명하였다. 예를 들면, 어떤 학생들은 경제 · 산업 이해를 '경제가 어떻게 작동하는가.'에 관한 것으로 말하였고, 다른 학생들은 '자신의 월급을 관리하는 것'에 관한 것으로 말하였다.

따라서 우리 연구 팀은 학생들이 주제에 관해 다른 방식으로 말하는 이유를 조사하였다. 비록 다른 맥락이지만 만약 Holland (1981)의 연구가 이 맥락에 적용된다면, 중류층 아동은 교과와 관련된 추상적인 원리를 우선시하는 것으로 나타나고, 노동계층 아이들은 일상생활의 측면과 관련된 사항을 우선시하는 것으로 나타날 것으로 기대하였다. 우리 연구 팀이 수행한 연구 결과, 학생들의 서로 다른 배경에 따라 주제에 대해 설명하는 것에 유의미한 차이가 있는 것으로 나타났다. 가장 중요한 차이는 건강교육과 경제 · 산업 이해와 관련된 것이었는데, 비(non)노동계층의 배경을 가진 학생들은 노동계층의 배경을 가진 학생들보다 맥락–독립적(context-independent) 용어로 주제들을 토의하기를 더욱 선호하였다(Whitty et al., 1994b).

뿐만 아니라 이러한 관점에서는 학교들 간에도 어떤 유의미한 차이가 있는 것으로 나타났다. 학업적 교과 중심의 교육과정을 통해 주제들을 가르치는 학교들에 재학하는 학생들은 경제 · 산업 이해라는 주제를 경제학에서 나온 개념으로 설명하였다. 하지만 다양한 접근을 적용한 학교들에 재학하는 학생들은 경제 · 산업 이해라는 주제를 맥락–의존적(context-dependent) 용어로 특징짓기를 더욱 선호하였으며, 이 주제와 관련하여 맥락–독립적 용어로 예를 드는 것은 없었다.

인성 및 사회성 교육(PSE)

주제들을 효과적으로 가르치기 위해서는 맥락–의존적 용어와 맥락–독립적 용어 간에 움직임이 필요하다. 따라서 교과와 관련된 추상적인 지식과 학생의 일상생활 속 경험 간의 연계성을 학생이 파악할 수 있도록 해 주는 방법을 찾는 것이 중요하다. 어떤 학교는 학생이 중핵 교과와 기초 교과보다는—비록 일부 주제들에 한할지라도—주변에 있는 주제에 관해 배울 수 있는 가능성을 제공하고자 노력한다. 인성 및 사회성 교육(PSE) 수업이나 이와 비슷한 수업은 주제들과 관계된 모든 교과 관련 지식을 학생들이 습득할 수 있도록 해 주기 위한, 중요한 맥락을 구성할 수 있다. 이러한 수업은 이론적인 측면에서, 학교 바깥에서 기회의 차별적인 사회적 분배에 반대하도록 하는 데 도움을 제공해 줄 수 있다.

하지만 우리 연구 팀이 현장연구에서 관찰한 바에 따르면, 주제 관련 교과 지식을 그러한 방식으로 함께 추출해 내기 위한 시도가 인성 및 사회성 교육(PSE)을 하는 과정에서는 일어나지 않았다. 심지어 가장 잘 조직된 학교들조차 명확하고 일관된 방식으로 여러 교과의 수업에 인성 및 사회성 교육(PSE)의 과정을 관련시키려는 시도를 하지 않았다. 그 대신, 교과에 포함될 수 없는 주제를 가르치는 조건에서는 인성 및 사회성 교육(PSE)이 제공되었다. 그렇기 때문에, 그러한 교육과정의 수업은 다른 교과들과의 관계에서 뚜렷하게 분류가 되는 '교과' 그 자체의 형식으로 이루어졌다. 하지만 만약 학교가 주제를 이러한 방식으로 가르치도록 조직한다면 더 이상은 '범교육과정'으로 불릴 수 없게 될 것이고, 각 교과 영역으로부터 지식을 함께 추출하고자 하는 도전은 사라질 것이다.

인성 및 사회성 교육(PSE)이 여러 교과들로부터 분리됨에 따라, 이득을 얻기보다는 어려움을 겪기 쉬웠다. 인성 및 사회성 교육(PSE) 그리고 이와 비슷한 수업들이 명확한 인지 규칙을 갖지 못하는 곳에서는 그러한 수업이 '적합한' 교과로 간주되지 못하는 경향이 있었고, 어떤 학생은 이를 이해하는 데 어려움을 겪었다. 우리 연구 팀은 표적집단면접을 통해 학생들에게 인성 및 사회성 교육(PSE)과 여러 가지 쟁점들에 관해 질문하였다.

C 학교

도덕적 쟁점 같은 이슈들은 어디서 토의하나요?

인성 및 사회성 교육(PSE) 시간에 토의하지만 심지어 종교 교육보다도 더 지루해요. 인성 및 사회성 교육(PSE) 시간에 진지하게 임하는 학생들은 없어요. ……모두 잠자요.

선생님에 따라 달라요. 학생들은 Y 선생님을 싫어하지만 학점 따기가 쉽기 때문에 배워요. 그 선생님은 잠시도 멈추지 않고 계속 말하거든요.

인성 및 사회성 교육(PSE)은 '잡동사니' 수업이에요. 그 수업 시간에는 모든 것을 다루니까요.

인성 및 사회성 교육(PSE) 시간과 영어 시간 간에는 어떤 차이가 있나요?

인성 및 사회성 교육(PSE) 시간에는 항상 실제적인 것들만 다루어요. ……'우리가 선생님들로부터 실제적인 것을 어떻게 배울 수 있는가' '선생님들이 왜 그렇게 하는가' '우리는 실제적인 것에 관해 무엇을 할 수 있는가'와 같은 실제적인 것을 해결하기 위한 방법에 관한 것들을 선생님들이 말해 줘요. 그리고 인성 및 사회성 교육(PSE) 시간에는 문제를 어떻게 모면할 수 있는가에 대해서도 말해 줘요.

그런 것들이 실제적인 것에 해당하나요?

네.

그것은 실제적인 것 이상이에요.

영어 같은…… 교과 영역에서는…….

교과에서는 더 깊이 들어가요.

이러한 학생들에게는, 인성 및 사회성 교육(PSE)이 피상적이고 초점이 없는 것으로 지각되었고, 실제적인 쟁점에 관한 것조차도 부정적인 용어로 간주되었다. 따라서 비록 교과 교실 내에서의 주제에 대해서는 별로 관심을 갖지 못했지만, 별개의 인성 및 사회성 교육(PSE) 수업 내에서 주제들을 가르치는 것은 단지 그 자체의 낮은 지위를 확증시켜 줄 뿐이었다.

인성 및 사회성 교육(PSE)에 관한 어려움 중의 한 부분은 담론을 구조화시키는 방법에 관하여 동의된 관례가 없다는 점이다. 이것은 잠재적으로 그 수업 시간에는 무엇이든 다루어질 수 있다는 것을 뜻하였고, 많은 교사들은 다루어질 수 있는 것의 한계를 설정하는 방법에 관해 걱정을 나타내었다. 많은 교사가 인성 및 사회성 교육(PSE) 시간에 학생으로 하여금 얼마나 많이 말할 수 있도록 할 수 있는지에 관해 자신감을 갖지 못하고 있었다. 학생 스스로는 인성 및 사회성 교육(PSE) 시간에 하는 토론을 지배하는 임의적인 관례를 깨닫고 있었기 때문에, 교사의 개인적 특성에 따라 인성 및 사회성 교육(PSE) 시간에 말할 수 있는 것과 없는 것의 한계를 지각하고 있었다.

인성 및 사회성 교육(PSE)의 지각할 수 있는 '목소리'의 부족에 대한 인지는 표적집단면접에서 추출된 10학년 학생들에 의해 다음과 같이 표현되었다.

A 학교

인성 및 사회성 교육(PSE) 수업은 우리(학생)들이 개별적으로 생각해 보는 거예요. 그렇기 때문에, 만약 학생들이 정말 재미있다고 생각한다면 그것에 관해 말하기를 바랄 거예요. 그리고 만약 재미있으면 학생들이 참여하겠지만, 그렇지 않으면 그냥 지나쳐 버릴 거예요.

그것은 선생님들이 모든 수업 과정을 해내야 하기 때문이에요. 그리고 모든 학교에서 모든 사람들이 전체적으로 다른 방식들로 진행하기 때문이에요. 선생님들은 그냥 앉아서 수업에 임하면서 종이에 상세히 기록하거나 자신들이 해 오던 방식으로 진행해요. 말하자면, 교과서에 나오는 대로 진행하시는데, 차라리 저도 그렇게 하는 것이 더 낫다고 생각해요.

저는 인성 및 사회성 교육(PSE)을 좋아하지 않아요. 왜냐하면 여러 명의 선생님들을 대상으로 해야 하기 때문이에요. 도대체 무엇을 하는 것인지 도무지 모르겠고, 선생님들도 그러한 것을 말해 주지 않아요.

교과서, 숙제 그리고 시험 같이 전문성의 의미 영역을 만들어 주는 인지 규칙은 이러한 맥락에서 전혀 사용되지 않았다. 심지어 인성 및 사회성 교육(PSE)을 평가할 때 사용하는 평가 준거 또한 증명될 수 있는 공공 담론과는 독립적인 것으로 나타났다.

C 학교

그냥 자리에 앉아서 주의 깊게 바라보면 좋은 성적을 받아요.

'네'라는 말을 많이 하면 돼요.

손을 자주 들면 똑똑하다는 말을 들어요.

선생님에게 잘 보이면 돼요.

저는 리포트를 제때 제출하지 못했지만, 수업 시간에 선생님이 질문을 하실 때면 자주 손을 들고 질문에 대답을 했어요. 그 결과 선생님은 저에게 'A'학점을 주셨어요.

이 학생들은 좋은 성적을 받기 위해서 교사를 어떻게 능숙하게 다룰 수 있는가를 설명해 주었다. 주요 교과들에서는 학생이 이러한 방식으로 좋은 성적을 받기가 쉽지 않다. 왜냐하면, '정답' 또는 '똑똑하다는 말' 같은 것은 좀 더 공공적이거나 좀 더 공식적인 것이라고 지각되는 교과의 관례에 따라, '정답이 아닌 것' 또는 '똑똑하지 않은 대답'과는 확연히 구분되기 때문이다. 또는 학생들이 생각하기에, 성적이라는 것은 교사 개인에 따라 결정되기보다는 최소한, 근원(source)에서 나온다고 보기 때문이다.

학생의 관점에서 보자면, 학생이 다른 수업에서 교사의 통제를 수용하는 이유 중의 하나는 교사가 앞으로 학생의 직업에 영향을 줄 시험 결과를 좌우하기 때문이다.

A 학교

만약 인성 및 사회성 교육(PSE)에 대해 시험을 친다면 학생들이 집중할 거예요. 비록 저는 시험을 싫어하기 때문에 인성 및 사회성 교육(PSE)에 대해 시험 치게 되는 것을 바라지는 않지만, 만약 시험을 치게 된다면 학생들은 곧 집중하게 될 거예요.

학생들이 경청하기 위한 이유가 있어야 해요.

그러나 우리는 인성 및 사회성 교육(PSE) 시간에 집중해야 하는 아무런 이유가 없어요. 성적을 받거나 시험을 치지도 않잖아요. 그렇기 때문에 공부할 이유가 없는 거예요.

다른 교육과정 영역에서는 적용되는 주요한 인지 규칙이지만, 만약 교사가 그러한 인지 규칙이 부족한 인성 및 사회성 교육(PSE) 시간에 학생들에게 쟁점이나 주제에 관해 토론해 보도록 요구한다면, 학생은 종종 그 수업의 중요한 점을 발견하지 못하게 되고, 교사 개인별 도덕적 선호와 개성에 따른 적합한 뜻에 따르려는 경향을 갖게 된다. 학생들 중 특히 대학진학을 목적으로 하는 학생은 인성 및 사회성 교육(PSE)을 가르치기 위한 교사의 동기에 매우 냉소적인 반응을 보였다.

A 학교

선생님들은 아마도 이렇게 말씀하실 거예요. '학생들은 수업시간에 배웠으니까 알 거예요. 선생님들이 가르쳐 줬는데도 불구하고 만약 학생들이 가출하거나 약물 남용을 하게 된다면 그것은 학생의 잘못이에요. 왜냐하면 우리가 그러한 행동이 얼마나 나쁜 것인지에 관해 말해 주었기 때문이에요. 따라서 우리는 아무런 잘못이 없어요.'

만약 주제를 가르치기 위한 투과 접근에서 우리가 확인하였던 부족함을 보완하려 한다면 그리고 모든 사회적 배경을 가진 학생들에게 학교를 넘어 세상에 관한 진정한 권한 부여에 필요한 의미에 접근할 기회를 제공하고자 한다면, 인성 및 사회성 교육(PSE)의 질에 관한 또 다른 개념이 명확하게 만들어질 필요가 있다.

주제 평가

한편, 많은 사람들은—교과가 하지 못하는 방식으로—주제가 학생의 학교 밖에서의 삶에 영향을 미칠 수 있을 것이라는 생각으로, 「교육개혁법」의 제1장에 나오는 필요조건을 주제가 충족하여 줄 것으로 여전히 기대하고 있다. 우리 연구 팀의 발견에 따르면, 범교육과정 수업에 대해 다시 생각해 볼 필요가 있고, 좀 더 적합한 인지 규칙과 실현 규칙을 제공할 필요가 있다.

Bernstein(1971)은 평가를 학교에서 교육과정과 교육학이 함께 작동하는 세 번째 '메시지 체제'라고 간주한다. 학교에서의 평가 메시지 체제는 시험 체제를 통해 주로 제공되는데, 주제에 맞는 독특한 평가 체제의 부족은 가시성과 지위의 부족을 가져오게 된다. 지금까지 주제에 관한 논의에서, 이러한 부분에 대해서는 별로 주의를 기울이지 않은 것 같다. 주제가 교과를 통해 배타적으로 전달될 때, 그 구성 요소들은 다른 교과와의 관계를 염두에 두거나 학교 밖에서의 학생들의 삶을 염두에 두어 평가하기보다는 특정한 교과의 성과 달성에 의거하여 평가하게 된다. 만약 교과의 담론이 추상적인 원리를 전달하는 데 목표를 두게 되면, 교과에 사용되었던 평가의 형태는 주제를 평가하는 데에는 전혀 적합하지 않게 된다.

평가의 대안적 양식이 주제 그리고/또는 인성 및 사회성 교육(PSE)에 적합한 인지 규칙과 실현 규칙을 제공하는 데 도움이 될 수 있다. 이상적으로 볼 때, 이것은 학생이 여러 교과들로부터 적합한 지식을 함께 추출해 낼 수 있기를 요구하게 되고, 주제와 관련된 성공적인 학습을 위한 준거는 지식을 통합하기 위한 학생의 능력에 근거할 필요가 있게 된다. 어떤 사람은 여기에서 더 나아가서, 그러한 지식의 평가는 학생의 삶 또는 사회적 행동에 관련되는 사회적 쟁점과 결부되어야 한다고 강조할 수도 있다. 이러한 경우에는, 주제를 위한 평가 절차에 표준화된 지필문답 같은 것은 포함되지 않을 것이다. 우리 연구 팀의 조사에 따르면, 학교들의 63%가 교과로부터 주제를 분리하여 평가할 계획을 갖고 있지 않았다. 그리고 교과로부터 주제를 분리하여 평가한다고 응답한 37%의 학교들의 상당수가 어떤 방식으로든지 주제에 관한 시험을 공식적으로 실시함으로써 주제에 지위를 주는 것이 중요하다고 느끼고 있었지만, 이 학교들의 대부분이 학생의 학업성취도 기록을 조회하고 있었다.

우리 연구 팀이 수행한 프로젝트가 끝날 무렵에, 우리는 이전에도 실시하였던 6개의 현장연구 학교에 전화조사를 실시하였다. 전화조사 결과, 범교육과정 주제에 관련된 성적을 기록하기 위해 성적 기록부를 실질적으로 사용한 것이 이전에 실시한 조사 때보다 더욱 제한된 것으로 나타났다. 그렇지만 이 학교들에서는 주제와 관련된 수업에 적합한 인지 규칙과 실현 규칙을 제공하기 위한 메시지 체제를 갖는 것이 중요하다는 것을 강화시켰다. 인성 및 사회성 교육(PSE)을 시험 치기 위해 중등교육자격검정시험(GCSE)의 통합인문학 계획(schemes)을 사용한 학교들은, 주제를 평가하기 위한—입증될 수 있는—메시지 체제를 확립하는 데 가장 진보한 것 같았다. 이러한 진보에 따라, 인성 및 사회성 교육(PSE)은 국가교육과정 교과의 지위와 근접한 지위를 갖게 되었으면서도 평가에서는 더욱 유연한 접근을 갖게 되었다. 어떤 한 학교에서는 주제에 관련된 수업의 가시성과 지위를 증진하기 위해서 학업적 양식에 따라 나타내려 하지 않고 전국적으로 표창하는 청소년대상계획(Youth Awards Scheme)—지금은 ASDAN* awards

---

* **역자 주)** Award Scheme Development and Accreditation Network의 약어로서, 이러한 상의 프로그램과 질을 통해 아동의 인성 및 사회성 자질을 발달시키는 데 도움을 주고 교육의 기회를 제공하고자, 영국의 브리스틀(Bristol)에 설립된 자선 조직이다.[위키피디아 백과사전(영문판)]

로 바뀜—같은 방식을 사용하였는데, 우리 연구팀은 이러한 방식에 또한 감명을 받았다. 또 다른 학교는 이 같은 방식으로 에딘버러 공작 대상(Duke of Edinburgh's award) 계획을 사용하려고 노력하였다.

주제와 관련된 이와 같은 대안적 형태의 평가와 기록 없이는, 주제와 관련된 지식을 교과로부터 탈맥락화하는 부담과 그러한 지식을 일상생활 속에서 재맥락화하는 부담은 학생 자신에게 온전히 전가된다. 그러한 부담은, 첫째 교과에 있는 주제 관련 지식을 어떤 방식으로든 학생들에게 강조함으로써 경감시킬 수 있고, 둘째 학생이 교과 지식의 적합한 측면을 재맥락화하는 데 도움을 받을 수 있는 교육과정에 시간을 제공함으로써 경감시킬 수 있다. 이러한 변화는 국가교육과정의 교과들 내에, 또는 우리 연구 팀이 현장연구를 수행한 대부분의 학교들에서 운영된 인성 및 사회성 교육(PSE) 내에 자리 잡은 평가의 접근을 대체하거나 보완하기 위한 사회성 교육의 새로운 평가 접근에 의해 크게 촉진될 수 있다. 그렇다 하더라도 교과 지식과 일상생활 간의 지속적인 긴장 상태와 중등학교의 기존의 수업 문화에 따라, 그러한 고안을 광범위하게 수용하는 것이 그리 쉽지는 않을 것이다.

결 론

교과를 통한 범교육과정의 주제를 가르치겠다는 생각은 과중한 교육과정, 많은 학교들에서 나타나는 인성 및 사회성 교육

(PSE)의 애매모호한 지위 그리고 사회성 교육을 위한 근거로서 전통적인 학교교과에 대한 제한을 처리하는 데 효과적인 방식이 아닌 것으로 입증되었다. 그럼에도 불구하고 현장연구의 구성원들은, 중요한 교육적 욕구를 충족해 주기 위해 고안된 것이 주제라고 인식하고 있었으며, 그 주제를 가르쳐 보려고 열심히 노력하고 있었다. 비록 우리 연구 팀에서, 사회성 교육을 위한 주요 전략으로서 교과를 통한 주제 관련 범교육과정 수업에 대한 관념은 미래의 국가교육과정의 검토에서 다시 고려되어야 할 필요성이 있다고 제안하였으나, 현재 시민의식이 2002년도부터 법으로 정한 수업의 부분이 되는 것으로 인식되었다. 하지만 인문계열 교육과 전문계열 교육 간의 긴장상태는 교육사회학(Young, 1998b)과 교육정책(DfEE, 2001) 모두에 핵심 쟁점으로 남아 있다.

| 추가 참고도서 |

Bernstein, B. (1977). *Class, Codes and Control. Vol. 3,* 2nd edn. London: Routledge & Kegan Paul.

Bernstein, B. (2000). *Pedagogy, Symbolic Control and Identity.* Revised edition. Lanham, MD: Rowman & Littlefield.

Young, M. (1998). *The Curriculum of the Future.* London: Flamer Press.

Chapter 3

영국, 미국, 뉴질랜드에서의 권한 이양과 학교선택

이 장에서는 많은 국가에서 행하는 교육정책인 '학교자율성'과 '학교선택'이라는 의제에 관해 고찰한다. 특히 신자유주의적 사상이 영향을 떨치고 있는 영국, 미국 그리고 뉴질랜드에서의 그러한 교육정책에 초점을 두어 고찰한다. 그리고 그러한 교육정책 연구 결과의 증거와 효과를 바탕으로 살펴본다.

교육에 대해 국가가 지원하는 재정 및 교육체제로부터 멀어져 가려는 것이 전 세계적인 추세다. 최근의 개혁들은 중앙집권적 관료주의를 없애고, 학부모의 학교선택과 학교 간의 경쟁을 점차 증가시키는 성격을 띠는 학교교육에 대한 권한 이양의 체제를 추구하여 왔다(Whitty, Power, & Halpin, 1998). 이 글에서 사용하는 학교자율성이라는 용어는 학교가 교육청으로부터 권한 이양을 받아서 재정과 의사결정에서 한 부분 또는 모든 측면에서 자율경영(self-management)을 하는 것을 의미한다. 그리고 이 글에서는 특히 학부모의 학교선택을 고려하는 것에 대해, 공립학교들 간의 선택 기회를 증진하는 정책 및 사적 영역(private sector)으로 선택을 확장하기 위해 공적 재정을 사용하려는 정책에 관심을 둔다.

이러한 정책들은 때때로 교육체제의 '사사화(privatisation)'로 묘사된다. 그럼에도 불구하고 만약 우리가 대부분의 국가들에서의 사사화의 보급 또는 재정적 이슈에 대해 엄밀히 살펴본다면, 교육이 커다란 규모로 사사화되었다고 주장하기 어렵다(Whitty

& Power, 2000). 대부분의 경우에 무엇이 발생하였는지를 나타내는 데에는 시장화(marketisation)가 좀 더 나은 은유가 된다. 더욱 자세히 설명하면, 시장화는 공적 재정과 공적 서비스에서 '유사시장(quasi-markets)'의 발달을 나타내는 데 좀 더 나은 은유가 된다. 대부분의 논평가들은 교육면에서 이러한 유사시장을 다소간의 책무성과 정부 규제가 가미된 학부모의 학교선택과 학교자율성의 결합이 포함된 것으로 간주한다. 이런 종류의 개혁들은 많은 대중교육에 명확하게 반영되어 왔다. Levacic(1995)은 학교교육을 위한 유사시장의 독특한 특성은 '공급자에게서 수요자의 분리, 그리고 공급자 간의 사용자 선택의 요소'라고 제안하였다. 또한, Levacic은 "유사시장은 일반적으로 새로운 공급자, 투자, 서비스의 질 그리고 가격 같은 것들에 정부의 통제가 따르고 높은 규제가 남게 된다."(Levacic 1995: 167)라고 덧붙였다. 전통적인 현금거래 관계의 결핍과 정부 간섭의 강화는 유사시장을 이상적인 관점의 '자유시장(free market)'과 구별시켜 준다. 비록 정부의 규제로부터 실제로 자유를 누리고 있는 현대의 시장들이 소수나마 존재하기는 하지만, 대부분의 시장들은 공개적 또는 비공개적—국가의 민간에 대한—교부금의 요소를 안고 있다.

그럼에도 불구하고 심지어 유사시장이 공적 분야의 공급자로서 제한을 받는 곳에서도—비록 시장화의 측면이 경제적 차원이 아니더라도—이데올로기적 차원에서 사사화가 되도록 공헌한다고 주장하기도 한다. 그리고 이러한 과정을 통해 사적 영역 접근을 공적 영역에 적용하고, 공적 분야의 기관들을 사적 영역의 기관들처럼 운영하며, 관료주의 권위 대신에—개인/가족의—사적인 의사결정을 하는 것이 전통적으로 더 우수하다는 신념을 고무시키게 된다. 즉, 유사시장의 체제는 교육을 공적 이슈(public issue)로 정의하기보다는 민간재(private good)로 정의내리고, 교육의 의사결정을 시민의 권리로 간주하기보다는 소비자의 선택으로 간주한다.

유사시장의 옹호자들은 유사시장이 교육에 대해 공급의 다양화를 증가시키고, 학교경영이 더욱 효율적일 수 있도록 해 주며, 학교효과성과 전문성을 가져다 줄 것이라고 주장한다. 그리고 미국의 Moe(1994)와 영국의 Pollard(1995) 같은 유사시장에 찬성하는 어떤 사람들은 유사시장을 반영하는 교육개혁이, 불리한 여건에 처한 가족에게 특별한 혜택을 가져다준다고 주장하기도 한다. 그러나 유사시장의 비판가들은 설령 유사시장이 효율성, 반응성 및 선택과 다양성을 증진한다고 하더라도, 학교 간의 불평등을 증가시킬 수밖에 없다고 주장한다. 이러한 문제들에 대한 초기의 연구 결과를 알아보기 전에, 영국 · 미국 · 뉴질랜드에서 유사시장으로 추구되었던 정책의 본질에 대해 살펴보면 다음과 같다.

영국에서는 1980년대 초반까지만 하더라도 대다수의 아동이 지역교육청(LEAs)에서 민주적으로 선정한 공립학교에서 교육을 받았다. 지역교육청은 관할 지역의 학교에 대해 정치적 · 관료주의적 통제를 하였지만, 또한 상당한 수준의 전문가 지원도 제공하였다. 그러나 1979년 선거에서 보수당이 승리하게 됨에 따라, Thatcher 수상과 정부는 1980년대와 1990년대 초반에 통과된

「교육법(Education Acts)」의 규정들을 이용함으로써 공립학교에 대해 강력한 힘을 가지고 있던 지역교육청의 권한을 깨뜨리기 위한 시도를 시행하였다.

비록 중앙 중심적 조처들이라 할 수 있는 국가교육과정과 이를 바탕으로 한 평가가 시행되었지만, 대부분의 개혁들이 학부모의 학교선택권을 증진하기 위해 그리고 권한과 책임을 지역교육청에서 개별 학교로 이전시키기 위해 고안된 것이었다. 이러한 고안이 가장 먼저 적용된 것이 가난한 가정의 우수한 학생들을 엘리트의 사립학교에 보낼 수 있도록 공적 재정을 제공하는 계획인 사립학교재정지원정책(Assisted Places Scheme: APS)이었다(Edwards et al., 1989 참조). 사립학교재정지원정책(APS)이 지니고 있는 사사화의 특성이 시장의 힘(market forces)의 전면적인 공세로부터 사립학교들을 지킴으로써 사적 영역 내의 시장화를 억제하였다고 말하는 것은 가능하다. 실제로, 사립학교재정지원정책(APS)에 포함되고자 하였던 몇몇 학교들은 경제적으로 취약한 것으로 조사되었고, 웨일즈에 있는 한 학교는 사립학교재정지원정책(APS)에 포함되기 전에 처음으로 폐교되었다(Whitty, Power & Edwards, 1998).

이어진 입법 차원에서도 지역교육청의 영향 밖에서 새로운 형태의 공립학교를 만들기 위한 노력이 추구되었고, 이러한 공적 분야의 시장화는 사립학교의 독특한 본질을 감소시킬 수 있었으며 공적 분야와 사적 분야 간의 구분을 불분명하게 만들었다. 도시기술고등학교(CTCs)는 과학과 공학을 강조하는 교육과정과 기업

후원가들에 의해 경영되는 도시 내의 새로운 중등학교로 의도되었다. 중앙정부재정지원학교(grant-maintained school) 정책은 학부모의 투표로 공립학교를 지역교육청의 관할에서 '탈퇴'하게 하였고, 중앙정부로부터 직접적인 재정을 받아 학교를 직접 경영하도록 하였다. 그리고 후속 입법 조치로 학교가 학생의 입학 계획을 다양화함으로써 학교의 특성을 변화시킬 수 있도록 허용하였고, 새로운 특수목적학교(specialist school)*의 유형을 장려하였으며, 어떤 사립학교는 공적체제로 '가입'될 수 있도록 만들었다.

지역경영학교(Local Management of Schools: LMS)** 정책은 지역교육청의 통제에 있던 많은 학교들이 학생 수와 연령에 따라 결정된 재정을 지급받아 학교가 자체적으로 예산과 경영을 할 수 있도록 만들었다. 또한 그동안 다른 학교에서 학생이 배정될 수 있도록 하기 위해 엄격한 학생 배정 지역을 갖도록 하거나 더 낮은 한계를 갖도록 하는 대신, 학생 모집에 제한 없는 개방적 입학제도를 두어 공립학교가 되도록 많은 학생을 끌어당길 수 있도록 만들었다. 이러한 상황은 교육에서 유사시장을 형성하는 데 학생 수에 따른 재정적 차이를 당연한 결과로 간주되도록 하였다. 어떤

---

* **역자 주)** 정규 교육과정 이외에 방과후 또는 특별 프로그램 등을 통하여 특정 분야에 대한 심화 학습 또는 다양한 학습기회를 제공하고자 하는 경우, 이 특정 분야에 대한 특수목적학교로 지정받을 수 있으며, 이에 대한 정부의 지원금을 얻을 수 있다. 특수 분야의 전문가를 양성하기 위한 학교이기보다는 중등학교 교육목표를 준수하면서도 학교별로 강점을 발전시킬 수 있도록 지원함으로써 공립학교의 다양성을 신장시키기 위한 정책이다.

** **역자 주)** 지역교육청의 재정 통제에서 벗어나 학교장과 운영위원장이 재정에 대한 직접적인 통제권을 갖도록 한 학교를 의미한다.

측면에서, 그것은 모든 학교들이 고객인 학생 및 학부모의 요구에 더욱 반응을 보이게 하는 식의 변화를 기대하는 '사실상의 바우처'(virtual voucher)* 체제였다(Sexton, 1987).

이러한 여러 수단들은 지역교육청의 역할을 축소시키기 위한 것으로 널리 기대되었지만, 기대했던 것보다 더 적은 수의 학교만이 지역교육청의 관할에서 이탈하였다. 학교의 다양성과 선택이 이미 증가하였음에도, 보수당의 수상인 John Major는 '모든 공적 자금으로 운영되는 학교들이 자유로운 자율경영을 할 수 있기'를 기대하였다. 그는 교장, 교사 그리고 행정가가 자신의 학교를 경영하고, 학부모는 자녀의 학교를 선택할 수 있는 권리를 가질 수 있어야 한다고 믿었다(*The Times*, 1994. 8.: 5). 하지만 그의 정부는 1997년에 있었던 총선거에서 Tony Blair의 신노동당(New Labour Party)에 패배하였다. 비록 새 정부가 사립학교재정지원정책(APS)을 폐지하였지만 기존 보수당이 시행해 왔던 대부분의 중요 정책들을 계속 유지하였고, 학교와 지역교육청 모두에 대한 정부의 규제를 더욱 강화하면서 특수목적학교 프로그램은 실제로 확대하였다(Barber, 1997a: 175).

영국과는 대조적으로, 1980년대의 뉴질랜드는 보수적인 정책과 관련된 것은 단지 하나뿐이었을 정도로 학교개혁에 대해 급진

---

* **역자 주)** 정부 차원에서 학생에게 바우처를 제공하면 학생은 그것을 자신이 선택한 학교에 전달하게 되고, 학교는 그것을 다시 정부(교육청)에 제출하면, 바우처 대상자의 수대로 해당 학교에 재정을 지급하는 방식이다. 따라서 바우처는 지불예증보증서를 의미하며 바우처는 학생 및 학부모의 학교선택권을 보장해 주기 위한 한 가지 방법이다.

적인 실험이 단행되었다. 영국 및 미국과는 다르게, 뉴질랜드에서는 공립학교 체제에서의 교육적 학업성취도 수준에 관한 폭넓은 불안도 없었고, 교육에 관한 '도덕적 혼란'을 일으키는 학교수행에서 불일치하는 면도 거의 없었다. 노동당 정부에 의해 처음으로 시행된 개혁은 1988년에 추진된, 통화주의(monetarism)와 '새로운 공공 경영' 기법을 함께 결합시킨 *Picot Report*였다(Wylie, 1995). 1989년 10월에 채택된 교육개혁들은 예산 할당, 교직원 채용, 교육성과에 관한 책임을 중앙정부와 지역교육위원회로부터 개별 학교들에 전가시켰다. 그리고 학교에는 학생입학 계획에 관해 효과적인 통제권을 갖는 관재인 위원회(boards of trustees)가 제공되었다.

그러나 Wylie는 뉴질랜드 개혁의 다른 측면은 "영국보다 더 균형 있는 학교자율경영의 모형을 제공하는 것"이라고 주장한다. 그 이유는 "영국과는 다르게 공동체의 관여와 학부모의 관여가 공평하게 반영되도록 강조"하였기 때문이다(Wylie 1994: xv). 더욱이 교사의 보수와 정부 지원 서비스도 개별 학교의 예산으로 이양시키지도 않았다. 하지만 1990년에 있었던 국민당(National Party) 행정 선거 이후에는 개별 학교의 예산으로 이양시키는 방향으로 변하기도 하였다. 뉴질랜드 학교들의 단지 3%만이 '특별재원(bulk funding)'*을 위한 예비 계획(pilot scheme)을 가졌지

★ **역자 주)** 중앙정부로부터 예산의 각 항목별에 따른 재정 규제를 적용받지 않고 학교가 자체적으로 필요한 영역에 지출할 수 있는 체제를 의미한다. 즉, 학교자율경영을 보장해 주는 정책의 하나다.

만, '일반재원(full funding)'★을 할 수 있는 선택이 모든 학교들에게 주어졌으며, 1996년부터 1998년까지의 3년 동안 20%의 학교들이 재정 계획을 변경하였다(Wylie, 1998a). 그리고 교사의 평균 보수를 바탕으로 학교의 재정 계획을 세우는 영국의 재정 방식과는 달리, 뉴질랜드에서는 실제 교사의 보수, 교사와 학생의 비율을 바탕으로 재정 계획을 세웠다. 이러한 개혁들과 함께 국가교육과정 지침들이 마련되었지만, 영국의 것과 비교하였을 때 덜 세부적이고 덜 처방적이었으며, 소수민족인 마오리(Maori) 원주민과 이해관계에 더욱 관심을 기울였다. 하지만 결국에는 성과 중심의 국가적 평가 체제가 마련되었다. 영국의 사립학교재정지원정책(APS)과 대등한 성격이라 할 수 있는 사립학교등록지원제(Targeted Individual Entitlement: TIE)가 1996년에 뉴질랜드 사립학교들의 1/3 정도에서 반영됨으로써 학부모의 요구에 따른 학교 간의 경쟁을 부추기는 바우처 체제가 가동되었고, 이와 함께 사적 영역에서의 선택의 확대가 시작되었다(*Wellington Evening Post*, 1995. 9. 28.). 이러한 뉴질랜드의 교육정책적 상황들에 대해 Wylie(1999)는 결국 '유사바우처 체제(quasi-voucher system)'가 되었다고 말하였다. 하지만 2000년에 뉴질랜드의 노동당과 연합당이 보수적인 국민당을 대신하면서 새로운 학생 입학 규칙을 만들고 사립학교등록지원제(TIE)을 폐지하며 교사의 보수가 특

★ **역자 주)** 획득된 재원을 사용하기 위해 승인된 현재의 자원을 가질 수 있는 체제를 의미한다.

별재원에서 나오게 하는 것을 그만두게 함으로써, 그 결과 시장의 힘(market forces)을 현저히 약화시켰다. 하지만 동시에, 실패하는 학교들에 대해서는 목표 설정(target-setting)과 관여를 강화하도록 함으로써 영국의 신노동당에 의해 비롯되었던 재규제(re-regulation)와 비슷한 성격을 반영하였다.

미국은 연방정부가 교육에 대해 제한된 역할을 가지고 있기 때문에 학부모의 선택을 증진하고 학교의 의사결정 권한을 이양하기 위한 정책의 특성과 기원을 일반화시키기가 어렵다. 일반적으로, 학교에 관한 중대한 결정은 주(州) 정부와 지역구에 있다. 미네소타 같은 몇몇 주들은 주 전체 차원에서의 학교선택 계획이 존재하고 있고, 많은 발의권은 지역에 있다. Wells(1993b)는 지난 몇 년 동안 미국에서 논의되었거나 시행된 다양한 학교선택 계획의 효과와 기원의 다양성을 주장한다. 비슷한 맥락에서, 미국의 특수목적학교(specialist schools) 또는 중점학교(focus schools)은 매우 다른 기원과 목적을 갖는다(Raywid, 1994; Hill, Foster & Gendler, 1990). 이러한 학교들에는 보스턴의 라틴 학교와 뉴욕의 스타이버선트 영재 고등학교(Stuyvesant High School), 인종차별 폐지 계획에 입각한 마그넷스쿨(magnet schools), 진보적 교육원리에 근거한 대안학교 그리고 사립 가톨릭 학교가 포함된다. 최근의 준자율적인 차터스쿨(charter school)의 특성이 많은 주에서 발달되었고, 학교구 내에서의 현장중심경영(site-based management)*의 특성도 광범위하게 보급되었다(Wohlstetter et al., 1995; Wells et al., 1999; Johnson & Landman, 2000). 저소득층의 가정이 사립학교를 선택할 수 있도록 하는 다양한 프로그램이 미국 도시교육의 특징이 되었다. 밀워키와 클리블랜드의 두 가지 논쟁이 되는 공적인 자금 마련 계획에 덧붙여, 이제는 30개가 넘는 도시들이 사적인 자금 마련 계획을 따른다(Peterson, 1998).

미국에서의 권한 이양과 학교선택은 특히 소수민족 집단을 대표하는 진보 세력으로부터 막대한 지원을 받아야만 가능하다. 1980년대의 인종차별 철폐와 마그넷스쿨의 효율성과 효과성에 관한 혼합된 증거(Blank, 1990; Moore & Davenport, 1990)는 더욱 합의된 정치적 관여보다는, 오히려 증대된 학부모의 권리와 학교선택이 소수민족 학부모와 그 자녀를 위한 교육적 구조의 최상의 기회를 제공할 것이라는 결론을 도출하였다. Moe(1994)는 가난한 사람들이 '열악한 학교를 벗어나서 우수한 학교를 다닐 수 있도록 하기 위한' 권리를 갖기 위해서는 '체제를 변형시킬 수 있는 유일한 권력'을 가진 집단인 공화당 및 사업가와 '대대적인 동맹'이 이루어져야 한다고 주장하였다(1994: 33). 이러한 이유에 따라, 최근의 개혁 안건들은 보수적 정치인 또는 백인의 연합된 호소를 넘어 일반 대중의 호소를 부추겼다. Goldhaber(1999)는 설문조사 응답자들의 대부분이 사립학교 수업을 위한 바우처 사용을 찬성하였다고 보고하였고(Rose & Gallup, 1999), Bush 정부는 이런 특성의 교육개혁 실험을 더욱 가속화시켰다.

★ **역자 주)** 교육부나 교육청의 지시나 감독을 받지 않고 학교의 자체적인 의사결정으로 학교를 경영해 나가는 체제를 의미한다.

이러한 학부모의 자유로운 학교선택의 흐름이 일반화되는 데 있어서는, 먼저 뉴질랜드의 개혁이 영국의 개혁을 선도하였고, 뉴질랜드와 영국에서의 학교선택 개혁은 미국의 몇몇 학교구에서 학교선택의 개혁이 나타나도록 선도하였다. 학교가 지역의 관료주의적 통제로부터 자유롭게 되는 면에서는 뉴질랜드의 학교가 가장 강하였고 미국의 학교는 가장 약하였다. 영국 내에서는—지금은 신노동당 정부에 의해 '기초학교(foundation schools)'로 개명된—중앙정부재정지원학교(grant-maintained schools)가 가장 많은 자율성을 가지고 있고, 지역교육청의 학교는 미국의 대부분의 학교보다 더 큰 자율성을 가지고 있다. 재정적 운영의 자율성에서는 영국의 지역경영학교(LMS)가 뉴질랜드의 학교보다 학교 자체적으로 더 많은 재원을 확보할 수 있었다. 미국에서는 학교구 내에서의 재정적 권한 이양은 영국 또는 뉴질랜드에서 진행되는 것만큼 진행되지는 못하였다. 이런 면에서, 미국에서의 현장중심경영에 급진적인 개혁가들의 주장이 직접적으로 쉽게 반영되지는 못하였다. 그렇지만 공립학교의 경영에서 이윤을 추구하는 기업의 관여가 증가하였다. 영국 내에서는 공적 재정에 의해 설립된 학교 및 지역교육청 관할의 공립학교의 경영에서 이윤을 추구하는 기업의 관여가 증가하는 이러한 현상이 상대적으로 강하게 나타나고 있다. 미국에서는 학교경영에서 이윤을 추구하기 위한 기업의 급속한 증가가 차터스쿨 운동의 영역에서 가장 두드러지게 나타났다(Ascher & Power, 2000). 이와 관련하여 미국의 많은 주에서 나타나는 또 다른 현상은 '홈스쿨링(homeschooling)'의 보편적 성장인데(Apple, 2001), 이러한 현상은 학교교육에서의 사사화 현상이 일어나는 하나의 예가 된다.

마지막으로, 공정성에 대한 생각도 이 세 나라들 간에 차이가 나타나도록 영향을 미쳤다. 예를 들면, 인종(차별)에 대한 문제가 영국보다는 미국과 뉴질랜드에 더 많은 영향을 미치는 쟁점이 되었다(blackburne, 1988 인용). 즉, 인종(차별)에 대한 쟁점이 영국의 정책에 영향을 미친 것보다는 뉴질랜드와 미국의 정책에 더 큰 영향을 미쳤는데, 구체적으로 뉴질랜드에서는 재정과 지역공동체의 영향과 관련된 정책에 영향을 미쳤고, 미국에서는 재정과 학생 입학과 관련된 정책에 영향을 미쳤다. 그래서 미국의 많은 주들에서는 지역구 간의 인종의 균형을 반영하도록 하거나 '위험에 처한' 학생들에게 우선권을 주는 차터스쿨을 규정하는 법률 조항이 포함된 차터 법이 만들어졌다.

개혁의 효과에 관한 연구

영국에서는 권한 이양과 학교선택의 개혁이 자원의 좀 더 효과적인 사용을 가져왔다는 주장을 실질적으로 뒷받침하는 성과는 존재하지 않는다. 전국교장연합회에 의해 재정적 지원을 받아 버밍엄 대학교에서 수행된 국가적 연구에 따르면, 일반적으로 지역경영학교(LMS)의 효과면에서는 긍정적으로 나타났지만 학습에 대한 자율경영의 직접적인 영향의 증거라고는 '단언할 수 없는' 것으로 나타났다. 또한 이 연구 팀의 초기 조사연구(Arnott,

David & Weiner, 1992)에 따르면, 대다수의 교장들은 '지역경영학교(LMS)가 학교 자원을 더욱 효과적으로 사용할 수 있게 한다.'는 진술에 동의하는 것으로 나타났다. 하지만 이와 동시에 대다수의 교장들은 지역경영학교(LMS)의 행정적 쟁점 때문에 얽매이며, 그 때문에 학생들의 학습을 위해 집중할 수 있는 노력이 감소된다고도 느끼는 것으로 나타났다. 교장들은 지역경영학교(LMS)가 학생의 학습에 혜택을 제공하는지에 대해서 의견이 분분한 것으로 나타났다. 그렇기 때문에 지역경영학교(LMS)가 더 효과적이라는 것은 불명확한 것임을 알 수 있다.

여기에 인용된 결과들은 자율경영이라는 개혁을 통해 신분의 권위가 상승된 교장의 응답자들로부터 나온 것이다. 버밍엄 연구 팀에 의해 수행된 면담연구는 많은 교장들을 대상으로 한 반면, 상대적으로 적은 수의 일반 학급교사들을 대상으로 한 것이기 때문에 일반 학급교사들의 반응이 중요할 수 있다. 그런데 일반 학급교사들은 지역경영학교(LMS)가 학생의 학습에 혜택을 준다는 것에 대해 더욱 부정적인 것으로 나타났다. 재정 지원을 받지 않고 독립적으로 수행한 연구(Levacic, 1995)에 의하면, 교장들은 일반적으로 학교가 자율경영에 따라 학교의 재원을 상실한다고 할지라도 자율경영을 선호하는 반면에, 일반 학급교사들은 비록 학교가 재원을 증가시킨다고 할지라도 자율경영에 대해 회의적인 것으로 밝혀졌다. Levacic(1995)은 비록 정부가 지역경영이 비용의 효율성을 증진한다고 강조하지만, 지역경영이 교수–학습의 질을 향상한다는 강력한 이론적 근거와 실증적 증거가 결핍되어 있다는 결론을 내렸다.

버밍엄 연구의 후속 보고서(Bullock & Thomas, 1994, 1997)에 따르면, 상대적으로 더 많은 교장들이 학생들의 학습이 개선되었다고 주장하지만, 그것은 자율경영 그 자체로 비롯된 것이 아니라 더욱 증가된 재정에서 비롯된 것일 가능성이 높다. 버밍엄 연구 팀은 자율경영이 성공적인 개혁을 가져왔다고 결론을 내렸지만, 더 많은 증거들에 따르면 학교의 재정 수준과 학생의 학습 성과 간의 관계에 더욱 주목할 필요가 있음이 나타났다. 즉, 학교가 예산상의 어려움을 겪게 되면 그 결과로 학생의 학습에 긍정적인 영향을 미치기가 어렵게 되고, 이러한 현상은 특히 가정 환경이 열악한 학생에게서 자주 발견된다.

버밍엄 연구는 Le Grand와 Bartlett(1993)가 수행한 사회복지와 유사시장의 연구에 의해 반향되었다. 즉, Bartlett(1993)는 비록 개방적 학생입학에 의해 학부모의 학교선택이 증가되었다고 할지라도, 일단 한 학교가 학생 정원을 꽉 채우게 되면 더욱 굳건히 폐쇄적으로 되었고, 개방적 학생입학에 근거한 학교선택 정책은 교육에서의 크림스키밍 현상(cream-skimming)*이 더욱 가속되도록 하고 불평등이 심화되도록 하는 효과를 가져 오게 하였다고 지적하였다. 더욱이 그는 "재원조달방식체제(formula funding

---

* **역자 주)** 주로 통신 분야의 수요가 많은 지역에서의 영업 활동에 사용되는 용어로, 영업 이익을 위해 인구밀집 지역의 통신량이 많은 곳에 통신 업체가 서비스를 집중적으로 제공하는 행위를 의미한다. 이 말의 어원은 원유 중에서 맛있는 크림만을 분리하여, 채집하는 데서 유래되었다고 한다. 따라서 이 용어는 이윤 추구를 위해 평등보다는 차등을 지향함을 강조하며, 교육에서는 '우수학생 선발하기'를 의미한다.

system)하에서 재정적 어려움에 직면한 학교는 가장 불리한 여건에 있는 학생이 모이도록 하는 결과를 초래한다."라고 하였다. 따라서 개혁에 대해 특정한 사람들을 대상으로 실시한 결과에서 나타나는 효율성과 반응들은 공정성의 함의적 측면에서 심각하게 고려해 볼 필요가 제기된다.

크림스키밍 현상의 위험은 Ball과 그의 동료들이 런던의 유사시장 작용에 관한 일련의 중대한 연구를 통해 명확히 규명되었다. 이보다 일찍 수행된 Bowe 등(1992)의 연구는 학교에서의 차등 지향적인 크림스키밍 현상으로, 학교는 더 큰 문화자본을 가진 학생을 진학시키기 위한 경쟁의 각축을 벌이고 그 대가를 바라는 현상이 나타나게 되었다고 밝혔다. 그 결과로 Gewirtz 등(1995)은 학교가 '유능한' 학생, '천재적인' 학생, '동기부여를 받고 헌신하는' 학생 그리고 '시험성적을 향상할 수 있는 잠재력을 가진 것으로 보이는 남아시아 계통의 중산층' 학생을 모집하려 한다는 점을 밝혔다. 반면에 학교는 특별한 가능성이 보이지 않으면, 노동계층의 자녀뿐만 아니라 '덜 유능한' 학생과 '특수교육이 필요한 신체적 · 정신적 불편함을 겪는' 학생을 가장 꺼려한다는 점도 밝혔다.

또한 어떤 학교는 신체적·정신적 불편함 때문에 특수교육이 필요한 학생을 차별대우한다는 증거가 나타났다(Feintuck, 1994). Bartlett(1993)는 특수교육이 필요한 학생, 즉 더 많은 비용이 요구되는 학생을 입학시키는 학교에 인센티브를 제공해 주도록 재정 방식을 바꾼다면, 학교가 학생을 대상으로 그런 차별적인 대우를 저지르지 못할 것으로 보았다. 또한 Bowe 등(1992)과 Vincent 등(1995)은, 만약 해당 학교가 학생 및 학부모로부터 인기가 없으면 특수교육이 필요한 학생에게 학교재정적 지원을 해 주는 것만으로는 문제해결에 충분하지 못하다고 밝혔다.

대부분의 학교들은 학업적인 면에서 유능한 학생을 선호하게 되고 이들을 학교에 유치하려고 애쓰게 된다. 이런 소위 공부 잘하는 학생은 높은 시험성적을 거두어 학교의 명예를 높일 수 있고 앞으로 진학할 학생들에게도 매력적인 학교로 자리 잡을 수 있도록 역할을 해 주며, 또한 이들은 학교에 안정적이고 지속적으로 다니면서 학교에 더 많은 돈을 가져다준다. Glennerster(1991)는 대부분의 학교가 만약 능력이 낮은 학생을 입학시키게 되면 학교 간의 시장 지위에서 입학하고 싶지 않은 학교로 부정적인 영향을 미치기 때문에, 능력이 우수한 학생을 입학시킴으로써 학생 및 학부모로부터 선호받는 학교가 되기를 바란다고 지적하였다. 이러한 현상은 특히 학교효과성에 관한 불완전한 정보가 있을 때 더욱 뚜렷하게 나타나게 된다. 그리고 시험에서 우수한 성적을 받은 학생들로 구성된 학교는 다른 학교에 다니는 학생들의 시험성적이 더욱 향상되더라도 가장 우수한 학교로 인정받게 된다.

이처럼 학생들의 학업능력 우수성이라는 표면적인 척도에 의해 학교들 간의 서열이 정해지는 체제가 강조됨으로써, 학교선택정책이 학교교육에서 수평적인 다양성을 촉진하는지에 대한 증거는 거의 없다. 이와 관련하여, Glatter 등(1997)은 특수목적학교를 위한 정부의 재정지원을 제외하고는 학교교육의 다양성을 위한 구체적인 증거는 없다는 것을 발견하였고, 오히려 어떤 경우에는 학교 간의 더 큰 획일성이 나타나도록 조장한다는 것을 확인하였다. 그리고 Walford와 Miller(1991)는 학교선택 정책이—학교선택 옹호자들이 주장하는 것처럼—학교교육 형태의 다양성을 가져올 것이라는 기대와는 달리, 학생의 시험성적과 사회계층을 기준으로 한 학교의 서열을 오히려 강화하는 결과를 초래할 것이라고 지적하였다.

학교를 선택할 수 있는 위치에 있는 학부모들은 자녀가 좋은 대학에 진학하는 데 도움이 되는, 즉 공부를 강조하는 전통적인 형태의 학교를 선택하게 된다. 그렇기 때문에 새로운 유형의 학교들조차 공부를 강조하는 형태를 취하는 경향을 갖게 된다. 실제로 Whitty 등(1993)의 연구에 의하면, 도시기술고등학교(CTCs)를 선택한 많은 학부모들은 그 학교의 '우수한 기술' 이미지 때문이 아니라 명문학교라는 이미지 또는 엘리트 학생들이 진학하는 사립학교라는 이미지 때문에 선택한 것으로 나타났다. 이러한 상황에서, 학생과 학부모로부터 선택을 선호받는 위치에 있는 학교는 전통적인 방식으로 공부를 강조하는 특성을 강하게 드러냄으로써 계속 선호의 대상이 되려 하고, 학교의 명성에 기여할 수 있는 우수한 학생을 유치하려 하게 된다. 또한 Fitz, Halpin과 Power(1993)는 이런 목표를 갖고 있는 학교는 남녀공학의 형태를 취하지 않고 남녀 별학의 형태를 취하며, 전통적인 수업방식을 택함으로써 엘리트 학교의 지위를 가지려 한다고 지적하였다. 그리고 Bush, Coleman과 Glover(1993)는 일반계 계통의 학교들 중 약

30%가 학생들을 선택하는 데 은밀한 방식을 취한다고 지적하였다. 그리고 Levacic과 Hardman(1999)가 수행한 연구는 학교선택 정책에 의해 사회경제적 지위가 낮은 학생으로 구성된 학교는 시험성적 결과가 낮아진다는 점을 밝혔다. 그래서 Power 등(1994)은 학교선택과 관련한 이런 여러 상황을 종합해 볼 때, 학교선택 정책이 학부모들의 선택과 학생들의 학업수행을 전반적으로 증가시켰다고 주장할 수는 없다는 결론을 내렸다.

Walford(1992)는 학교선택이 어떤 특정한 학생들을 위한 질 높은 학교교육이 되도록 할 것일지는 모르지만, 학교선택과 관련된 실제의 증거들에 따르면 "특히 노동계층의 학생과 카리브해 지역 흑인 혈통의 학생들에게 불리하도록 차이를 유발시킨다"라고 주장하였다. Smith와 Noble(1995) 역시 영국의 학교선택 정책이 불리한 여건에 있는 학생에게 더욱 불리하도록 하였다고 결론을 내렸다. 비록 학교가 소재지에 따라 어느 정도는 사회적 · 인종적으로 차이가 있을 수밖에 없지만, Gewirtz 등(1995)은 학교선택은 사회계층적 · 인종적 차이를 더욱 악화시키게 된다고 강조하였고, 학교선택으로 특히 노동계층의 학생과 신체적 · 정신적인 불편함을 겪어 특수교육이 필요한 학생이 가게 되는 학교는 빈약한 재원을 갖게 됨으로써 점차 '빈민화(ghettoised)'됨을 연구 결과를 통해 밝혔다.

비록 사립학교재정지원정책(APS) 같은 계획이 노동계층의 학생들 중에서 유능하고 우수한 학생을 열악한 학교에서 벗어날 수 있도록 해 줄 수 있을지 모르지만, 실제로 그런 이동의 가능성은 매우 적다(Edwards et al., 1989). 더욱이 아주 소수의 경우이지만 노동계층의 학생이 성공하는 일이 발생하면, 마치 그런 경우가 빈번한 상황인 것으로 간주하여 대다수의 노동계층 학생을 위한 학교교육 개선의 특별한 노력은 점차 줄어들 것이고, 그 결과로 전반적인 양극화 현상이 극심해질 것이다. 뉴질랜드의 학교선택 정책의 영향에 관한 연구들(Lauder et al., 1994; Waslander & Thrupp, 1995; Lauder et al., 1999)에 의해서도 학교선택의 영향으로 사회 양극화 현상이 나타났음이 밝혀졌다. 비록 Gorard와 Fitz(1998a)가 이런 연구 결과 분석에 의문을 갖기는 하였지만, 뉴질랜드의 학교선택에 관한 다른 연구들에서도 학교선택이 사회 양극화 현상을 유발하는 것으로 밝혀졌다(Nash & Harker, 1998). 그리고 Fowler(1993)의 연구에 의하면, 학교선택에 의해 낮은 사회경제적 지역에 위치한 학교는 신입학생 모집, 학교 위치 그리고 학부모의 관심 등에서 열악한 상황에 처하게 됨으로써 부정적인 학교로 인식되는 것으로 나타났다. Wylie(1994) 역시 학교선택 체제하에서 낮은 경제적 수입을 갖는 지역에 위치한 학교는, 그렇지 않은 지역에 위치한 학교에 학생을 빼앗기게 된다는 점에 주목하였다. 이렇듯 학교가 선호되지 않는 여건에 처해져 부정적인 평판을 얻게 되어 학생을 잃게 되는 것을 선택의 결과에 따라 당연한 것으로 받아들이는 것은 학교교육이 시장논리에 잘 지배되었다는 반증이다. 또한 이러한 영향으로 부정적인 학교로 인식된 학교는 재정적 어려움을 겪게 됨으로써, 이런 학교에 다니는 교사와 학생이 더욱 지속적으로 여러 문제에 시달리도록 만든다. 뉴질랜드의 자율경영 학교를 대상으로 5년 동안 연구한 Wylie(1994)의 연구는 낮은 경제적 수입을 갖는 지역의 학교와 마오리(Maori) 원주민이 주로 입학하는 학교는 다른 학교보다 더 큰 재원적 문제를 경험하는 것을 확인하였다.

Wylie(1994, 1995)는 유사시장은 학교로 하여금 교수-학습의 변화에 신경을 쓰게 만들기보다는 체육시설 같은 학교시설과 대중적 이미지에 더욱 신경을 쓰게 만든다는 점을 밝혔다. 또한 Wylie(1997)는 초등학교 교장들 중 단지 34%와 교사들 중 단지 24%만이 학교선택의 개혁이 학생들 학습의 질적인 측면에 긍정적인 영향을 미친다는 응답을 보였다고 밝혔다. 그리고 Wylie(1998)는 영국에서 학교선택 체제에 의해 학생 모집 측면과 재정적 측면에서 안정적 또는 증가된 상황에 처한 학교가 학생을 다른 학교에 빼앗기는 학교보다 긍정적인 반응을 보였다. 또한 학교선택에 의해 주로 낮은 사회경제적 지위에 처한 학생들로 구성된 학교의 학생은 학업성취도가 낮아진다는 점도 밝혔다.

Wylie는 "학교선택 개혁은 학교를 선택하는 학생들의 계층과 진학에 의해 형성되는 학교 권력을 넘어서는 변화를 가져오지는 못한다."(Wylie, 1995; Gordon, 1994 인용; Waslander & Thrupp, 1995)라고 강조하였다. 그리고 Wylie(1998a)는 학교선택 정책이 어떤 개선을 가져오지 못할 뿐만 아니라 사회적으로 형성된 학생 간의 차이를 벌리고, 학교자율경영이라는 교육개혁도 어떤 효과성의 변화를 가져오지 못한다고 밝혔다. 또한 Fiske와 Ladd(2000)는 더욱이 교육개혁에 반영된 시장논리는 불리한 여건에 있는 학생의 학업성취도를 향상하거나 열악한 여건에 처한 학교들을 개선하는 데 도움이 되지 않는다고 하였다. 권한 이양과 학교선택이라는 개혁에 대해 가장 긍정적으로 반응을 보인 학교는 다른 학교와의 관계에서 경쟁적인 관계가 아니라 협동적인 관계에 있는 학교들인 것으로 밝혀졌다(Wylie, 1997: 1). 그리고 학교선택 체제를 따르게 되면 낮은 경제적 지위에 있는 학생은 자기가 원하는 학교를 실질적으로 선택하지 못하게 되고, 이들 학교를 포기하지 않고 계속 다니게 하는 데 불리한 환경을 조성하며, 낮은 경제적 지위에 있는 학생으로 구성된 학교는 바람직한 학교로 변화하고 인식되는 것이 거의 불가능하게 된다고 보았다(Wylie, 1999b).

전반적으로, 권한 이양과 학교선택의 개혁은 학부모와 학교들의 통제를 넘어 그러한 개혁에서 유리한 여건에 있는 학부모와 학교의 힘에 더욱 영향을 받게 되고, 그 결과로 교육 불평등과 사회양극화 문제를 증가시킨다. 이러한 증거는 권한 이양과 학교선택의 개혁 정책에 변화가 요구된다는 것을 시사한다. 영국에서는 이러한 정책의 문제에 의해 중앙정부의 역할 수준을 재규정하는 변화를 가져왔다. 즉, 영국의 새 정부는 학교에 현행의 책임을 전가하기보다는 정부와 학교들 간의 합의된 협력이 요구된다는 연구와 불리한 여건에 처한 학교들에 더 많은 지원을 제공해야 한다는 연구에 관심을 가졌다. 더욱이, 학교에 많은 예산을 지원하는 절차도 수정하였다. 즉, 학교 간에 추첨 또는 제비뽑기를 근간으로 학교에 예산을 지원하여 인기 있는 학교와 인기 없는 학교 간에 사회 양극화를 감소시켰고, 새로운 규제를 만들도록 영향을 미쳤다.

이상에서 살펴본 바에도 불구하고, 권한 이양과 학교선택의 개혁에 대해 옹호하는 학자들도 있다. Gorard와 Fitz(1998a, 1998b)는 영국과 뉴질랜드에서 나타나는 사회 양극화 현상의 증가는 시장화 정책의 초기에 나타난 문제에 불과하고, 그 이후로 사회 양극화 문제가 점차 감소되었다고 주장하였다. 하지만 이들보다 더욱 정교한 연구 방법을 사용하여 사회 양극화 문제를 분석한 Noden(2000)은 1994년과 1999년 사이에 영국의 중등학교에서 사회경제적 차이가 유의미하게 증가하였다고 주장하였다. 그리고 Cassidy(2000)는 학교선택 정책은 학교선택 옹호자들이 주장하는 것보다는 더 작은 혜택을 가져오고, 반대자들이 주장하는 것보다는 덜 해로운 것이라고 말하기도 하였다. 그렇지만 영국의 경우에 교육 양극화 현상은 더욱 확고해져 갔고, 그 결과로 1998년에 시행된 중등교육자격검정시험(GCSE)의 시험 결과에서 높은 점수로 합격한 학생들 수가 증가된 것과 더불어 실패한 학생 수도 증가한 것으로 나타났다.

미국에서는 인종적 차별을 불러일으킬 수 있다는 염려에도 불구하고 공립학교선택을 더욱 시도하기 위한 많은 정책적 관심을 표명하였다. 그러나 학교선택이 학생의 학업성취도에 긍정적인 영향을 미친다는 명확한 증거는 어디에도 나타나지 않았다. 또한 학교선택이 "모든 학생들, 특히 낮은 경제적 지위에 있는 학생들과 소수민족 학생에게 가장 유용하다."(Domanico, 1990)라는 주장에도 불구하고, 학교선택 정책이 학생의 학업성취도와 공평성에 미치는 효과는 기껏해야 불분명하다고 말할 수 있을 정도에 그칠 뿐이었다(Plank et al., 1993).

Goldhaber(1999)는 최근의 미국에서 이루어진 학교선택과 관련한 연구들을 검토한 후, 학교선택에서 '선택할 수 있는' 사람은 일반적으로 사회경제적 지위가 높았다고 밝혔고, 자신이 수행한 연구(Goldhaber, 1996)에서도 학부모는 백인 학생이 많은 비율을 차지하는 학교를 선호함으로써 학교선택에는 계층적 그리고 인종적 차원이 가미됨을 지적하였다.

학교선택 정책의 효과와 마찬가지로 미국의 학교자율성의 효과에 대한 연구도 불확실한 것은 마찬가지였다. 공적 재정으로 운영되는 차터스쿨이 증가하는 것에 대해, Goldhaber(1999)는 차터스쿨의 효과에 대해 양적인 평가를 착수하기에는 너무 이르다고 주장하였고, 그럼에도 불구하고 차터스쿨이 효과적이라고 주장하는 것은 일화에 근거한 것에서 비롯될 뿐이라고 지적하였다.

미국에서 사립학교의 선택에 관한 증거들도 논쟁에 휩싸여 있지만, 특히 걱정되는 것은 사립학교에 진학하는 학생을 위해 공적 재정을 증가시키는 점이다. 이러한 논쟁의 중심에 있는 것이 Coleman, Hoffer와 Kilgore(1982)의 고등학교 연구에서 나타나는 자료의 다양한 해석 그리고 특히 Chubb과 Moe(1990)의 연구다. Henig(1994)는 사립학교가 공립학교보다 조금 우세하게 나타나는 현상은 방법론적인 사용의 결과라고 주장하였고, Lee와 Bryk(1993)도 Chubb과 Moe의 학교선택이 바람직하고 사립학교가 우세하다는 결론이 명백한 증거를 바탕으로 한 것이 아니라고 비판하였다. 그럼에도 불구하고 Bryk 등(1993)은 자신들이 수행한 연구 결과를 바탕으로 사립 가톨릭 학교가 저소득층 자녀의 학업수행에 긍정적인 영향을 미친다고 주장하였는데, 이러한 연구 결과와 주장은 시장의 힘(market forces)이 자신의 주장을 관철시키는 데 악용되었다.

전반적으로, 학교선택에 관한 연구 결과의 증거들은 학교선택이라는 개혁이 혜택을 가져온다는 것은 매우 한정되어 있고, 특히 불리한 여건에 처한 사람에게는 매우 큰 희생을 강요하는 것으로 나타났으며, 학교선택을 옹호자들이 강조하는 학교선택의 폭넓고도 잠재적인 혜택은 현실적이지 못한 것으로 나타났다. 불리한 여건에 처한 학생도 학교선택의 개혁을 통해 혜택을 볼 수 있을지 모르지만, 공교육 체제의 전반에 걸친 학교선택 개혁이 학생과 교사 전체에 긍정적인 효과를 가져온다는 것은 거짓말에 가깝다. 학교선택의 대표적인 프로그램인 차터스쿨이 혁신적이고도 잠재적으로 권한을 이양하는 교육환경을 가져오는 예를 제공하였지만, 차터스쿨이라는 학교선택 프로그램이 실질적으로는 그 어떤 변화보다도 교육환경을 유사시장에 지배받도록 하는 데 기여했다고 간주할 수 있다(Thrupp, 1999).

유사시장(quasi-markets)을 넘어?

시장의 힘(market forces)을 옹호하는 자들은 그동안 개혁이 별다른 성과를 거두지 못한 것은 개혁이 충분히 추진되지 못했기 때문이라고 주장하여 왔다. 특히 학교선택을 강력하게 주장한 Moe(1994)와 같은 학자는 학교가 지역교육청의 통제를 받았기 때문에 학교선택이 제대로 이루어질 수 없어서 학교선택의 효과가 미미하다고 보았고, 그렇기 때문에 모든 학교가 지역교육청의 통제에서 벗어나 자유로울 수 있어야 한다고 주장하였다. 또한 Tooley(1996)도 같은 입장을 취하여, 학교가 더욱 교육당국의 규제를 받지 않는 쪽으로 가야 하며, 학부모와 학생들은 자신이 가고 싶은 학교를 자유롭게 선택할 수 있는 학교교육 체제로 하루빨리 전환해야 한다고 주장하였다. 그러나 학교선택과 관련한 대부분의 연구 결과들은, 시장화와 사사화의 방향으로 가는 학교선택은 전반적으로 교육의 질을 개선하는 데 도움이 되지 못하며, 교육의 공정성에 역효과를 가져온다는 점을 밝혀 주고 있다.

역설적이게도, 학교선택과 교육 시장화의 선구자였던 영국에서는 교육 면에서 소비자권리와 시민권리 간에 균형을 도모하려는 필요성이 최근 강하게 제기되고 있고, 특히 시장중심과 중앙정부중심 간의 균형을 도모하기 위해 지역 수준에서 민주적 참여와 책무성을 부흥시키는 방안에 대한 논의가 일어나고 있다. 그리고 Brighouse(1996)가 교육에서의 시장화는 사회적 혼란을 가져오고, 가진 자와 가지지 못한 자 간의 차이를 더욱 크게 하는 결과를 초래할 것이라고 지적하였듯이, 교육을 단순한 시장 논리로 방치하기보다는 오히려 정부와 교육당국이 교육의 공적 책임을 다하려 해야 하고, 교육의 사회평등과 사회정의 구현을 위한 노력이 요구된다.

| 추가 참고도서 |

Gewirtz, S., Ball, S., & Bowe, R. (1995). *Markets, Choice, and Equity.* Buckingham: Open University Press.

Tooley, J. (2000). *Reclaiming Education*. London: Cassell.

Whitty, G., Power, S., & Halpin, D. (1998). *Devolution and Choice in Education*. Buckingham: Open University Press.

Chapter

4

새 시대의 교사 전문가의식 개혁

이 장에서는 전문가의식(professionalism)과 지위에 관한 사회학적 담론이 교사가 처해 있는 조건을 우리가 이해하는 데 도움을 줄 수 있는지에 관해 논의한다. 그리고 영국과 웨일스 지역의 교사교육 개발에서 나타난 개념과 관련된 내용을 살펴본다. 마지막으로, 21세기에 개발될 수도 있는 교사 전문가의식의 형태에 관해 숙고한다.

최근 교육에 관한 정책 담론의 상당수는 학생의 학업성취도가 낮은 것을 교사의 탓으로 돌리며 비난하였다. 영국을 비롯한 여러 나라에서 시행한 교육개혁은 교사의 자율성을 제한하였고, 교사 노동조합의 힘을 억압하였다. 교사에 대한 권한 부여를 더욱 강조하는 것을 개혁의 수사학으로 내건 미국 같은 나라조차도 교사를 공무원에 맞게 대우하는 것이 아니라 고객의 요구에 민감하게 반응하는 영업사원처럼 되도록 시도하였다. 물론, 가르치는 전문직(teaching profession, 즉 교직)에 대한 이와 같은 개혁은 교육서비스에서의 '유사시장'의 종류를 포함하는 교육개혁의 다른 측면과 연계된다.

특히 영국에서의 개혁은 구체적으로는 교사노동조합에 대해 그리고 일반적으로는 가르치는 전문직(즉, 교직)의 청렴성에 대해 징계하고 비난함으로써 이루어졌다. 정책 결정 시 그리고 심지어 교사의 보수 협상에서도 교사노동조합의 전통적인 참여는 Thatcher와 Major 정부에 의해 체계적으로 제외되었다. 정부의 이러한 행동들은 영국의 '점진적인 붕괴'의 원인이 진보주의적 교육체제 때문이므로 그러한 것을 없애야 한다고 주장하는 뉴라이트 같은 압력단체에 의해 강한 영향을 받았다. 이러한 진보주의적 교육체제는 이데올로기와 자기 이익의 희생물로 간주되었고, 더 이상 공적인 것으로 간주되지 못했다. 그리고 영국 학교들의 낮은 학업성취도에 대한 책임이 많은 교육자들과 교사노동조합들에 있는 것으로 간주되었다(Hillgate Group, 1987). 여기서는 왜 이와 같은 변화가 이루어지게 되었는지를 제대로 파악하는 데 도움을 줄 수 있는 사회학적 개념에 관해 살펴보고자 한다.

전문가의식에 관한 사회학적 관점

1950년대와 1960년대의 사회학자들은 전문직(profession)으로 불리기 위해서는 그 직업이 어떤 특징들을 갖추어야 하는지를 밝히려고 노력하였다. 그래서 '전문직'으로 불리는 데 필요한 특징들을 모아서 목록을 만들었다. 이 목록에는 이론적 지식에 근거한 기술의 사용, 시험으로 검증되는 기술에 대한 교육과 훈련, '공익(public good)'을 지향하는 전문가의 행위 규준 그리고 강력한 전문가 조직 등의 특징이 포함되었다(Millerson, 1964). 가르치는 것을 포함하여, 목록의 특징을 모두 충족하지 못한 직업은 '유사 전문직' 또는 '준전문직'으로 불렸다(Etzioni, 1969). 전문직과 관련된 특징을 얻기 위한 시도는 일반적으로 '전문화(professionalization)'로 불렸고, 그 직업적 전략은 때때로 '전문가 프로젝트'로 불렸다. 교사의 전문가 프로젝트의 어떤 측면은 성공적이었으나, 다른 측면은 그렇지 못했다. 어떤 사람들은 학교 교사를 위한 일반수업협의회(General Teaching Council: GTC)가 영국에서 만들어짐에 따라 가르치는 것이 진정한 전문직으로 간주되었다고 말하기도 한다.

하지만 우리는 영국의 교직에 관해서 오랫동안 이야기해 왔다. 우리는 스코틀랜드에 일반수업협의회(GTC)가 오랫동안 있었다고 해서, 스코틀랜드의 교사가 전문직에 종사한다고는 이야기하지 않는 경향이 있었다. 그리고 현대의 사회학자들은 과거의 사회학자들이 전문직의 특징을 의료계와 법조계를 중심으로 하여 고안한 것이었기 때문에, 전문직의 본질적인 정의로서 전문가가 되는 것의 의미에 규범적인 관점을 강요한 것이었음을 인정하였다. 대신, 현대의 사회학자들은 전문직이라는 것은 그 시대의 사람들이 전문직이라고 생각하는 것을 뜻하며, 다양해질 수 있는 것이라고 제안한다. 따라서 비록 우리가 과거의 전문직에 포함되는 핵심적인 특징들을 분간하지 못할지라도, 가르치는 전문직(즉, 교직)에 관해 우리가 일반적으로 전문직이라고 말한다는 사실 그 자체만으로도 가르친다는 것이 전문직임을 의미한다.

Gerard Hanlon은 "전문가의식(professionalism)이라는 것은 구체적인 현상이라기보다는 변화하는 것"이라고 강조하고, "전문직에 관해 말을 할 때 의사, 학자, 교사, 회계사, 변호사, 공학자, 공무원 등의 집단을 전문직으로 간주하게 되는데, 그러한 집단은 일반적으로 일반인, 학자, 전문가 자신에 의해 전문가로 간주되는 것"(Hanlon, 1998: 45)이라고 말한다. 따라서 가르친다는 것이 과거에 제안된 전문직의 이상적인 특징들에 합당한가를 묻기보다는 현재의 직업으로서 가르친다는 것의 특징들을 탐구하는 것이 더욱 유익한 것이 될 수 있다. 대신, 전문직에 관한 저명한 사회학자인 Eliot Freidson은 전문직을 "일반화하기에는 어려운 경험적 실체"(Freidson 1983: 33)로 볼 것을 강조한다.

이것은 21세기의 교사 전문가의식에 관한 논쟁을 함축한다. 어떤 비평가들은 가르친다는 것은 최근의 교육개혁들의 결과로 '비전문화(de-professionalised)' 되었다고 주장한다. 그러나 개혁들의 지지자들은 교사 전문가의식이 새 시대의 필요에 더욱 부응하도록 만들기 위한 '재전문화(re-professionalisation)'의 과정으로 되기를 희망한다. 하지만 만약 우리가 우리 자신의 추정과 선호에서 물러나서 사회학자의 입장을 수용하게 되면, 전문가의식의 정의로서 가장 적합한 한 가지만을 보고 다른 것들은 보지 않는 것이 아니라 21세기의 교사 전문가의식에는 서로 경쟁하는 버전으로서 다양한 것들이 있음을 뚜렷하게 파악할 수 있다. 물론, 서로 다른 사람들이 실제로 지지하는 특정한 버전은 개혁에 의해 자리잡은 방식뿐만 아니라 그 사람의 가치관과 폭넓은 정치적 관점에도 달려 있다.

또한 전문가의 지위는 국가로부터 그 직업에 대한 협약이라고 하는 것, 즉 때때로 '전문가 권한 부여(professional mandate)'라고 불리는 것에도 달려 있다. 전통적으로 볼 때, 전문직은 독립적이고 자기통제적인 것이었고, 개별 전문가는 종종 자기고용적인 것이었다. 그러나 현재의 산업사회에서 대부분의 전문가들은 국가에 의해 직접적으로 고용되고/되거나 규제받는다. Dale(1989)이 지적했듯이, 어떤 전문직은 허가된 형태의 자율성을 갖고, 또 다른 전문직은 규제된 형태의 자율성을 갖는다. 의료와 법률 심지어 보육에 있어서도 그 자체의 업무를 관리하기 위해 어느 정도의 허가를 받아야만 한다. 영국에서의 가르치는 전문직(즉, 교직)이 그동안 이와 같은 방식으로 공식적으로 허가된 것은 아니었지만, 1960년대에 교사는 사실상 상당한 자율성을 가진 것으로 보였다. 사실 Le Grand(1997)는 1944년부터 1970년대 중반까지의 '교사 통제의 황금시대'로 불리는 기간 동안, 영국의 공립학교에 자녀를 보낸 학부모는 전문가를 신뢰하는 것과, 교사가 아이들을 가장 잘 아는 것으로 받아들이는 것이 당연시되었다. 비록 국가는 교사의 보수를 지불하고는 있었지만, 그러한 것에 개입하는 것을 원치 않았다.

교사가 학생과 사회에 손해를 입히고 그러한 '허가된' 자율성을 남용하였다는 관점이 1970년대에 등장하였다. 공공선택 이론가들(public choice theorists)은 공무원과 전문가의 행동은 자기 이익에 따라 한다고 가정할 때 더욱 잘 이해될 수 있다고 주장하였다. 이에 따라, 많은 전문가 집단과 특히 전쟁 이후의 사회민주주의의 '진보주의 교육체제'는 국가의 대행자로서 적합하지 않은 것으로 간주되거나, 시장화된 시민사회의 기업적 서비스 제공자로 간주되었다. 이러한 모든 것이 결국 '규제된' 자율성으로의 변화를 가져왔고, 가르치는 전문직(즉, 교직)은 시민의 이익을 가장 잘 도모하는 국가를 위해 전문가 권한을 부여해야 한다는 관념에서 멀어지게 되었으며, 교사 및 전문직은 시장의 엄정함, 더욱 강력한 통제, 개혁된 국가의 감독에 복종할 필요가 있다는 관점으로 바뀌게 되었다. 그래서 1970년대에는 William Tyndale Inquiry, Jim Callaghan's Ruskin College 연설이 있게 되었고, 1980년대와 1990년대에는 Sir Keith Joseph, Kenneth Baker, John Patten, Gillian Shephard 대토론회가 열리게 되었다.

신노동당의 정권 아래에서, 우리는 어떤 역설을 갖게 된다. 즉, 보수당 정권 아래에 있을 때보다 신노동당 정권 아래에서 교사는 더욱 규제를 받았다. 하지만 이와 동시에, 신노동당은 일반수업협의회(GTC)를 갖추어 허가된 자율성으로 되돌아갔으며, 그 이전보다 더욱 공식적인 토대를 갖게 되었다. 대부분의 교사들은 일반수업협의회(GTC)에 관해 긍정적인 측면도 있고 부정적인 측면도 있는 것으로 생각하기 때문에 일반수업협의회(GTC)가 나중에 어떻게 규명될지는 아직까지 단정할 수는 없다. 다만, 허가된 자율성이 과거의 그것이 아니라는 점은 확실하다. 이러한 사실은 개별 전문가들뿐만 아니라 조직화된 전문직에도 적용된다. Bernstein이 효과적으로 지적하였듯이, 국가의 통제 '양식'은 그동안 계속 변해 왔기 때문에, 마치 권력을 이양하는 것으로 보일지라도 국가의 통제는 강해질 수 있는 것이다(Gamble, 1988).

이러한 것을 이해하는 데 특히 도움이 되는 것이 Neave의 '평가적 국가(evaluative state)'라는 개념이다. 이 개념은 목적이나 목표가 성취되는 과정을 중요한 것으로 간주하는 것이 아니라 결과를 가장 중요한 것으로 간주한다. 교육체제에서, 중앙과 주변 간 기능의 대대적인 재분배와 합리화가 있었지만, 중앙이 적은 수의 사람으로 전반적인 전략적 통제를 유지하면서 '산출의 질'과 관련된 준거의 조작화와 같이 정책 수단을 더욱 정교하게 하였다 (Neave, 1988: 11).

이러한 것이 교사의 경우에는 전문가로 판단되기 위해 성취하도록 기대되는 것이 더욱 구체화되는 것으로 나타났다. 그러나 Neave가 암시하였듯이, 교사가 그러한 것을 어떻게 성취하는지에 관해서 국가가 개입하지 않았다고 하는 것은 거짓이다. 교사가 실제로 무엇을 해야 하는지가 산출의 구체화로 나타났고, 국가는 교사의 전문가의식(professionalism) 또는 전문성(professionality)의 '내용'에 영향력을 행사하였다. 이 당시의 예비교사들은 Eric Hoyle(1974)이 도입한 '전문가의식'과 '전문성' 간의 구별에 갈등이 있었다. Hoyle은 '전문가의식'을 '지위, 보수, 그리고 조건을 개선하기 위해 직장의 구성원들이 사용하는 전략과 수사학'의 뜻으로 사용하였고, '전문성'을 '가르치는 과정에서 교사들이 사용하는 지식, 기술 그리고 절차'의 뜻으로 사용하였다. 현재는 전문가의식에서뿐만 아니라 전문성에서도 갈등이 벌어지고 있다. 그리고 국가는 이러한 사안에 대해—그러한 것이 무엇으로 구성되어야 하는가의 측면에서—적극적으로뿐만 아니라—만약 그러한 것이 불법적이라면 무엇이 저지되어야 하는가의 측면에서—소극적으로도 미리 사전 대책을 취하였다.

교사의 전문성의 본질에 대한 국가와 가르치는 전문직—또는 적어도 진보주의적 교육체제—간의 갈등에는 무엇이 포함되는가? 부분적으로는 '제한적' 전문성과 '확장적' 전문성 간의 갈등이 포함된다. Andy Hargreaves(1994: 19)는 전문가의식의 전통적인 관념은 '내밀한 지식, 전문적인 기술 그리고 공적인 지위에 바탕을 둔 것'인데, 그것이 '피할 수 없는, 영속적인 불확실성의 조건들에서 이루어지는 임의적인 판단의 이행'으로 대체된다고 제안한다. Michael Eraut(1994)는 현대의 전문가를 판단하는 특징으로 광범위한 '과정 지식'을 강조한다. 그런데 어떤 학자들은 최근 정부와 교사양성기관(Teacher Training Agency: TTA)에 의해 후원되어 교사의 양성에 근거를 두는 '능력(competence)' 또는 '기준(standards)'을 강화하는 쪽으로의 변화는 교사 개인적으로뿐만 아니라 오히려 교사 단체적으로도 통제와 지시를 강화하는 것이라고 우려하기도 한다. Jones와 Moore(1993)는 그러한 변화에 따라 가르치는 전문직(즉, 교직)에서 진보주의적 휴머니즘의 담론이 손상되고 그 대신에 기술공학적 합리성(technical rationality)으로 대체되었다고 강조하였고, Adams와 Tulasiewicz(1995)는 교사가 '반성적 전문가'라기보다는 기술자로 전환되고 있다고 한탄하였다.

이와 같은 명백한 모순을 이해하는 한 가지 방식은 그것을 '포스트모더니티(postmodernity)'로 인해 나타날 수밖에 없는 이단(heterodoxy)의 부분으로 간주하거나, Ronald Barnett(1994)가 지적한 대로 '모던 시대의 두 가지 거대한 견해가 나란히 병행되는 것'으로 간주하는 것이 될 수 있다.

가르치는 전문직(교직)의 분열

전문직의 서로 다른 요소들은 서로 다른 형태의 전문가의식/전문성을 개발시킨다는 것 또한 가능하다. 사실상 국가는 전문직의 어떤 구성원들에게는 다른 구성원들보다 더 많은 자율성과 융통성을 제공하기도 하는데, 단 이 경우는 '충성도 심사(loyalty test)'라고 불리는 것을 충족할 때만 해당된다.

Hanlon(1998)은 실제로 모든 전문직들이 분열되어 가고 있으며, 이와 같은 변화에 대해 어떤 이들은 환영하는 반면에 다른 이들은 저항한다고 말한다. 또한 그는 1980년대까지의 기간 동안에 대부분의 전문직들이 '사회적 서비스' 형태의 전문가의식을 발달시켰고, 전문직의 전문가는 모든 사람의 이익을 위해 일하는 것으로 신뢰받았었으며, 그것에 필요한 자원들은 국가가 제공하여 도움을 주었다고 강조한다. 그렇지만 어느덧 사적 영역에서뿐만 아니라 공적 영역에서도 '상업화된 전문가의식'의 도전을 받게 됨으로써, 수익성과 국제적 경쟁력이 강조되었고 특정한 부류의 사람들에게 특권을 주게 되는 결과를 가져왔다고 강조한다. 이러한 변화는 교육에서도 나타났는데, 바로 '시장화'의 교육정책이었다(Whitty, Power & Halpin, 1998). Gewirtz, Ball과 Bowe(1995)는 교육 관리자들에 관한 두 가지 전통이 있음을 확인하였는데, 즉 '관료적 전문가(bureau-professional, 또는 복지국가주의자)'와 '신관리주의자(new managerialist)'가 있음을 확인하였다. 신관리주의자는 수행의 명확한 기준 및 측정, 더 큰 산출에 관한 통제,

큰 실체를 작은 단위로의 분할, 시장논리의 메커니즘, 경쟁의 도입 그리고 전문화된 '상업적 방식'의 관리 등을 강조한다(Bottery, 1996).

이것은 자신의 고용주를 위해 '관리하도록' 준비된 사람들은 더 높은 지위와 보상을 받을 수 있는 반면, 전통적인 복지국가 의제를 추구하는 사람은 더 이상 신뢰받을 수 없고 더욱 직접적인 통제를 받아야만 된다는 것을 의미한다. Hanlon은 두 가지 전통 간의 충돌은 전문가 서열에서 결국 분열을 가져올 것이라고 제안한다. 영국에서는 가르치는 것과 관련하여, 잠재적으로 통합된 전문직의 헤게모니를 위한 갈등이 여전히 있고, 다양한 단층선(fault line)을 따라 분열도 가능하다는 신호도 나타나고 있다.

Blackmore(1990)는 그동안의 개혁들이 교사 전문가의식의 단체적 관념보다는 개인적 관념을 조장하였다고 제안하였다. 영국 신노동당 정부의 핵심 고문인 Michael Barber는 "교사 개인은 이득이 되는 반면, 교사 조직은 무력해질 수 있다."(1996a: 189)라고 제안하였지만, 그것을 문제로 간주하지는 않았다. 또한 Soucek(1996: 309)은 그동안의 개혁들이 '정치적 개인주의(political individualism)'와 '기술적 단체주의(technical collectivism)'를 조장하였다고 제안함으로써, 문제의 본질에 더 가까이 접근하였다. 즉, 교사는 경쟁과 수행성을 강조하는 문화 내에서 다른 사람들의 수행에 책임을 지게 되면서도, 단체교섭이 종결되고 교사노동조합이 공격당함으로써 단체적 발언권을 잃을 수도 있다고 제안하였다.

교사노동조합에 대한 압박은 매우 강력하였다. Gordon과 Wilson(1992)에 따르면, 뉴질랜드의 정부는 교사와 교사노동조합의 힘을 감소시키고, 교사의 근무조건을 열악하게 만들고, 교사노동조합이 공식적인 것으로 인식되지 못하도록 만들기 위해 노력해왔다. Robertson(1995)에 따르면, 호주 정부는 교사노동조합의 힘을 없애기 위해 압박을 가했고, 교사노동조합은 학교에서의 업무 부담의 가중에 저항하였다. 뿐만 아니라 교사노동조합에 대한 공격은 '주동자 체포'와 함께 교사노동조합의 단체적 형태의 힘을 극소화시키는 쪽으로 이루어졌기 때문에, 비록 효과적인 저항이더라도 그것이 교사노동조합에 대한 더 심한 공격을 정당화해주는 양날의 검이 되었다. 그렇다고 하더라도 Sinclair 등(1993)에 따르면, 영국 Thatcher 정부의 개혁들이 교사노동조합의 전통적인 힘을 완전히 붕괴시키지는 못했다.

한편, 개혁은 다른 방식으로 교사의 힘을 더욱 분열시키기도 하였다. 영국의 개혁의 결과로 교사는 더 증가된 업무부담에 직면하였을 뿐만 아니라, 예산 제한의 효과를 더욱 유연하게 누리기 위한 시도에 따라 정규직을 비롯하여 자질과 경험이 많은 교원의 자리를 시간제 교원, 임시교원, 자질과 경험이 낮은 교원으로 대체함으로써 예산이 덜 드는 대안이 나타나게 되었다(Sinclair et al., 1993).

놀랄 것도 없이, 노동의 임시고용에서도 남성과 여성에 차이가 있었다. Blackmore(1996)에 따르면, 여성은 주로 주변부적인 일을 하는 데 위치하였고, 점차 불리한 여건에 처해졌으며 구조적인 개혁에 의해 착취를 당하는 경향이 강했다. 또한 학교 관리 면에서도 실제로는 협력적이지 않고 '남성우위주의자' 접근이 지배적이었다. 더욱이 Chapman(1988)은 학교단위책임경영(school-based management)의 도입으로 인해, 남성이 여성보다 이득을 보는 경향이 있다고 제안하였다.

이 책의 3장에서 살펴보았듯이, 학교단위책임경영에 대해 긍정적인 응답이 나온 대부분의 연구들은 해당 학교의 교장들을 대상으로 설문조사한 것들이었다. 그럴 수밖에 없는 것이, 자율경영에 따라 교장의 권위가 현저하게 높아지기 때문이었다. 또한 자율경영을 하게 되면 교장은 이득을 보지만, 학급 교사는 더욱 조심하게 되는 결과를 초래한다(Bullock & Thomas, 1994; Marren & Levacic, 1994). 그 이유는 자율경영학교에서는 상명하달식 의사결정이 강한 영향력을 미치는 경향이 있는 반면, 권한 분산, 다양성 촉진, 공동체 소유권, 지방 결정권, 전문가 자율성 그리고 유연한 의사결정이 더욱 약하게 되는 경향이 있기 때문이다(Blackmore, 1995). 그리고 비록 총체적 질 관리(total quality management: TQM)와 같은 특정한 관리 전략들이 교육 분야에 도입되었지만, 그러한 전략들은 그 특성상 포스트포디스트(post-Fordist)라기보다는 네오포디스트(neo-Fordist)의 맥락에서 사용되었다.

영국에서의 지배적인 경향은 정부가 학교교육의 새롭게 시장화된 문화에서 리더십을 발휘할 전문직 인재들을 준비시키면서, 그 밖의 사람들에게는 시대에 뒤처진 전문가의식의 영속적인 사회적 서비스로부터 차단시켜야 한다고 결론을 내린다는 점이다.

이러한 상황 속에서 초임 교사는 더욱 제한적인 전문가의식/전문성을 발휘할 수밖에 없을 뿐만 아니라, 제한적인 잠재력을 발휘할 수밖에 없게 된다. 또한 능력이 부족하다고 판정되어 성과급을 받지 못하는 교사는 제한적이고도 강한 규제의 전문가의식에 처하게 된다. 반면에 능력이 우수하다고 판정되어 성과급을 받은 교사는 허가된 자율성을 누리게 되고 전문성의 결정권을 더욱 누리게 된다. 이러한 일들이 결국 어떤 결과를 가져올지는 곧 알게 될 것이다.

교사교육에서 전문가의식의 양식

그래서 사회학자들의 관점이 도움이 될지도 모른다. 예를 들면, '가르치는 전문직(교직)에 무슨 일이 일어나고 있고, 그것이 교사교육과 전문가 발달에 어떤 의미를 함축하고 있는가?'와 같은 질문이 도움이 될 수 있다. 그럼에도 불구하고, 필자는 특히 '교사교육의 양식(Modes of Teacher Education: MOTE)' 연구(Furlong et al., 2000)에 관해서 주로 다루려고 한다. 이 연구는 1990~1991년과 1995~1996년에 수행된 모든 과정의 국가적 조사 및 더욱 상세한 50가지의 현장 조사들을 수반한다. 1996년 이후 개혁의 속도는 점차 완화되고 있지만, 교사 양성과 성적표를 위한 국가수준의 교육과정에서 좀 더 강력한 점검 형태가 요구되어 왔다.

뉴라이트 쪽에 힘을 실어 주는 것처럼 보이는 최근 정부의 모든 정치적 색조는 진보주의적 교사 양성 교육자는 교사의 전문가의식과 전문성을 길러주는 데 미흡하다고 간주하고 있다. 신자유주의자가 선호하는 전략은 전문직의 규제 완화인데, 이는 학교를 시장으로 내몰아서 대학 졸업자 혹은 그 이외의 사람들까지도 전문가 양성이나 준비 혹은 교사 실습 없이 들어올 수 있도록 허락해 주는 것이다(Lawlor, 1990). 규제 완화는 또한 어떤 다른 부분에서 신보수주의 비판자—높은 교육을 받고 이념적으로 편향된 교사 양성 교육자—에게도 호소되었다. 가령, *Spectator* 사설에서는 교사 실습 자격이 없는 사람을 주 학교에서 고용할 수 있다는 법적인 명시를 없애는 것을 논의하였는데, 이는 교장들이 그때그때 사람을 고용할 수 있기는 하지만 1년을 마르크스 사상을 배우는 데 소비해야 한다는 의견 때문에 철회되었다(*Spectator*, 1993. 2. 27.). 하지만 신보수주의자들은 교사교육 내부와 관련된 사항뿐만 아니라 전체 교직에서의 '적들(enemies)'을 염려함과 아울러, 수습교사들이 배워야 하는 부분들을 학교에 맡기기보다는 국가가 이에 대해 규정하는 것을 지지해 왔다.

뉴라이트의 신자유주의적 요소와 신보수주의적 요소가 뉴라이트에 영향을 미치는 것처럼 보이기도 하지만, 실제로는 정부의 정책이 항상 관련 이익집단뿐만 아니라 뉴라이트와 모종의 타협을 해 왔다. 교사 양성을 위해 보수 정부가 찾은 전략과 교수-학습 방법은 부분적으로 신자유주의의 관점을 반영한 것이었다. 하지만 정부는 신자유주의로의 중요한 움직임에도 불구하고, 전적인 규제 완화 혹은 학교로의 대규모 권한 이양을 추구하지 않았다. 대신에 더 큰 국제적 경쟁을 위한 압박과 신보수주의자들의 염려의 조화(Hickox, 1995)는 그들이 성취했던 노선의 본질과는 상관없이, 초임교사에게 요구되는 기준이나 능력 측정 목록의 도입을 통해 교사의 전문가 지식 내용을 구성하려는 시도를 가져 왔다.

이런 움직임들은 "정부가 '비전문적인' 교직을 원한다."라는 비난을 받았다. 그런 까닭에 Stuart Maclure(1993)는 교사교육에서 대학 개입을 축소하려는 시도는 전문직으로서의 교직에 대한 전통적인 보호 장치를 해체하려는 대표적인 것이라고 제안하였다. 또한 다른 비평가들은 특정한 학교에서의 교사 양성은 교육에 관한 폭넓은 관점이 발달되지 못하도록 제한할뿐더러 교사의 역량에도 제한을 가져와, 결국 교사의 전문성을 확장시키기보다는 전문성에 대한 제한을 가져올 것으로 보았다. 물론, 좀 더 관용적인 관점을 갖는 사람의 경우, 정부가 21세기가 요구하는 상에 좀 더 알맞은 교수–학습 방법에 맞게 교사 양성을 재전문화시키기 위한 개혁을 하고자 노력하는 것으로 보기도 하였다.

교육개혁이 좀 더 일반화될수록, 중앙정부로부터 좀 더 많은 것을 요구하는 동시에 학교로 어떤 책임을 옮기는 이중 전략을 구사하는 것처럼 보인다. 학교와 교사는 자기 고유의 '지역적' 전문가 의식을 발전시키기 위해 어느 정도의 권한을 부여받은 것으로 나타났다. 반면, 지역적 전문가의 자유는 '평가적 국가'의 강조에 의해 매우 제한받은 것으로 나타났다. 1994년에 설립된 교사양성기관(Teacher Training Agency: TTA)의 설립 목적은 여기에서 중요하다(Mahony & Hextall, 2000). 교사양성기관(TTA)은 초대회장 Anthea Millett의 강력한 리더십과 교육기준청(OFSTED)의 감독 아래, 교사 양성 정책을 위한 국가 교육과정 개발, 교사 자격증(Qualified Teacher Status: QTS) 수여를 위한 상세한 기준안, 교사 역량 제고를 위한 목록 집대성 등을 정부에 제공해 주면서 많은 발전을 가져오기도 하였다. 물론 이런 제안들이 지난 Major 정부에서 시작된 것이기는 하지만, 1997년 5월에 신노동당 정부에서도 계속 수용되었고 확장되기까지 하였다.

어느 정도는 그런 평가적 국가 기관들이 전통적인 기법에서 벗어나, 대규모의 관료적 국가 형태를 통제하고 일련의 '대규모적 · 합법적 · 재정적(국고) · 조직적 · 기타 자원적'인 형태를 대체하기도 하였다(Rose & Miller, 1992: 189). 그러나 이런 '포스트모던' 형태는 조직적 주관성과 전문가 정체성에 충격을 줄 뿐만 아니라, 어떤 직접적인 통제의 형태를 수반하기도 한다. 특히, 신노동당 정권 아래에서 어떤 교사양성기관(TTA)의 활동과 교육기준청(OFSTED)의 활동은 평가적 국가와 거리를 두었다기보다는 예전의 '관료적' 국가 스타일에 좀 더 가까웠다.

뉴라이트의 이념과 국가 프로젝트에 관한 많은 양의 보고서의 문제들 중 하나는, 그것이 실제 이념과 영향을 연구하기보다는 단순히 담론을 읽는 수준에 그친다는 것이다. 그래서 우리는 교사교육의 양식(MOTE) 보고서에서, 실제로 교사교육의 개혁이 전문가로서의 교사가 된다는 의미의 지배적인 관점에 변화를 가져왔다는 사실에 관심을 가졌다. Landman과 Ozga(1995)는 연이은 정부의 정책 의견서가 고등교육기관에서 중앙정부 및 이와 연관된 기관으로 권력을 이동시켰음에도 불구하고, 교사교육은 여전히

'생산자에 의한 포획(producer capture)'으로 남아 있다고 주장하였다.

교사교육의 양식(MOTE) 연구 결과들은 이런 주장에 지지 입장들을 제공한다. 우리는 고등교육기관과 학교 모두에서 교사 교육자의 전문가 자율성은 개혁에 의해 제한되었으며, 정부의 요구는 수습교사의 전문성을 바꾸었다는 것을 알게 되었다. 또한 우리는 교육받는 과정이 특정한 관점에 의해서 고안된 것인지 아닌지에 관해 학부 과정의 우수 학생과 석사 과정의 학생에게 전국적인 설문조사를 실시하였다. 그리고 우리는 '역량에 관한 공식적인 목록이 존재하는가.'에도 각별한 관심을 가졌다. 왜냐하면 역량에 관한 공식적인 목록은 기술적 합리성을 상징함과 동시에 반성적이고 비판적인 역량을 등한시하는 것이라고 비판을 받아 왔을뿐더러, 실질적으로 교사 교육자에 의해 옹호받는 교사모델이 바뀌고 있었다는 이야기가 되기 때문이다. 우리는 학생들이 교육받는 과정에서 반성적 실천가의 관념이 1990~1991년에는 57%로 나타난 반면, 1995~1996년에는 46%로 나타났다는 것을 알게 되었다. 한편, 옹호받는 '역량' 모델은 두 배가 되었으나, 단지 11%에 머물렀다. 그러므로 비록 5년 전에 비해서는 덜 지배적이라고 할지라도 기술적 합리성보다는 '반성적 실천'이 여전히 대학 내에서 가장 많이 공유하는 전문가의식의 담론이었다.

우리는 응답자들에게 다른 설문지의 목록에서 자신이 교육받는 과정이 양성해 내고자 하는 교사의 종류를 가장 잘 특징지어 주는 세 단어를 고르라고 요구하였다. 이런 질문에 대해 일부의 저항에도 불구하고, '반성적' '전문적' '유능함' 등을 넘어서는 반응들이 매우 다양하게 나타났다. 하지만 주목할 만한 사항은, 용어들 중에 뉴라이트 비판가들이 종종 연관 짓는 '학생중심'과 '비판적' 같은 단어는 가장 덜 선택되었다는 점이다. 이에 대해 좀 더 깊이 있는 분석을 위해서는 이것과 비교하기 위한 비슷한 내용의 선행된 설문 결과가 필요한데, 안타깝게도 우리에게는 그것이 없었다. 그래서 응답들이 그렇게 나타났다는 것은 그 열망이—비판가들이 제안하였던 것만큼—결코 강하지 않았거나, 최근 들어 반성적 실천을 좀 더 보수적으로 해석했거나(Zeichner & Liston, 1987), 혹은 질문을 단순히 정치적인 것으로 간주하여 조심해서 응답한 것으로 유추할 수가 있다.

그리고 Landman과 Ozga(1995)는 '교사교육과 양성'은 각 학교의 통제 증가에 의한 예산권 이양과 재정적 압박에 취약하다고 제안하였다. 게다가 그들은 이런 돌려막기식의 성공은 실패한 것이라고 간주하였다. 교사교육의 양식(MOTE) 연구에서 제안되었듯이, 비록 통제 방식의 형태가 있다는 확실한 근거에도 불구하고, 전문직의 전통에 더욱 뿌리를 둔 전문성의 정의는 국가가 결정한 한계 내에서라도 더욱 새로운 요건들과 함께 살아남게 되었다.

민주주의적 전문가의식을 향해?

지금까지 필자는 사회학자의 입장에서 최근의 교직과 교사교육에 관한 사항 등을 한걸음 물러서서 고찰하려고 시도하였다. 이 장의 마지막 부분에서는—물론 필자가 사회학자로서의 통찰력은 여전히 유지하면서—새로운 시대의 교사 전문가의식과 전문성을 위한 바람직한 방향을 제시하고자 한다.

교사교육과 관련하여, 학교중심의 교사 양성과 공식적으로 구체화된 기준들의 결합은 다양한 지역적 전문가의식의 공백과 함께 교사교육을 위한 국가 교육과정의 증가를 가져오고, 교사 전문가의식의 공통적인 요소들을 한정시키는 것 같다. 좀 더 고차원적 수준으로 본다면, 전체로서의 전문직은 더욱 분화되고 계층화되었음이 분명하다. 비록 그러한 발전들이 어떤 '포스트모던'의 특징을 나타내는 것으로 간주될 수 있을지라도, 건전한 교직은 더욱 폭넓은 공통적인 전문가 정체성을 유지하기 위한 끊임없는 노력을 요구할 것으로 생각한다. 그리고 단순히 교사 전문가의식을 전통적인 틀로만 정의하려고 하지 않는다면, 일반수업협의회(GTC)가 그런 노력을 충분히 전달할 수 있을 것이라고 필자는 생각한다. 필자는 법조계와 의료계의 '오래된' 전문가의식을 단순히 모방하고 싶은 마음은 없다. 그러나 교사 전문가의식의 대안적 개념을 개발하려는 시도에는 단순히 전문가 협력만이 아니라 분명히 정치적 지지도 요구될 것이다.

그 이유는, 최근 정부와 언론이 사회와 교사 간에 '낮은 신뢰'가 형성되도록 조장하면서 교사 교육자에게 끊임없는 압박을 가하고 있기 때문이다. 이런 맥락에서 본다면, 우리는 자신만의 이익을 추구하기 위해 전문성 권한 이양을 남용하도록 방치한 책임에 대해 진심으로 반성해야 하고, 그 결과로 사회적 배제가 강화되도록 한 것에 대해서도 진심으로 반성해야 한다. 더욱이 전문직 그 자체가 항상 합법성을 증가시키는 쪽으로 움직이는 것은 아니다. 그동안의 교육서비스는 '오래된' 교육정치학의 가정으로 이루어져 왔다. 즉, 학부모와 같은 전체 구성원들은 제외한 채, 정부, 고용자, 교원단체 간의 협의로만 이루어져 왔다(Apple, 1996). 우리는 교사 전문가의식을 정의하는 일에 누가, 어떤 목적으로 포함되어야 할 합법적인 권리를 갖는가에 대해서도 근원적인 질문을 할 필요가 있다.

보수주의 정부는 '생산자에 의한 포획(producer capture)'의 문제해결이 국가 통제(state control)와 시장의 힘(market forces)의 결합에 있는 것으로 보는 경향이 있다. 신노동당 정부는 전문직의 '현대화'를 추구하면서 국가의 규제를 증가시켰고, 통제주의적 관점과 성과급에 근거하여 교사들을 상대하려고 하였다(DfEE, 1998). 그리고 수업 전문직으로서 일반수업협의회(GTC)가 있기는 하지만, 그것의 장기적인 역할과 교사양성기관(TTA), 교육고용부(DfEE), 교육기준청(OFSTED)과의 관계는 여전히 정립되어야 한다. 필자가 걱정하는 바는, 일반수업협의회(GTC)를 둘러싸고 전통적인 전문가 모델의 옹호자와 국가통제주의적 전문가 모델의 옹호자 간의 논쟁이 진행되는 것이다.

하지만 국가 통제와 전문가 자치(또는 이 둘의 결합)만이 우리에게 열려 있는 책무성의 양식인가? 아마도 '전문가 프로젝트'에 관해 다시 생각해 볼 시점인 것 같다. Knight 등(1993)은 전문직의 자율성 요구와 민주주의 사회에서 다른 집단의 욕구 및 이해관계에 개방되어야 할 것의 요구 간에는 언제나 긴장관계가 있어 왔다고 주장하였다. 그리고 Ginsburg(1997)와 Apple(1996) 같은 사람들은 전통적으로 간주된 전문가 계획과 민주주의적 계획 간에는 상당한 긴장관계가 있다고 말한다. 하지만 그들은 현대사회의 변화가 그러한 긴장관계를 해결할 수 있을 것으로 느끼고 있고, 교직의 폐쇄성과 국가의 폐쇄성도 피할 수 있을 것으로 생각하고 있다. 그러므로 국가 통제의 대안은 전통적인 전문가의식이 아니라 '민주주의적 전문가의식'이다. 민주주의적 전문가의식이란 전문가의 과업을 사람들에게 이해하기 쉽게 도와주려 노력하고, 교사와 그동안 의사결정에서 배제되었던 학생, 학부모, 사회구성원 간의 연대를 구축하려고 노력하는 것이다. 또한 Celia Davies(1996: 673)도 '새로운 전문가의식' 혹은 '민주주의적 전문가의식'을 '변화된 정책 맥락' '학술 문헌에서 오랫동안 전문가 권력의 문제점으로 간주된 것의 해결책'과 동일시한다.

그러므로 만약 이타주의와 공공 서비스가 우리의 전문가 의제에 여전히 남아 있다면, 교사 전문가의식의 다음 개혁은 21세기를 위한 새로운 민주적 프로젝트에 교사의 전문가 의견을 반영하는 것이 반드시 필요할 것이다. 아마도 교육에서의 민주적 의사결정과 관련하여 일반수업협의회(GTC)가 미래의 통치 양식을 위한 모델을 제공할 수 있는 새로운 형태의 연합을 개발하는 데 앞장서게 될 것이다.

이제는 전문직의 열망과 관련된 합법적인 접근뿐만이 아니라 사회에서 전문직 또는 국가에 의해 지금까지 교육의 혜택을 잘 받지 못한 집단들의 열망에 관련된 접근도 개발하기 위해 다른 누군가와 협력할 때다. 그러나 최근의 역사를 돌아볼 때, 필자의 질문은 '정말로 국가나 전문직이 도전에 직면하려 할 것인가?'다. 이 질문에 대한 대답은 다음 장에서 논의하도록 하겠다.

| 추가 참고도서 |

Furlong, J., Barton, L., Miles, S., Whiting, C., & Whitty, G. (2000). *Teacher Education in Transition: Re-forming Professionalism?* Buckingham: Open University Press.

Hargreaves, A. (1994). *Changing Teachers, Changing Times*. London: Cassell.

Hoyle, E., & John, P. (1995) *Professional Knowledge and Professional Practice*. London: Cassell.

Chapter 5

현대 교육정책의 소비자권리 대 시민권리

이 장에서는 앞에서 논의한 교육정책의 변화에 기반이 되는 폭넓은 역동성들을 고찰하고, 국가와 시민사회와 관련된 교육의 근본적 전환이 포함된다는 점을 제안하고자 한다. 그리고 사회정의를 위한 변화의 영향에 관해 탐구하고, 현존하는 불평등이 악화되지 않도록 하기 위해서는 교육정책에서 소비자권리와 시민권리 간에 더 나은 균형이 이루어질 수 있도록 하는 것이 반드시 필요하다는 점도 강조한다.

이 책의 3장에서 고찰하였듯이, 그동안 교육을 공공 서비스로 간주하였던 많은 국가들에서 교육 분야의 시장의 힘(market forces)이 점차 강화되고 있다. 이와 함께, 국민 전체의 필요성에 부응하는 데 공공체(public bodies)로서 책임감을 가졌던 학교교육이 점차 교육시장에 잠식되어, 개인 고객(학생 및 학부모)에게 경제적 부담을 경쟁적으로 떠넘기는 유사자율성(quasi-autonomous)의 학교 수가 증가하고 있다. 즉, 교육은 공적 책임으로 간주되기보다는 민간재(private good)로 간주되고 있다. 이와 같은 추세에 대응하기 위해 그리고 교육 분야의 소비자권리 못지않게 시민권리를 강조하기 위해, 필자는 새로운 시민의식의 개념이 개발되고 시민권리가 발현될 수 있는 새로운 형태의 표상이 나타날 수 있도록 현대 사회가 본질적으로 변화되기를 제안한다. 우리가 앞에서 고찰하였듯이, 문화적 · 물질적 자원에 대한 불평등한 접근을 하게 되는 개인들 간의 다양성과 선택의 강화는 해방의 기회를 촉진하기보다 억제하기 쉽다. 각기 다른 사회적 배경을 가진 모든 개인의 합법적인 열망을 더욱 충족할 수 있는 새로운 단체주의 양식이 개발될 필요가 있다.

신자유주의의 의제

1980년대와 1990년대에 영국을 비롯한 여러 국가들에서는 신자유주의 정치인에 의해 교육정책이 결정되었고, 각 개인이 자신의 요구, 필요성 및 이익을 가장 잘 판단할 수 있다는 '소비자 주권의 보편적 원리'에 따라 사회적 사무가 우선적으로 조직되었다. 선택의 자유가 보장되는 것은 그 자체가 좋은 것이라는 선입견과, 경쟁은 해당 분야의 서비스의 질을 향상하여 주고 그 결과로 경제의 부를 잠재적으로 생산할 수 있어 사회적 강자들뿐만 아니라 사회적 약자에게도 결과적으로 도움이 된다는 시장 메커니즘이 교육 분야에서도 도입되었다.

시장이 승리자뿐만 아니라 패배자(심지어 희생자)도 만들어 낸다는 것을 인지한다면, 보편적 혜택이라는 것보다는 최소한의 안전망을 제공하는 것이 사회적 약자를 보호해 주는 최선의 방법인 것으로 보인다. 그러나 부자 또는 유식한 사람들은 이사를 하면서까지 자녀를 좋은 학교에 보내려는 학교선택을 할 수 있지만, 그렇지 못한 사람에게는 선택의 여지가 없다. 따라서 모든 사람이 자유롭게 학교선택을 할 수 있도록 함으로써 시장은 사회적 약자를 위한 사회정의를 실질적으로 향상할 것이라는 주장이 가끔씩 제기되곤 한다. 엄격한 경제적 관점에서 보면, 이와 같은 유사시장 정책은 교육체제의 사사화로 간주될 수 없다. 그러나 유사시장 정책은 공공 영역 기관들이 민간 영역 기관들처럼 작동하도록 요구하고, 개인이 사적인 소비를 결정하는 방식처럼 가족이 교육을 결정하도록 요구한다.

이러한 개혁들은 좀 더 평등한 사회가 되도록 하기보다는 더욱 불평등한 사회가 되도록 하는 것이기 때문에 좌파의 비판을 받았다. 즉, 이러한 개혁들은 서로 다른 계층과 인종 간의 교육성과를 평등하게 하려는 데는 뜻이 없고, 학생의 성적이 '하향 평준화'되는 것에 초점을 맞추며 개인의 자유를 추구하려는 데만 뜻이 있었다. 이와 같은 뜻이 좌파에게는 공정한 사회질서를 희생한 대가로 개인의 권리가 특권을 누리는 것으로 보였다(Connell, 1993).

하지만 비록 이러한 개혁은 '생산자의 이익'을 대변해 주는 시장의 힘(market forces)을 자극하기 위한 뉴라이트(New Right)의 전형적인 것으로 보일 수 있더라도 그것이 전부는 아니다. 특정한 공동체와 이익집단의 요구에 대응할 수 있는 다양한 유형의 학교를 성장시키려는 분명한 의도도 있었다. 이와 같은 주장은, 특히 학교교육 유형의 다양화가 서열화를 가져오는 것은 아니며 사회적 약자에게 어떤 도움이 될 수 있다는 주장을 통해 알 수 있다. 그리고 그와 같은 개혁들은 포괄적인 학교교육이라는 일차적 관념 또는 시민의식이라는 일차적 관념보다는, 다양한 정체성과 급진적인 다원화라는 개념과 더 관련되었다.

따라서 교육에서의 선택과 다양성을 주장하는 것은 표면적으로 시장 이데올로기에 부합되는 것일 뿐만 아니라, 개방적 · 민주적 사회의 관념과도 부합하는 것으로 보였다. 즉, 새로운 교육정책은 뉴라이트의 경계를 넘어선 잠재적인 호소성를 띤 것처럼 보이고, 사회정의에 공헌하는 것처럼 보였다. 신자유주의 교육개혁의 이와 같은 다원적인 강조는 뉴질랜드의 *Picot Report*에 잘 나타나 있다(Grace, 1991; Gordon, 1992). 영국에서는 교육개혁이 뉴라이트의 의제와 항상 관계되었고 신자유주의와 신보수주의 사이의 긴장상태와도 관계되었으므로 사회민주주의의 공정성이라는 의제가 약화되는 효과를 가져왔다. 하지만 Roger Dale(1994)에 따르면, 그 같은 긴장상태는 경제적 경쟁에 관한 영국의 백서에 신슘페터주의(neo-Schumpeterian)*의 의제가 나타나도록 만들었고, 환태평양의 많은 경제 국가들에서도 신자유주의 교육정책을 추구하도록 하는 데 영향을 미쳤다.

이 책의 3장에서 자세히 언급하였던 미국인 Chubb과 Moe(1992)는 영국에서 이루어진 신자유주의적 학교개혁을 다른 나라들도 따라서 해야 하는 '학교개혁의 모범'으로 간주하였다. 영국 보수당 정권의 질, 다양성, 학부모 선택, 학교자율성 그리고 책무성이라는 '다섯 가지 대주제'(DFE, 1992a)의 수사학은 다른 정치적 정권을 가진 많은 국가들에서도 이미 친숙한 것이 되었다(Whitty & Edwards, 1998; Whitty, Power & Halpin, 1998). 이와 같은 정책들은 지금까지 영국, 미국, 뉴질랜드, 호주와 같은 영어권

---

* **역자 주)** 경제 성장은 외부로부터 들어온 힘의 결과물이 아니라 경제 체제의 내생적 결과물이라는 점을 강조하는 성장이론을 말한다.

국가들에서 가장 뚜렷하게 나타났으며, 점차 다른 국가들로 확대되었다. 프랑스에서 정부가 사립학교에 대한 지원을 확대하는 것에 대한 대중적인 저항이 있었음에도 불구하고, 유럽의 많은 국가들에서 학교교육에 대한 규제 철폐를 확대하였다. 독일에서는 Manfred Weiss(1993)가 교육정책에 '다원화, 탈중앙집권화, 탈규제화, 더 큰 다양성, 학부모의 권한 부여'를 새로운 원리로 도입해야 함을 제안하였다. 심지어 환태평양의 '호랑이 경제'*의 한 국가인 타이완에서도 그동안 중앙집권적이고 규제적인 교육체제에 신자유주의적 교육정책의 변화가 일어났고, 일본에서도 학교선택이 새로운 교육정책으로 도입되었다(Green, 2001).

개혁의 이해

Tony Edwards, Sharon Gewirtz와 필자는 어느 범위까지가 영국 교육개혁 움직임의 일부인가를 생각해 보았는데, 일명 대처리즘으로 불리는 것보다 훨씬 넓고 깊으며 세심한 정책이라는 결론을 지었다. 특히, 우리는 이런 움직임들이 앞선 산업사회화와 관련된 광범위한 변화들이 고려된 교육정책과 얼마나 비슷한지를 생각하였다. 즉, 그것은—종종 포스트포디즘으로 묘사되는—그들이 경제적인 관점으로 옮긴 반응이라 볼 수도 있고, 좀 더 구체

★ **역자 주)** 아시아의 신흥 공업국, 특히 일본, 대한민국, 싱가포르, 홍콩, 태국, 타이완을 뜻한다.

적으로는 생산과 소비의 관점으로도 볼 수가 있다. 그리고 또한 '포스트모던' 시대의 생존의 신호표시 혹은 광범위한 사회 변화의 표현이라고 어느 정도 생각할 수도 있을 것이다. 처음에는 몇몇 학자들이 제안했던 것처럼, 개혁이 규칙 변화 방식의 수송 역할을 하면서 생산 영역을 다른 무대로 옮기는 학교와 복지 서비스처럼 이해될 수가 있었다. 또한 그들은 복지 체제하에서의 시장의 성립과 경제의 변화 사이에 일치성을 지적해 왔는데, 이는 곧 경제적인 것을 포디즘에서 포스트포디즘으로 축적하여 가는 형태라고 할 수 있다. 결국 그것은 대중적이고 집단적이며, 압박을 받는 것에 덜 가치를 두며, 이는 좀 더 구별되는 상품과 건강 · 교육 · 교통과 집의 분배에 좀 더 많은 가치를 두기 위함이다.

Stephen Ball과 같은 학자들은 학교교육의 형태가 대량 생산 시대의 '포디스트(Fordist)' 학교에서 '포스트포디스트(post-Fordist)' 학교로 새롭게 변화될 것이라고 주장하였다(Ball, 1990). 즉, 차별화된 소비에 적합한 유동적 방식으로 교육 전문화를 도모하기 위해, 새롭고 전문화된 학교가 출현하여 대량 생산에 초점을 두었던 구식의 일관된 학교교육 방식을 대신할 것으로 보았다. 이 같은 '포스트포디스트 학교'는 포스트포디스트하고 재능이 많으며 혁신적인 노동자를 만들어 내기 위해 고안된 것일 뿐만 아니라, 대량 생산과 대량 시장에서 벗어나 스스로가 포스트포디스트 방식으로 행동하게 하려고 고안된 것이다. 따라서 포스트포디스트식 사고방식은 학교경영 방식, 교육과정, 교육 및 평가에 어떤 의미가 내포되어 있다(Kenway, 1993: 115). 새로운 정책들은 그러한 변화를 반영할 뿐만 아니라 촉진하고 합법화한다.

하지만 교육과 생산이 직접적으로 대응된다고 가정하는 것에 문제가 있는 것과 마찬가지로, 포스트포디즘의 개념을 완전히 새로운 지배적 개념으로 간주하는 것에도 문제가 있다. 따라서 우리는 대량 생산적인 복지 체제에서 멀어지고, 유동적이고 개인적이며 주문에 맞춤식인 포스트포디스트식의 복지 체제를 경험할 것이라고 결론 내리는 것에 조심할 필요가 있다. 교육 분야에서는 대량 체제와 시장 체제 간의 구분을 명확히 하는 것이 어렵다. 영국에서 소위 '종합중등교육 체제'(comprehensive system)로 불리는 것은 대량 생산적인 복지 개념과 동질적인 것이 결코 아니었다. 사실 그것은 계층과 능력에 의해 항상 차별화되는 체제였다. 그러므로 최근의 변화에 좀 더 적합한 용어는 포스트포디즘보다는 네오포디즘(neo-Fordism)으로 간주하는 것이 옳다. 우리는 사회적 차이를 심화시키고, 그러한 현상을 새로운 수사학으로 합법화시키는 것을 현실 속에서 확실히 목격할 수 있다. 즉, 선택 · 전문성 · 다양성이라는 수사학으로, 보편적이고 종합적인 학교교육이라는 언어적 표현을 대체하는 것을 알 수 있다.

다음으로, 모던 사회 또는 포스트모던 사회 본질의 폭넓은 변화를 논하는 데, Jane Kenway와 같은 학자들은 교육에서의 빠른 시장화 현상을 포스트포디즘보다는 포스트모던 현상을 통해 가장 잘 이해할 수 있다고 하였다(Kenway, 1993). Kenway는 포스트모더니티에 의해 초국적인 법인과 그에 따른 수많은 부속물이 생겨나고, 사람은 문화적 · 경제적 의사소통 망에 접속되어 개인적 · 집단적 정체성을 형성하고 재형성하게 될 것이라며 비관적인 관점을 보였다(Kenway, 1993: 119). 그리고 '차이'의 관념은 '문화의 세계화'에 의해 없어지는 것이 아니라, 오히려 두드러지게 나타나고 상품화되며 착취될 것으로 보았다(Robins, 1991).

그러나 포스트모더니티의 수사학인 '새로운 시대'가 선택과 다양성이라는 좀 더 긍정적인 이미지를 제공해 준다는 설명도 있다. 이와 같은 맥락에서는, 개혁이란 근대적이고 관료적인 국가 중심의 교육체제로부터 벗어난다는 것으로 간주된다. 근대적이고 관료적인 국가 중심의 교육체제는 21세기의 이질적인 사회에서는 실패한 것이며 부적합한 것으로 간주된다. 하지만 학교교육의 다양성을 향한 이러한 움직임은 특정한 공동체와 이익집단의 요구를 반영하는 것이고 현대의 정치적 · 경제적 · 문화적 차이의 복잡한 패턴의 결과로 간주하지만, 대중교육이라는 보편적 체제를 지향하는 것과는 구분된다.

이 책의 3장에서 살펴보았듯이, 학부모의 선택과 학교자율성을 강조하는 교육개혁은 사회적 약자에게 도움이 되지 않고 오히려 교육시장에서 불리해지도록 한다는 실증적인 증거들이 상당히 많다(Smith & Noble, 1995). 또한 대중이 선호하는 학교와 그렇지 않은 학교 간에 서열화가 더욱 강화되어, 학교교육에 있어서 수평적인 다양성보다는 수직적인 위계가 더욱 뚜렷하게 나타나고 있다(Whitty, 1994). 따라서 학교선택과 학교자율성이라는 개혁의 결과는 시장의 힘(market forces)의 '자유로운' 상호작용을 통한 다양성을 도모하는 것이 아니라 계층화를 더욱 증가시킨다는 위험이 있다. 이와 같은 상황에서, 가장 '성공적인' 학교에서는 사회적으로 유리한 여건에 있는 아동에 의해 불균형이 생기고, '실패하는' 학교에서는 사회적으로 불리한 여건에 있는 아동에 의해 불균형이 생긴다.

Whitty 등(1993)이 쓴 책에서, 학교선택과 학교자율성이라는 개혁은 특히 영국의 도시 내에 거주하는 노동자 계층과 흑인에게 불리한 결과를 가져다줄 수 있음을 분명히 지적하였다. 또한 노동자 계층과 흑인같이 사회적으로 불리한 여건에 있는 집단은 사회민주적 정책하에서 교육 자원을 결코 공평하게 분배받지 못하며, 유사시장을 지향하는 계획을 포기한다고 해서 그들에게 공정한 혜택이 돌아갈 수도 없음을 지적하였다. 이질성을 지향하는 현대의 흐름을 고려하기 위한, 새로운 사회질서의 표시로서 다원화와 지역적 내러티브는 우리로 하여금 현상적 형태를 구조적 관계로 잘못 파악하도록 하는 것 같다. 계층 갈등의 중요성을 거듭 주장한 Callinicos(1989)처럼, 포스트모더니즘과 포스트모더니티 이론의 마르크스주의 비평가들에게 이와 같은 관점이 있다.

비록 현재의 교육정책이 변화하는 경제적 · 정치적 · 문화적 사항들에 반응하고는 있지만, 질적으로는 사회발전의 새로운 국면에 접어들었다고 말하기 어렵다. 사회적 · 문화적 차이의 패턴 속에서의 제한된 변화와 함께 새로운 형태들의 축적에도 불구하고, 연속성이 있는 것은 불연속성이 있는 것만큼 분명한 것 같다.

하지만 Michael Apple과 필자가 주장하였듯이(Apple & Whitty, 1999), 교육사회학 내의 개념적 불연속성이 그러한 사실을 인지하는 것을 더 어렵게 만들 것이라는 진짜 위험이 있다. 교육연구 면에서 포스트모던과 탈구조적 문헌의 성장으로, 우리는 이전의 사회학적 분석의 전통에서 너무 빨리 멀어지는 경향이 있다. 새로운 관점의 측면—지배적인 관계를 하나의 설명으로 가능할 수 있다는 착각을 거부하는 것, 정치적 맥락에서 실제적이고 미시적인 것에 초점을 맞추는 것, 권력과 지식이 복잡한 관계를 형성하고 있다는 것을 깨닫는 것, 계층 · 성(gender) · 인종이라는 '삼위일체'를 넘어서 정치적 관심을 확대하는 것, 다양성과 이질성을 강조하는 것, 고착화되지 않으면서 정치적 투쟁의 정체성을 갖는 탈중심적 사상을 갖는 것, 생산뿐만 아니라 소비의 정치학과 실제에 초점을 맞추는 것—이 분명히 도움이 되기는 하지만, 사회계층과 같은 개념들이 모든 것을 설명해 주지는 못한다는 사실이 사회계층의 힘을 부인하기 위한 변명으로 사용되어서도 안 된다.

비록 계층이 범주로서 무엇을 의미하고 어떻게 작동하는지는 계속 분석하고 고려해야 할 필요성이 있지만, 이러한 사실이 계층이라는 개념이 사회학적 개념으로 충분하다는 것을 의미하는 것은 아니다. 그리고 역설적이게도, 계층은 John Major와 Tony Blair 등의 정치인이 선거 목적으로 계층을 부인하거나 활용하려는 시도를 이해하는 데 매우 도움이 된다(Aronowitz, 1992). 따라서 필자는 Philip Wexler(1992)의 견해—계층의 차이가 학교와 사회에서의 삶에 항상 결정적인 영향을 미친다—에는 동의하지 않지만, 그렇다고 계층의 차이를 교육에 관한 비판적 연구의 주변부적인 것으로 간주하는 것은 현대의 교육을 파악하는 데 잠재적 가치가 있는 중요한 분석적 도구를 부정하는 것임도 우리는 알아야 한다고 생각한다. 자본주의는—정치인이나 다양한 '새로운 이론들'을 통해—변형될 수도 있지만, 거대한 구조적 세력은 그대로 남게 된다. 많은 사람은 계층을 본질로 한 이론을 바탕으로 생각하고 행동하지 않는 것 같다. 하지만 인종적 · 성적 · 계층적 구조에 따라 인이 받는 대우가 달라진다는 것은 엄연한 사실이며, 경제적 생산과 문화적 생산의 관계가 교육에도 그대로 영향을 미친다는 것도 엄연한 사실이다(Apple, 1996).

국가와 시민사회

사회변화에 대한 정책적 대응과 관련해서는 연속성과 변화의 변증법이 일어나는데, 이것은 Roger Dale(1990)이 사용한 '보수적 현대화(conservative modernization)'라는 말로도 잘 표현된다. 보수적 현대화란, '사회적 목적을 위해 개인을 통제하면서도 개인의 경제적 목적을 위해서는 자유롭게 해 주는 정책'을 뜻한다. 이러한 정책은 영국의 Thatcher 정부와 신노동당 정부의 교육정책에서 핵심적인 특징이었다. 신보수주의 정책과 신자유주의 정책은 서로 간에 경쟁이 일어났고, 또한 교육개혁에서 전통적인 사회민주주의적 접근과도 마찰을 가져왔다.

우리는 현재의 교육정책이 과거의 문제점을 개선하기 위한 새로운 방법으로 알고 있지만, 실제로는 국가의 교육정책에 대한 규정이 확실히 변하였다. 유사자율성을 지향하는 학교들이 세계 곳

곳에서 나타나듯이, 영국에서도 그동안 국민 전체의 요구에 부응하기 위해 집단 중심적인 교육을 지향하는 것에서 벗어나 유사자율성을 지향하는 여러 가지 새로운 유형의 학교가 운영되고 있고 점점 더 확대되고 있다. 이와 비슷한 개혁들이 비단 교육에만 나타난 것이 아니라 보건 및 주택 분야에도 도입되었다. 중앙정부와 개인 기관들 사이에서 민주적으로 선출된 정부 또는 행정에 진보적 인사들의 부족에 따라, 공공단체에 의한 전통적인 정치와 관료적 통제가 약해지고 그 자리를 시장의 고객을 위해 예산을 경쟁하고 시장의 책무성을 강조하는 체제인 유사자율성을 지향하는 기관들이 대신하고 있다. 교육과 같은 공공서비스 영역에서의 이러한 행정적 변화는 전통적인 케인즈주의적 '복지국가'가 더 이상 효과적으로 기능할 수 없는 상황에서, 국가가 직면한 여러 가지 문제들을 해결하기 위한 새로운 방법으로 보일 수도 있다(Dale, 1989).

유사자율성을 지향하는 기관은 국가로부터 재정을 지원받지만 그 운영 면에서는 상당한 자율성을 추구하는데, 이는 교육을 정치적 이슈로부터 멀어지게 하려는 움직임으로 나타난다. 영국에서는 교육이 교육개혁을 수반하는 정치적 수사학으로 정치학의 논리에서 벗어나야 한다고 제안하여 왔다. 영국의 보수당 교육부 장관이었던 John Patten은 교육에 관한 권한을 중앙이나 지방으로부터 가져와서 그것을 학부모와 학교행정가에게 이양시킴으로써 교육의 '탈정치화'를 추구하는 것이 목적이라고 강조하였다(Riddell, 1992).

Manfred Weiss(1993)는 이러한 교육개혁이 내세우고 있는 논리, 즉 교육에 관한 의사결정의 책무성을 국가로부터 가져와서 시장의 힘(market forces)과 개인 그리고 시민사회 내에서 작용하는 집단들에 이양함으로써 교육개혁이 성공할 것이라는 것에 의문을 나타낸다. 실제로, 영국에서는 이와 같은 교육개혁이 학교의 자율권을 제공해주면서 동시에 교육에 관한 지방의 권한을 중앙정부로 가져오는 것이 병행되고 있다. 이런 과정을 통해, 정부는 교육 비용을 절감할 수도 있고 뒤쳐진 학교에 대한 경영의 책임을 물을 수도 있게 되었다. 이 과정은 국가의 권한을 시장과 시민사회의 기관에 이양시키면서 새롭게 나타나는 교육행정의 특징이다.

비록 사회변화의 기초가 되는 정도가 여러 가지 분석 형태에 의해 쉽게 과장될 수 있지만, 교육 안팎의 정치적 투쟁의 맥락과 담론은 개혁에 의해 현저하게 변경되어 왔다. 교육개혁은 국가 본질의 변화를 나타낼 뿐만 아니라, 그 자체로 국가의 역할 및 국민이 국가에 기대하는 방식을 변화시키기 위한 시작이 된다. Andy Green(1990)은 영국, 프랑스, 미국의 『교육과 국가 형성(Education and State Formation)』이라는 중요한 역사적 연구를 통해, 교육은 근대 사회에서 국가의 중요한 역할을 하였을 뿐만 아니라 18, 19세기의 국가 형성 과정에서도 핵심적인 역할을 하였다고 지적하였다. 필자는 교육정책의 현재와 같은 변화는 국가의 본질을 재정의하는 것이고 국가와 시민사회 간의 관계를 재설정하는 것임을 강조하는 바다.

시민권리보다 소비자권리가 사회적 사무에 점점 더 강해지고 있는 경향은 교육에도 그대로 반영되어, 국가가 교육을 책임지고 공적으로 운영하는 것에서 멀어지는 대신 학교가 시장의 고객을 위해 경쟁하는 체제로 바뀌도록 만들었다. 또한 사회적으로 국가가 주도하는 복지 정책은 몰인정적인 관료주의적 복지 정책이라는 비판이 제기됨에 따라 사회정의를 위한 잠재적 중요성을 띠는 교육의 의사결정의 주요한 측면도 공적인 것에서 사적인 것으로 바뀌게 되었다. 이미 계층화된 사회에서의 원자화된 의사결정은 사회적 약자에게 도움을 주고자 하는 단체적 투쟁의 가능성을 감소시킨다. Henry Giroux와 Peter McLaren은 "경쟁, 사회이동, 정보에의 접근, 관료주의와의 관계, 아동을 위한 적합한 건강과 음식의 제공은 모든 가정이 동등하게 소유하는 자원이 아니다." (Giroux & McLaren, 1992)라고 지적한다. 이러한 이유 때문에, 교육의 의사결정의 주요한 측면이 공적인 영역에서 사적인 영역으로 바뀌는 것은 사회적 약자에게 혜택을 제공하고 보호해 줄 수 있는 범위를 축소시키며, 사회적 약자가 불이익당하는 것을 강화시킨다.

새롭게 추구된 교육정책이 공공 안전을 위한 최소한의 복지를 넘어서는 복지의 책임은 전적으로 개인과 가족에 있다는 사상을 촉진함으로써 국가의 책임은 작아진 반면, 시민사회는 시장의 논리에 더욱 영향을 받게 되었다. Foucault는 시민사회의 개념에 관한 많은 기원들 중에서 중요한 한 가지는 18세기 후반의 자유경제학자들이 국가의 커져 가는 행정적 힘을 제한하고 경제 영역의 자율성을 보호하기 위해 시도된 것이라는 점을 지적하였다(Kritzman, 1988). 그리고 1960년대와 1970년대의 일부 급진적인 교육자들은 이러한 관점으로 국가의 규제를 지양한 채 일련의 사회적 관계가 형성되기를 희망하였다. 이들은 시민사회를 공적 영역인 것으로 간주하였고, 만약 개인이 각자 활동적인 시민의식을 가질 수만 있다면 그 결과로 이득이 나타날 것이라고 봄으로써, 시민사회에 관하여 다른 개념을 가졌다.

그러나 교육이 점차 국가에서 시장화된 시민사회로 이양됨에 따라, 소비자권리가 시민권리보다 우세하게 되었다. 이 현상은 민주주의적인 논의와 단체 행동을 위한 기회를 축소시켰다. Janet McKenzie(1995)는 비록 교육이라는 것이 광범위한 영역에 걸쳐 있고 많은 사람과 관련되는 것이기 때문에 단정적으로 속단할 수 있는 것은 아니지만, 그동안 교육이 공적 영역에서 점점 배제되어 왔다고 강조하였다. 예를 들면, 영국 · 미국 · 뉴질랜드 · 호주 등의 국가들에서 시행해 왔던 학교선택과 학교자율성을 지향하는 신자유주의적인 교육정책은 교육에서 전통적으로 강조되어 왔던 시민권리를 무시하는 것이었다. 그리고 Andy Green(1994)이 소위 '신자유주의' 또는 '포스트모던 성향'이라고 불렀던 교육정책은 유럽 국가들을 비롯한 효과적인 국가 주도적 교육체제를 지향하는 나라들에서는 그다지 반영되지 않았다. 비록 최근에는 이 국가들에서도 신자유주의적인 관점이 조금이나마 반영되는 경향이 있다고 할지라도, 이 국가들은 사회적 연대와 국가적 결속을 촉진하는 데 도움을 주는 계획적 교육체제의 핵심 역할을 쉽게 포기하지는 않을 것이다.

하지만 사회적 연대와 국가적 결속이 민주주의적 시민의식의 권리로서 똑같은 것은 아니다. 영국에서는 Thatcher 정부의 국가교육과정에 의해 국가의 개입이 유지되었으며, 사실상 강화된 측면도 있었다. 이 책의 2장에서 살펴보았듯이, 영국의 국가교육과정은 영어, 수학, 과학의 세 가지 '중핵 교과'와 일곱 개의 '기초교과'로 구별하여 달성 목표를 설정하였다. 뉴라이트의 일부 극단적인 신자유주의자들은 이 같은 국가교육과정을 시장에 대한 좌파적인 특성으로 간주하였으나, Thatcher 정부는 힐게이트 그룹(Hillgate Group)과 같은 신보수주의 압력단체의 주장을 더욱 받아들였다. 힐게이트 그룹은 비록 시장의 힘(market forces)이 국가교육과정보다는 학교중심 교육과정의 방식을 가장 바람직한 것으로 보더라도, 국가 내의 모든 학교들에 적용될 수 있는 국가교육과정의 중앙집권적 힘이 필요하고, 그러한 힘을 통해 교육의 기준과 전통적 가치를 위협하는 '진보주의적 교육체제'를 막을 수 있다고 주장하였다.

따라서 영국의 Thatcher 정부와 힐게이트 그룹은 학부모가 바라는 새롭고 자율적인 학교가 출현하는 것에 대해서는 긍정적으로 보면서도, 시장의 힘(market forces)에 대해서는 학생에게 영국사회의 전반적인 행복과 증진을 위해 필요로 하는 지식과 이해를 제공하는 범위 내에서 인정하였다. 힐게이트 그룹은 유럽의 보편적인 문화의 일부분으로서 영국의 문화를 잘못된 상대주의를 위해 희생해서는 안 되며, 잘못된 상대주의의 강점과 약점을 깨닫지 못하는 사람들의 잘못된 관계에서 벗어나야 한다고 제안하였다(Hillgate Group, 1987).

신보수주의자들은 학부모의 선택을 지지하면서도, '서구 사회의 전통적 가치를 수호하는 사람 그리고 비록 그 뿌리가 다를지라도 유럽 문화의 보편성과 개방성이 그것을 알리는 데 가장 정당성을 갖는 것임을 깨닫는 사람'을 특히 지지하였다(Hillgate Group, 1987). 이러한 담론은 지배적인 사회질서에 잠재적인 도전이 될 만한 것을 제거하면서도 차이를 인정시키는 데 효과적이었다. 그리고 영국의 국가교육과정은 그 내용의 채택과 평가의 양식을 통해, 개방적이고 관대한 사회로 증진하기보다는 개별적이고 위계적이며 국가주의적인 문화로 증진하는 결과를 가져왔다.

교육적 의사결정의 관점에서, 국가교육과정의 예는 국가가 그 책임을 재시장화된 시민사회에 양도한 것만이 아니라는 점을 나타낸다. 영국의 경우에는 교육의 중대한 측면에 관한 규제를 폐지함으로써 국가가 사회정의를 구현할 책임을 포기하였지만, 교육에 대한 특정한 이해관계와 관련해서는 오히려 국가의 권력을 증대시켰다. Janet McKenzie(1995)는 영국 정부가 소비자 주권에 관한 이론적·피상적 운동을 증진하면서도 교육체제에 대한 권위를 실질적으로 증대시켰다고 주장하였고, Kevin Harris(1993)는 그러한 경우가 더욱 일반화되었다고 주장하였다. 교육의 어떤 측면은 사적 영역으로 전환되어 '사사화'되었고, 교육의 또 다른 측면은 민주주의적 논쟁에 의해서가 아니라 국가의 명령에 의한 사안으로 되었다. 따라서 교육정책은 강한 국가와 자유로운 경제를 만들어 내는 광범위한 프로젝트의 한 부분으로 간주되었다(Gamble, 1988).

물론, Foucault는 국가를 단순히 나쁜 것으로 간주하고 시민사회를 순전히 좋은 것으로 간주하는 것에 대해서 경고한다(Kritzman, 1988). 그러나 우리는 시민사회가 시장화되어 가는 현실에 대해서는 정신 차려야 한다. 어떤 사람은 과거의 교육에 대한 국가의 역할을 비판하였으면서도 시장의 불공정성의 해결책으로서 국가를 제시하는 경향이 있다. 더욱이, 시민사회에 관한 그람시주의자의 관점은 비록 시장화되지 않은 시민사회일지라도 그것을 단순히 시민 권리의 저장소로만 보거나 국가에 대한 효과적인 균형 세력으로만 보는 것을 경계한다. 하지만 만약 모든 사회적 관계가 강한 국가와 자유로운 경제의 관념으로만 조정된다면, 국가나 시민사회는 사회정의가 추구될 수 있는 적극적인 민주주의 시민의식의 맥락이 되지는 못할 것이다.

시민권리의 재강조

갈수록 원자화되는 사회에서 대부분의 의사결정이 개별화되어 가는 현실의 상황을 바꾸기 위해서는, 공통된 교육체제가 필요하고 사람들이 단체로 투쟁할 수 있는 권한이 부여되는 것이 필요하다. 그러나 교육에서의 시민권리를 지속적으로 강조하는 것은 국가와 시장화된 시민사회 사이에 새로운 공적 영역의 발전을 요구한다. 즉, 새로운 단체적 연합의 형태가 발전하는 것이 필요하고, 결국은 그 자체가 민주적 통치의 새로운 형태로 발전될 수 있다. 보수당이 지배하는 영국에서는 이미 너무 많은 것이 시장의 논리로 바뀌었고, 일부 소비자가 누리는 자기이익과 일부 학교가 얻는 경쟁적 혜택의 논리로 결정되었으며, 일부 학부모와 학교는 시장의 논리가 더욱 세분화되도록 추구하였다. 공동체의 폭넓은 혜택을 위해 운영되어야 하는 이러한 공공 기관들이 점차 그 기능을 잃게 되었다.

스코틀랜드에서 학교선택의 교육정책이 불공정한 결과를 초래하였다는 것이 알려진 직후, Michael Adler(1993a, 1993b)는 선택을 신중하게 수렴하면서도 문제가 되는 결과를 피할 수 있는 방안을 제안하였다. 그가 제안한 방안들로는 ① 모든 학교들을 위한 교육정책의 책임을 교육당국이 가질 것, ② 학교가 특성화될 수 있도록 장려할 것, ③ 선택하기에 유리한 위치에 있는 사람만을 위한 것이 아니라 모든 사람들을 위한 선택이 되도록 할 것, ④ 굳이 학부모의 의견이 필요 없는 의사결정에는 교사와 학생을 참여시킬 것, ⑤ 지원자가 초과 신청된 학교에는 가장 강력하게 지지를 받은 지원자에 대한 우선권을 줄 것 등이 있다. 이 제안들은 서로 다른 주장과 요구가 있는 상황에서 어떤 것을 결정하기 위해 요구되는 규칙과 절차가 될 수 있다.

이와 비슷한 제안들이 영국, 호주, 네덜란드, 뉴질랜드, 스웨덴 그리고 미국에서 있었던 학교선택 교육정책들에 관한 OECD 연구에서도 나타났다. 이 연구에서는, 학교교육이 사회에 지배적인 영향을 형성하는 나라들에서는 학교선택이 교육의 기회와 학교

교육의 질에서 서열화를 가져온다고 결론을 내렸다. 또한 특정 학교를 선호하는 압력에 의해 학교교육의 진정한 다양성이 실현되지 못하기 때문에, 진정한 선택이 이루어지도록 하기 위해서는 적극적인 지원 방안과 체계가 요구된다고 하였다. 구체적으로, 학교선택이 대학 선발과 사회 선발에 유리해지는 조건이 되는 경향을 피하기 위해서는 일부 학교가 아닌 일반 대다수의 학교가 발전할 수 있도록 적극적인 인센티브를 제공해 주는 것이 필요하고, 사회적 약자에게 양질의 정보가 잘 전달될 수 있도록 해 주어야 하며, 이들이 특정한 학교에 특별히 입학할 수 있는 기회를 제공해 주는 것이 필요하다고 하였다(OECD, 1994). 이 제안들은 학교선택의 쟁점에 어떤 문제가 있고 그 문제를 해결하기 위해서는 어떻게 해야 하는가를 알려 준다.

Raymond Plant는 시장에서 나타나는 결과는 의도한 것도 아니고 예측할 수 있는 것도 아니기 때문에, 시장은 공정하게 작용한다는 신자유주의의 주장을 정면으로 반박하였다. 그리고 "시장의 메커니즘에 의해 이미 사회적 약자가 더욱 불리해지는 것을 예측할 수 있다면, 우리는 그러한 문제의 메커니즘을 바꿀 수 있는 조건으로 그 결과에 대한 단체적 책임을 질 수 있다."(Plant, 1990)라고 하였다. 하지만 뉴라이트 정부에 의해 교육 영역에서 사라진 것과 만들어진 것에 관해서는 논쟁의 소지가 남아 있다. Foucault는 노동조합과 정치정당과 같이 자신을 새로운 연합의 형태라고 불렀던 것은 19세기에 국가의 특권에 균형을 맞추기 위해 나타난 것이었고, 그러한 것이 새로운 사상의 온상으로 작용했음을 지적하였다(Kritzman, 1988). 그런데 우리는 이 연합의 형태가 현대에서는 국가의 특권뿐만 아니라 시장의 특권에도 균형을 맞추기 위한 것임을 고려하여야 한다.

그러나 만약 새로운 접근이 그 이전의 접근보다 더욱 합법적인 것으로 된다면, 어떤 새로운 기관이 새로운 접근을 촉진하도록 도움을 제공하겠는가? 새로운 기관은 확실히 여러 가지 다양한 형태를 띠게 될 것이고, 그 사회에 맞는 형태를 띠게 될 것이다. 새로운 기관은 정착하기 위해 분투할 것이고, 어떤 기관은 다른 기관보다 주도권을 잡은 법인에 더 개방적일 것이다. 그리고 시장화된 시민사회는 관리될 필요성이 있다는 모순을 스스로 만들어 내기 때문에, 또 다른 기관은 국가에 의해 실질적으로 만들어질 것이다. 따라서 교육의 통제가 수반되는 새로운 기관적 형태를 만들어 내기 위한 상향식 및 하향식 압력이 모두 작용할 것이다.

공동체 교육 포럼(Community Education Forums) 또는 이와 유사한 형태가 영국과 뉴질랜드의 노동당에 의해 여러 차례 진행되어 왔다. 하지만 만약 이러한 포럼이 21세기의 교육에서 시민의 민주주의적 권리를 재강조하는 적합한 방식을 제공하고자 한다면, 우리는 포럼의 구성 · 본질 · 권력에 좀 더 신중한 고려를 할 필요성이 있다. 또한 포럼은 현대 사회에서 정치적 연합의 전통적인 형태의 성(gender) 편견에 대한 비판에도 반응할 필요가 있다. 따라서 만약 우리가 합법적 이익의 대표자들과의 교육적 의사결정에서 책임을 지지 않는 개인, 정부기관, 개인 컨설턴트의 역할을 대체하고 싶다면, 어떤 형태의 대표단을 요구해야 하는가? 역설적이게도, 현재 영국의 민주주의 형태를 띤 교육에 관한 의사결정보다 19세기에 직접적으로 선출된 교육위원회에서 했던 교육에 관한 의사결정이 더 적합한 것처럼 보인다. 19세기의 교육위원회는, 모든 주요 정치적 집단과 종교적 집단이 비례적 대표자라는 진보된 형태로 교육위원회의 대표자가 될 수 있었고, 이를 통해 정책 결정에 진정한 동의를 성취할 수 있었다(Simon, 1994: 12).

우리는 새 시대의 공동체 이익을 나타내 줄 수 있는 적합한 선거구(constituencies)로 무엇을 요구해야 하는가? 어떤 민주주의 형태가 현대 공동체의 복잡성을 잘 나타낼 수 있는가? Chantel Mouffe(1992)가 제안했듯이, 만약 급진적 다원주의자의 시민의 개념이 특이성을 부인하지 않고 조화를 만드는 것이라면, 우리는 어떻게 그러한 것을 실질적으로 나타낼 수 있는가?

오래된 과거의 질서로 곧바로 되돌아가는 것은 적합한 것도 아니고 현명한 것도 아니다. 보편적인 학교를 옹호하는 교육에 관한 사회민주주의적 사상의 접근은 점차 증가하는 전문성과 사회적 다양성의 요구에 직면하고 있다. Bob Connell은 "정의(justice)는 모든 사회계층의 아동에게 똑같은 양의 표준화된 선(good)을 분배해 주는 것으로는 성취될 수 없다. ……여기서 '선'이란 지배계층과 노동계층의 자녀에게 서로 다른 것을 의미하고, 이들에게 서로 다른 것을 하도록 하는 것이다."(Connell, 1993)라고 주장하였다.

James Donald(1990)는 순전한 인류 평등주의보다는 참여와 분배적 정의에 기초한 접근을 요구하였고, 공유된 인간애보다는 문화적 이질성에 기초한 접근을 요구하였다. 하지만 David Hargreaves(1994)는 우리가 독립적이고 차별성이 있으며 전문화된 학교의 체제를 장려해야 하고, 또한 모든 학교에서의 시민교육의 중핵 프로그램을 강조함으로써 공통된 시민의식도 거듭 강조해야 한다고 주장하였다. 필자의 관점에서 볼 때, Hargreaves는 신자유주의 교육개혁이 학교와 사회 사이에 존재하는 불평등을 더욱 악화시키는 효과를 가진다는 점에 대해 충분한 주의를 기울이지 못했을 뿐만 아니라, 일반 시민의 실제 의식에 해를 끼치는 시장의 잠재적 교육과정의 무서운 힘에 대해서는 과소평가하였다. 이에 관해서는 이 책의 다음 장에서 자세히 살펴볼 것이다. 개인의 선택과 학교의 자율경영은 그것의 실현으로 혜택을 보는 사람에게 자기합리화를 제공해 주게 되며, 단순히 시민의 책임감을 가르치는 것만으로는 그러한 문제에 관한 효과적인 균형을 제공해 주지 못한다.

필자가 여기서 진정으로 강조하고 싶은 것은 현대 사회의 본질이 변화하므로 이에 따라 21세기의 학교의 본질도 변화되어야 할 뿐만 아니라, 학교에 관한 의사결정의 방식에서도 변화가 일어나야 한다는 것이다. 만약 우리가 교육에 관한 의사결정의 원자화를 피하고 싶고 학교교육의 분열과 양극화를 피하고 싶다면, 우리는 일부가 아닌 전체 사회를 위해 적합한 제도적 정비와 교육과정의 정비를 할 필요가 있고, 이러한 정비를 위한 새로운 상황을 만들 필요가 있다. 그리고 이러한 변화를 위해서는 교육정책에 시민의

권리가 반영되도록 하기 위해 공적 영역 내에서 새로운 형태의 연합이 요구된다. 이를 통해 시민사회—점점 더 국가의 기능이 제한되고 시장화된—가 강화되는 현재의 흐름에 반대되는 주장을 강조할 수 있다. 만약 우리가 교육의 의제가 공정성을 기하도록 바란다면, 공교육의 종말과 은밀히 결탁할 것이 아니라—심지어 그러한 문제에 대한 비판도 하지 않을 것이 아니라—우리는 민주주의적 삶의 한 부분으로서 그리고 합법적인 공적 영역의 한 부분으로서 교육적 의사결정을 하는 새로운 방식을 모색해야만 한다. 이러한 쟁점들에 관해서는 이 책의 다음 장에서 좀 더 심도 있게 살펴볼 것이고, 신노동당의 구체적인 정책에 관해서는 이 책의 마지막 장에서 살펴볼 것이다.

| 추가 참고도서 |

Apple, M.(1996). *Cultural Politics and Education*. Buckingham: Open University Press.

Halsey, A. H., Lauder, H., Brown, P., & Stuart Wells, A. (Eds). (1997). *Education: Culture, Economy, Society*. Oxford: Oxford University Press.

Hill, D., McLaren, P., Cole, M., & Rikowski, G. (Eds.) (1999). *Postmodernism in Educational Theory*. London: Tufnell Press.

Chapter

6

유사시장의 명시적 교육과정과 잠재적 교육과정

이 장에서는 명시적 메시지와 잠재적(숨겨진) 메시지를 가르치는 교육과정에 관한 교육정책을 중점적으로 살펴본다. 시장원리를 따르는 개혁의 잠재적 메시지들은 변화하는 세계 질서를 위한 교육 문화와 정체성을 구성하는 데 명시적 메시지들만큼이나 중요한 것임을 살펴본다. 또한 명시적 메시지들의 어떤 부분이 안정된 국가적 문화에 기초한 오래된 질서를 방어하기 위해 작용하는지 살펴본다. 그리고 이러한 현상 때문에 발생하는 모순과 기회를 이해하는 데 우리가 소위 '신교육사회학'이라고 불리는 것으로부터 나온 개념적 자원들이 도움이 될 수 있음을 살펴본다.

영국의 Margaret Thatcher 정부 시절에 교육과학부의 차관이었던 Bob Dunn은 1988년 런던에서 있었던 영국경제연구소의 연설에서, 모든 학교에서 Adam Smith의 생애와 가르침에 관한 내용을 의무적으로 가르쳐야 한다고 하였다(*Education*, 1988. 7. 8. 인용). 역설적이게도—의도되었는지는 모르겠지만—자유시장 주창자들의 사상이 영국과 여러 나라의 공교육을 재구조화하는 데 매우 강한 영향을 미치게 되었다. 학교교육의 시간표상에는 Adam Smith의 생애와 가르침이 선정되지 않음을 알 수 있지만, 그렇다고 해서 신자유주의의 내용이 가르쳐지지 않는 것은 아니라는 점을 알아야 한다. 따라서 이 장에서는 최근의 개혁에 관한 명시적 교육과정과 잠재적 교육과정 모두에 관해 살펴보고, 또한 학교에서 '뉴라이트'의 내용을 가르치는 이유에 관해 살펴본다.

교육의 시장화

이 책의 앞부분에서 살펴보았듯이, 공교육 체제는 빠르면서도 광범위한 개혁의 과정에 있다. 많은 국가들에서 시장의 힘(market forces)의 적용을 통한 정부, 학교 그리고 학부모 간의 관계를 다시 형성하려는 교육정책들이 시도되었다. 영국, 호주, 뉴질랜드, 미국뿐만 아니라 칠레, 스웨덴, 남아프리카와 같은 서로 다른 역사적 배경을 가진 국가들에서도 이러한 교육정책들이 도입되었다. 이 책의 5장에서 살펴보았듯이, 이 흐름은 세계화의 경제적 · 정치적 · 문화적 과정과 관련 있으며, 또한 '포스트포디즘'과 '포스트모더니티'와도 관련 있다. 이와 같은 전환의 궁극적인 중요성이 무엇이든지 간에—비록 Dale(1994)은 일련의 정치적 · 경제적 변수들이 세계화의 과정에 반응하는 서로 다른 교육체제의 방식에 영향을 미칠 것이라고 말하였지만—국가의 역할이 변화되고 있다는 것만은 분명하다.

교육을 제공하는 데에서의 이러한 변화는 중요한 것을 내포하고 있다. 공교육 쇠퇴의 충격에 관심을 둔 많은 연구들은 효율성 · 효과성 · 공정성에 초점을 맞추겠지만, 그것은 교육적 전환의 본질에도 영향을 미치게 된다. 학교 및 학교의 구조와 통제에 대한 기업의 관여와 학생에게 전달되는 메시지의 형식 및 내용 간의 연계성은 직접적이지 않을 수 있지만, 그것이 함축하는 중요성에 대해서 절대 과소평가해서는 안 된다.

Green(1997)은 교육의 시장화와 이에 따라 나타나는 국가 관여의 축소는 사회적 결속력의 결핍을 가져올 것이고, 그 결과로 경제 발전의 약화를 초래할 것이라고 하였다. 하지만 일부 학자들은 새로운 시대에 더욱 적합한 새로운 형태의 정체성을 가르치는 교육체제가 필요함을 주장하기도 한다. 이들은 국가가 관여하는 교육체제로는 훈련된 노동자와 충실한 인력을 배출하는 것이 어려울 뿐만 아니라 세계화가 이데올로기의 필요성도 없애 준다고 주장한다. 이와 같은 주장에서 보면, 초국가적 경제의 출현으로 오래 지속되었던 질서는 사라지게 된다.

기업을 위한 교육과정?

전통과 문화를 지배하는 세계적 시장의 추세를 가늠할 수 있는 하나의 지표로서 학급 내에 기업의 이익이 점차 증가하여 나타난다는 점을 들 수 있다. 교육과정의 관대한 휴머니즘은 비즈니스와 산업으로 선전하는 신자유주의적 소비주의에 의해 점차 잔혹하게 대체되었다. 학교교육과정은 전통적으로 상업적 세계를 초월하는 것이고 상업적 세계와 거리를 두는 것이기 때문에, 교육의 시장화는 이 두 영역 간의 새로운 친밀함을 위장한다.

교육과정의 상업적 침투력은 많은 나라들에서 확연히 드러나고 있다. 예를 들면, 미국에서는 상업적 인공위성 네트워크인 채널 원(Channel One)이 학생들의 90%가 거의 매일 그 채널에서 제공하는 뉴스와 광고를 시청한다는 조건으로 학교에 공짜 모니터를 제공한다. Molnar(1996)는 이 외에도 기업이 추구하는 비즈니스를 학교가 수용하도록 유인하여 자신들의 생산품을 증진하려 한다는 예들이 많이 있음을 지적한다. 미국에서와 마찬가지로, 영국에서는—미국과 마찬가지로—슈퍼마켓 체인점에서 상환권(voucher)으로 준비물을 구매할 수 있도록 하여, 예산 압박을 불러일으키고 공공 통제로부터 벗어나려는 책략이 있다(Roberts, 1994). 또한 영국에서는 상업적으로 후원을 받은 교육과정 내용들이 증식되어, 소비자의 이익을 보호하기 위해 고안된 독립적 조직에서 교사, 관료, 지역교육청(LEAs) 그리고 학부모를 위한 안내서를 발행하는 것이 적합한 것이라고 간주하고 있다(National Consumer Council, 1996).

이러한 상업적 침투의 목표는 때때로 생산품에 익숙해지도록 하는 것처럼 보일 수도 있다. 하지만 교육과정 내용은 비즈니스의 이익과 영향의 편파적이고 부정확하며 계산적인 것을 전달하기 위해 사용될 수도 있다. 이에 관해 Molnar(1996)는 '국가가 건전하며 국민을 공정하게 대우한다.'는 상징으로서 '자유로운 기업경영'으로 금융업을 정의하여 안내하는 한 연구를 예로 든다. 또한 교실 내에서 기업의 생산품들이 작용하는 것에 관한 Harty(1994: 97)의 국제적 연구에 따르면, "환경의 가장 큰 오염원들인 화학, 강철, 종이 산업들이 환경적 교육 내용의 가장 큰 생산자들이었다."라고 한다.

비판가들은 교육의 상업화가 아동에게 기업 활동을 무비판적으로 받아들이도록 이끌 뿐만 아니라 학교의 문화적 과업에도 해를 끼칠 것이라고 우려한다. 때때로 '맥도날디제이션(McDonaldisation)'*이라고 불리는 수많은 비판과 함께, 상업화는 문화적 유산을 가치 없게 만들게 된다. Harty는 이러한 경향으로 학교가 '반(anti)지적인 강조'를 하게 되고 '지위라는 상품을 구매하려는 소비자'를 만들게 될 것이라고 강조한다. 사실, Harty는 다국적 기업들의 침투가 "물질적 만족이라는 표준화된 국제적 문화를 만들게 되고 ……이것이 전체 국가의 문화적 고결함을 침해하게 될 것"(Harty, 1994: 98-99)이라고 주장한다. 이와 같은 시나리오에서 볼 때, 학교교육은 학생들에게 지역적 또는 국가적 문화유산의 상세한 가치들을 이해하도록 격려하지는 못하고, 학생이 끊임없이 변화하는 소비 패턴과 생활방식의 정치적 역학관계에 매혹되도록 가르치는 것밖에 할 수 없게 된다.

우리는 학급 내에서 기업의 이익이 출현하는 것에는 관심을 가지면서도, 기업의 이익이 전통적인 학교 활동을 못하게 만드는 정도에 관해서는 과장하지 않도록 신중해야만 한다. 기업의 이익은 지금까지보다 더 많이 교육 영역에 침투하고 있지만 비즈니스 지배권의 증거는 없다. 미국에서는 기업으로부터 재정 지원을 받는 많은 학교들이 공적 영역에 편입되었다(Molnar, 1996).

또한 우리는 다국적 기업의 메시지가 '성공적으로' 수용된다는 가정에 대해서도 신중을 기해야만 한다. 교사가 비즈니스와 교육 간의 관계를 만드는 학급을 상상하는 것은 가능하다. 아동을 특

---

* **역자 주)** 원래는 사회학 용어로 '맥도널드에 의한 지배'를 뜻한다. 미국이 특정한 음식인 맥도널드를 세계로 퍼뜨리면서 동시에 미국적 가치도 전파한다고 비판하며 사용한 용어다.

정한 슈퍼마켓에서 물건을 사도록 자극하는 윤리성은 이미 학생과 교사에 의해 광범위하게 격론되었다. 좋은 건강을 위한 지침을 소개하는 패스트푸드 제조업자의 역설적인 태도에 대해 보건교사가 지적하지 못하는 사실을 직시하는 것은 어렵다. 또한 다국적 기업에 의해 고안된 교육과정 내용은 사실을 생략하고 왜곡하는 데 사용될 수 있고, 자신의 이익을 드러내기 위해 사용될 수도 있다. 이러한 것들은 우리가 교육과정의 상업화에 관해 만족해야 한다는 것을 뜻하는 것이 아니다. Harty가 지적하듯이, 많은 교사가 상업화의 기원과 상업적 교육과정이 담고 있는 내포에 관해 논의하지 않지만, 한편으로 이것은 교사가 권한 이양과 시장화의 다른 압력에 잘 대처하는 것이 증가하는 경향이 있음을 말해 주는 것이기도 하다.

그럼에도 불구하고 이 새로운 가치와 욕망을 가르치는 과정은 그리 간단하지만은 않다. 교육이 공적 통제에 있었던 때보다 시장화된 체제가 되고 난 이후에 비즈니스와 산업의 관여가 증가하였다는 증거가 더욱 많아지고 있지만, 오히려 상업적 후원에 의해 촉진된 메시지는 더욱 가시적인 경향을 띤다. 이러한 상업적 메시지의 가시성은 더욱 의문을 불러일으키게 되고, 따라서 시장화의 다른 측면보다 잠재적으로 덜 잠행적이다. 교과의 전환을 꾀하는 명시적 교육과정의 내용에서의 변화만큼이나 학교교육의 형태와 관리에서도 더욱 미묘한 변화가 생길 수 있다.

시장화된 관계의 교훈

교육의 시장화는 학교 간의 관계와 학교 내의 관계가 암암리에 소비와 생산의 새로운 국면을 여러 가지 방식으로 학생에게 반영시키고 새로 순응시키는 것으로 변화시켰다. Ball(1994: 146)은 "학생이 학교 환경에 의해 영향을 받는 한, 학교가 가르치는 도덕성 체제는 점차적으로 기업 활동 문화의 복잡한 가치에 순응하게 된다."라고 주장한다. Ball이 종합 중등교육의 공적 체제에 기초가 되는 것이라고 강조하기도 했던—공동체의 오래된 가치인—협동, 개인의 욕구, 평등성은 시장의 가치인 개인주의, 경쟁, 수행능력, 차별화로 대체되고 있다. 이와 같은 가치와 성향은 가시적이거나 분명하게 만들어지는 것은 아니지만, 변화하는 사회적 맥락으로부터 발산되고 무수히 많은 방식 속에서 교육체제에 침투하게 된다. 그러므로 그러한 가치와 성향은 시장화된 관계의 잠재적 교육과정을 구성할 수가 있다.

변화된 제도적 환경의 한 가지 단면은 공급 측면에서 학교교육의 다양성을 촉진함으로써 공통된 학교교육을 지향하는 국가 체제의 붕괴를 가져온 것이다. 이 책의 3장에서 살펴본 대로, 영국 정부는 특별한 학교들을 많이 공급하였다. 과학과 기술을 강조하는 교육과정을 가르치는 도시기술고등학교(CTCs)가 도심의 새로운 중등학교로 도입되었다. 이 외에 스포츠와 언어를 특별히 강조하는 교육과정을 가르치는 다른 학교들도 처음에는 보수당에 의해 도입되었지만 지금은 신노동당에 의해 도입되었다.

영국에서는 도시기술고등학교(CTCs)가 금융의 세계를 흉내내기 위해 고안된 '비즈니스 파크' 또는 '쇼핑몰'의 변형의 '선구자'로 나타난다(Whitty et al., 1993). Gewirtz 등(1995)은 학교 이미지 '홍보'에 관한 논평과 시장 개혁 영향의 기호학적 분석을 제공한다. 이들이 수행한 연구학교들의 많은 경우가 학교의 '기업' 이미지를 앙양시키기 위해 리셉션 구역에 금융 및 상업과 관련된 내부 시설을 설치하고 개조하였다. 그리고 교장들은 학교의 '기업 특색'을 증진하기 위해 관심을 가졌는데, 심지어 새로운 과학 실험실에 있는 가스 꼭지의 색깔에도 기업의 특색에 맞도록 신경을 썼다.

미국에서는 많은 마그넷스쿨(magnet school)과 함께 Global Renaissance Academy of Distinguished Education, EduPreneurship, Global Academy for International Athletics와 같은 차터스쿨들이 등장하였다(Molnar, 1996). 에디슨 프로젝트(Edison Project)를 위한 학교들은 "학생 각자가 컴퓨터로 처리된 학습 장소를 갖게 되고, 교과서 또는 교실이 필요 없게 되며, 각 교사는 자신만의 연구실을 갖게 되고, 전화로 실제 사람같이 할 수 있는" 미래 학교의 최첨단 이미지를 학교에 접목시켰다(Tennessee Education Association news, cited in Molnar, 1996: 159). 어떤 사람들은 '학교에 가는' 육체적 차원이 결국에는 사라지게 될 것으로 믿는다. '홈워킹(homeworking)'의 등장에 대응하여, Usher와 Edwards(1994)는 더 이상 교육기관에 출석할 필요가 없게 될 학생들 규제의 '재구성'에 관해 언급한다.

가까운 미래에 학교교육이 폐지된다고 예상하기는 어렵지만, 기술의 혁신으로 교육의 사회적 관계를 변형시킬 것이라고 종종 간주되곤 한다. Kenway 등(1998)은 '무수한 수평적인 연결망'과 '수직적인 다공성(porousness)'의 특성을 갖는 새로운 교육에 관해 언급한다. 학교는 덜 지시적인 형태의 학습을 개발하게 됨에 따라 오래된 위계 서열과 경계가 사라질 것이다. 직장에서의 확연한 변화에 대응하여(Mumby & Stohl, 1991), 교직원-교직원 간, 교직원-학생 간의 관계가 '수평적인' 구조로 변할 것이다. 또한 컴퓨터 공학에 근거한 상호작용에 의해 가정과 학교 간의 경계도 허물어질 것이다. 최첨단의 지식 생산과 전달이 '온라인' 형식으로 이루어지게 됨에 따라 과거의 진부한 인쇄물을 바탕으로 문화는 쇠퇴할 것이다. 지식을 신성한 것으로 강조하는 전통적인 교육의 개념과는 대조적으로, 교사와 학생 간의 관계는 재구조화될 것이다. 그래서 Usher와 Edwards가 말한 대로, 교육적 과정은 단순히 "생산자와 소비자 간의 관계를 구성하여, 지식은 정보의 양으로 나타나게 되고 소비자가 가져야 하는 가치에 근거하여 교환되며, 소비자는 자격 증명서를 받기 위해 자신의 '경험'을 상품화하게 된다."(Usher & Edwards, 194: 174)

이와 같은 그럴듯한 주장들에도 불구하고 실증적인 증거들에 따르면, 특히 의무교육 단계에서는 그러한 변형이 일어남을 증명하지 못한다. 교육체제 단계에서 교육 제공의 다양성과 전문성은 실재보다는 목표로만 남아 있다. 교육 제공을 다양화하려는 시도는 약속한 것보다는 덜 혁신적인 것으로 끝났고, 학교 간의 위계 서열은 줄이기보다는 오히려 강화시키는 경향을 띠었다. 더욱이 영국 내에서는 이 '새로운' 유형의 학교가 시장 주도로 된 것이라기보다는 정부 주도로 도입된 것임을 알아차리는 것이 중요하다. 또한 이와 같은 개혁들은 일반적으로 '나쁜' '좋은' '더 좋은' 학교로 구분하는 것을 완화하지는 못한다. 그리고 교육의 시장화는 학교를 수평적인 특성화를 띠도록 유도하지도 못하며, 대안적인 준거를 마련하기보다는 전통적인 준거를 통한 직선의 위계화를 지나치게 강조함으로써 오히려 수직적인 차별화를 증가시키는 것으로 나타난다.

이 책의 4장에서 살펴보았듯이, 학교 내의 사회적 관계에서의 변화들은 포스트포디스트(post-Fordist) 때문이라고 확실히 말하기는 어렵다. 심지어 '새로운' 교육학이 도입될 것이라던 증거들은 찾아보기가 더 어렵다. 비록 '비즈니스 같은' 접근과 형상을 한 학교가 출현하고 있지만, 아직 많은 학교에서 학생의 복장과 권위주의적인 방식의 훈육을 다시 강조하고 있다. Halpin 등(1997)은 교직원과 학생들 간의 관계가 더욱 형식화되고 위계화되는 전통주의가 다시 활성화됨을 발견하였다. 또한 어떤 연구는 개혁이 학교들 내의 능력별 집단편성을 더욱 증가시켰음을 보여 준다. Gewirtz 등(1995)은 자신들이 분석한 거의 모든 학교의 사례연구에서 '유능한' 학생들을 따로 분류하여 가르쳤으며, 점차 능력별 이질집단편성에서 능력별 동질집단편성으로 전환하였음을 발견하였다. 새로운 공학 기술이 학교에 빠르게 적용되어 나타나고 있는 것은 사실이지만, 그러한 새로운 공학 기술이 학생 중심의 학습 문화를 만들어 내지는 못하고 있다. 심지어 교육혁신의 핵심이라고 볼 수 있는 도시기술고등학교(CTCs)에서 이루어지는 수업도 새로운 공학 기술은 거의 사용되지 못하고 전통적인 패턴으로 이루어지는 경향을 보인다(Whitty et al., 1993). 이러한 사실은 Kenway, Bigum Fitzclarence와 Collier(1998)의 연구에서도 발견된다. Apple(1986)은 새로운 공학 기술을 학습의 새로운 신기원의 시작으로 보아서는 안 되고, 프롤레타리아화와 단순화의 과정을 강화시키는 것으로 보아야 한다고 강조하였다.

시장화된 교육체제 내의 수행과 책무성 간의 연계성은 교육과정 내용의 분열과 묘사로 이끌고, 교사와 학생의 자율성을 위축시키는 경향을 띠었다. Robertson과 Soucek은 호주 서부의 중등학교를 연구하여, 과거의 중앙집권화된 교육과정을 비판함과 동시에 새로운 교육과정은 "소비용 패키지로 과도하게 짜 맞춰져 있고 모듈화되어 있으며 지나차게 평가적"(Robertson, 1993: 129)이라고 비판하였다. 그리고 이들은 또한 새로운 교육과정이 "학생과 교사들 간의 소외감을 강화시킬 뿐만 아니라 학교의 교수-학습 상호관계를 고려하지 않고 구획(부문)으로 나누었으며 …… 많은 학교지식의 환원주의적이고 기술관료주의적이며 단편적인 본질을 지나치게 강조한다."(Robertson, 1993: 129-130)라고 비판하였다.

새로운 대응?

이와 같은 논쟁은 Bowles와 Gintis(1976)의 '대응 이론'으로 알려진 내용을 통해 뚜렷하게 파악할 수 있다. 20여 년 전의 보고서에서 Bowles와 Gintis는 교육체제의 사회적 관계와 생산의 사회적 관계 간의 구조적 대응을 다음과 같이 지적하였다.

> ……행정가와 교사 간, 교사와 학생 간, 학생과 학생 간, 그리고 학생과 학생의 과업 간의 관계들이 위계적 분업을 되풀이하게 만든다. 위계적 관계들은 행정가로부터 교사와 학생에 이르는 수직적 권위의 라인에 반영된다. 소외된 노동은 학생들로 하여금 자신의 교육에 대한 통제력을 잃도록 하는 데 반영되고, 교육과정 내용에 학생을 소외시키는 데 반영되며, 학업성취도(성적) 체제와 외적 보상을 통한 학교 과업에 동기를 받도록 하는 데 반영된다. ……과업에 내재된 분열은 계속되는 겉치레의 능력주의적 서열과 평가를 통해 학생 간의 제도화되고 파괴적인 경쟁에 반영된다.
>
> (Bowles & Gintis, 1976: 131)

Bowles와 Gintis의 분석과 Robertson과 Soucek의 분석 간의 명확한 유사성은 많은 의문이 들게 한다. 먼저, 학교가 '새로운' 주체성보다는 '오래된' 주체성을 생산하는 데 여전히 기능하는가의 쟁점이다. 더 구체적으로 표현하면, '시장화된 교육체제는 '오래된' 주제들을 단순히 새로운 방식으로 생산하는가?'와 같다. 이

입장은, 공교육의 시장화는 생산 양식을 합법화하는 데에서의 재발하는 문제와 그 속에서의 국가의 역할 그리고 자본 축적의 위기를 한꺼번에 해결하기 위해 국가가 주도한 반응이라고 주장하는 사람들에 의해 지지받는다(Dale, 1989; Weiss, 1993 참조).

만약 그렇다면, 이것은 '새로운 시대'를 주장하기에는 설득력이 떨어진다는 것을 나타내는 것이다. Hirst와 Thompson(1996)은 국제적 상호작용의 정도 또는 속도는 세계화 이론가들이 암시하는 것처럼 더욱 보편적이고 냉혹한 과정으로 이루어지기보다는 여전히 산발적이고 불규칙적으로 이루어지기 때문에 새로울 것이 없다고 주장한다. 우리가 국제적 존재로서 국가의 윤곽은 감소되었다고 인정하더라도, 국내의 규제 영역에서 국가 통제력이 약해졌다고 제안할 만한 것은 없다.

하지만 최근의 변화가 사회이론가들이 제안한 것보다 덜 진행되었다고 하더라도, 이것이 연속성의 하나만을 의미하는 것은 아니다. 시장화된 교육체제는 변화와 연속성 모두에 나타나게 되고, 이러한 특성은 다른 사회적 추세에 부합되기도 하고 반대되기도 하는 것으로 나타난다. 교육체제와 사회경제적 맥락 간에 이러한 대응의 결핍은 지연된 반응 또는 완벽한 구조적 불일치 때문일 수 있다. 그리고 완벽한 구조적 불일치 때문이라기보다는 지연된 반응 때문이라고 보는 것이 좀 더 설득력이 있다. 특히 고등교육 단계에서는 '카페테리아 교육과정(cafeteria curriculum)'이라고 묘사되는 '다양하게 결합한' 코스가 있고, 새로운 공학기술을 통한 원거리 학습의 성장으로 탈수용화가 가능해지는 등 학습 패키지의 상품화를 목격할 수 있다. 이와 같은 변화들은 교육체제의 핵심에 해당한다기보다는 부수적인 것에 지나지 않는 것이고, 의무교육의 기능과 주요 구조는 변화되지 않고 남아 있다는 주장이 가능해진다.

한편, 공교육은 의무교육 차원에 있다는 차별성을 강조하는 것은 점차 어려워질 수도 있다. 신자유주의자들은 학교를 폐지하는 것의 장점에 관해 논쟁하기도 한다(Tooley, 1995). 그러나 학교가 제도적 위상을 갖는다 하더라도, 그것은 학교가 폐지되는 변화를 맞이하기 이전의 시대로만 한정될지도 모른다. 그러한 대응은 Bowles와 Gintis가 설명한 대응 원리와는 잘 맞지 않을 수도 있다. Bailey는 "대응 원리는 보편적인 적용가능성을 갖는 것이 아니지만, 그럼에도 불구하고 특정한 장소와 시간에 적용될 수 있는 통찰력 있는 아이디어다."(Bailey, 1995: 482)라고 말한다. 사실상, Hickox와 Moore(1992)는 Bowles와 Gintis가 분석한 대응 원리는 대량생산 체제에서보다는 포스트포디즘 시대에서 더욱 강력하게 주장될 수 있다고 강조한다.

그럼에도 불구하고, 우리는 학교가 '새로운 시대'의 미래 시민과 소비자가 필요로 하는 것에 성공적으로 반응할 것이라고 가정하는 것에 대해서는 경계해야 한다. 공적으로 통제되는 국가적 교육체제는 훈련받은 노동자와 새로운 구성원들을 생산(배출)해 주는 것도 있지만, 자본의 필요에 덜 기능하도록 만드는 것도 있다. Bernstein은 "지난 수백 년 동안 있어 왔던 다양한 형태의 산업적 활동을 고려해 보라. 이러한 점에서 학교는 유순하고, 공경

하며, 추종하는 노동력을 만들어 내는 데 매우 비효율적이다. 오늘날 학교는 학생들을 그렇게 훈육시키는 데 어려움을 겪는다." (Bernstein, 1977: 187-188)라고 지적하였다.

만약 교육체제가 상대적으로 단순한 포디스트 생산 양식의 과업을 충족하는 데 문제가 있었다면, 세계화 시장에서 요구되는 포스트모던의 유연한 주제들을 만들어 내는 것은 더욱 어려울 것으로 보일 수도 있다. 하지만 대량생산 체제의 단체성이라는 특성이 침식되면 새로운 질서의 주제들을 요구하도록 촉진할 것이라는 주장은 가능해진다. 만약 좌파 이론가들에 의해 전통적으로 주장되었던 대로 단체적 활동과 깨달음이 반대로 일어나더라도, 시장화된 교육의 원자화되고 유연한 소비자는 세계화 시장에 만연되어 있는 개인화(차별화)에 반대할 수는 없을 것이다. 한편, 우리는 단체적 연대성의 초기 양식의 본질과 영향에 관해 제대로 전달하려고 노력해야 한다. 과거의 연대에 대해서는 실제보다 더욱 상상력이 더해지곤 하였다. Featherstone(1995)이 지적하였듯이, 사회학과 대중문화 모두에서 노동계층의 삶에 관한 설명은 일반적으로 공동의 긴밀한 유대를 위한 동질성과 능력을 지나치게 강조한다. 또한 그러한 '연대' 내에 있는 배제와 포용의 성적 · 인종적 논거에 대해서는 종종 간과하며, 이론적으로 탈중앙적 주제와 급진적 다원주의의 개념은 또한 '고정된' 정체성과 영구적인 헌신의 관념을 손상시킨다.

국가의 역할

그럼에도 불구하고, 영국의 국가교육과정이 증명하듯이, 특정한 '실제적' 또는 '상상적' 공동체와 동일시하려는 시도들은 현대 교육정책의 중요한 요소로 남아 있다. 비록 신자유주의의 파괴행위를 통해 어떤 관점에서 보면 국가, 계층, 성(gender) 정체성이라는 '오래된 질서'가 무너질 것 같이 보일지라도, 신보수주의 정책들은 학교가 전통과 국민성의 증진에 더욱 매진할 것을 요구한다. 정부는 비즈니스와 산업이 학교를 지원하도록 유인하는 시도를 하면서도, 교육과정의 통제는 포기하려고 하지 않는다. Usher와 Edwards의 주장대로, 이러한 새로운 시대에는 "국가가 그 역할을 점점 축소한다."(Edwards, 1994: 175)라는 것이 증거에 의해 입증되지는 못한다. 비록 다른 국가들에서는 영국과 다를지 몰라도, 많은 정부가 무엇을 가르쳐야 하고 어떻게 평가할 것인가와 관련된 교육과정의 통제를 강화해 왔다.

교육과정의 중앙적 규제는 교육시장 내에서 전문가의 책무성과 소비자의 선택을 촉진하기 위한 수행 준거를 표준화할 뿐만 아니라 국가 정체성을 형성하기도 하고 창조하거나 재창조하기도 한다. 우리가 앞에서 살펴보았듯이, 영국의 국가교육과정의 공식화는 학교가 영국 역사, 영국 지리 그리고 '고전' 영문학을 집중적으로 계속 가르쳐야 한다는 요구로 이루어졌다. 지리적 경계의 약화, 국가 특이성의 감소, 세계화의 문화적 특성 침투 등을 반영하지 않는 교육과정 개혁은 새로운 세계화 시대를 진척시키기보다는 과거로 되돌아가려는 의식적 시도를 나타내는 것이다. Stuart Hall은 "영국인의 오래된 정체성의 물질적 토대라고 불리는 것이 동쪽과 서쪽의 지평선 너머로 사라지는 바로 그 순간, 대처리즘(Thatcherism)은 영국인다움을 더욱 확고하게 정의내리고, 영국인다움을 그 어느 때보다도 더욱 협소하지만 더욱 확고하게 만든다."(Hall, 1991: 25)라고 언급했다. Marquand(1995)가 주장하듯이, 세계의 시장은 '전통을 경멸하고, 기존의 계급과 상대적 도덕성에 적대적'일 수도 있다. 그러나 뉴라이트의 교육과정에 의해 만들어진 비전은 그렇지 않다.

따라서 시장의 맥락에서 나타나는 반(anti)전통적이고 상대주의적인 메시지들은 국가 통치권의 불가피한 권리, '우리의' 문화적 유산의 신성함, 전통성, 도덕성—주로 19세기—의 절대주의를 강조하는 뉴라이트 정부에 의해 강조되는 것들을 상쇄할 필요가 있다. 이와 같은 긴장상태는 명시적 교육과정과 잠재적 교육과정의 대조적인 메시지들에서도 현격히 잘 나타난다. 학생이 직접적으로 교육받을 때에는 문화적 부흥주의자의 가치를 배우게 되지만(Ball, 1990), 교육받는 맥락에서는 그러한 규범을 훼손시키도록 배운다. 수업의 맥락은 유산과 전통을 강조하지만, 그 전달 형식은 점점 더 새로운 교육시장에서 상품화되어 가고 있다.

명시적 교육과정과 잠재적 교육과정 간의 긴장 상태를 나타낼 필요성은 최근의 교육개혁에 관한 논의에서 뚜렷하게 나타난다. 앞에서 살펴보았듯이, 세계 시장의 '파괴적인' 경향들이 국가적 · 지방자치단체적 가치들을 침식시킬 것이라는 우려는 시민의식 또는 인성 및 사회성 교육(PSE)이 공식적 교육과정에 더욱 고려되어야 한다는 제안들이 나타나도록 했다. Andy Green(1997)은 비교 연구를 통해, '세계 시장의 침투에 의해 유발된 사회적 원자화의 역기능이 점차 증가됨에 따라' 학교는 사회적 단결을 갱생시킬 필요를 갖게 될 것이라고 제안하였다. 그는 사회적 단결을 추구하려는 노력을 포기하고 있는 현재의 정부가 바뀔 필요가 있다고 주장한다. 즉, 사회적으로 통합하는 기관들의 감소와 그 결과로 나타나는 사회적 연대의 위축 때문에, 약해지고 있는 사회적 짜임새를 교육이 조만간 보완해야 한다고 요구될 것으로 주장한다. 이러한 내용은 이 책의 2장에서 다루었던 쟁점들과 다시 관련된다. 그리고 영국의 신노동당 정부의 의제와도 확실히 관련된다.

만약 이러한 계획들이 그 효과적인 면에서 부단히 전진하는 것이라면, 이 책의 5장에서 David Hargreaves(1994)가 시민교육을 위해 제안한 것보다는 더 심도 있게 들어갈 필요가 있을 것이다. 왜냐하면 시간표에 단지 구성 요소를 덧붙이는 것만으로는 시장의 침투적인 가치들에 효과적으로 맞설 수 없기 때문이다. 만약 잠재적 교육과정의 효과(잠재력)가 눈에 보이지 않는 것에서 나타나는 것이라면, 그 효과를 명시적 교육과정만으로는 극복하기 어려울지도 모른다. 잠재적 교육과정의 (부정적) 힘에 대항하기 위해서는 학교 내에서뿐만 아니라 학교 외에서도 새로운 관계 설정의 개발이 요구된다. 이렇게 할 때, 학생은 현재 지배적인 신자유주의와 신보수주의에 반응하기보다는 세계화에 반응하는 경험을 할 수 있다. 더 구체적으로, 만약 우리가 학생이 민주주의적 시민의식을 배우기를 원한다면, 우리는 민주주의적 시민의식의 원리를 실현할 수 있는 구조들을 정립할 필요가 있다(Apple & Beane, 1996). 시민의식의 적극적이고 포괄적인(포용적인) 개념들은 이미 너무 많이 산재해 있는 현재의 교육과정을 통해서는 성공적으로 가르칠 수 없다. 그러한 개념들이 학습공동체로서의 학교에서 매일 경험하는 핵심 내용이 될 때에만 시민의식 교육은 심오한 민주주의의 발전에 중대한 공헌을 하게 된다. 영국의 신노동당은 시민의식을 국가교육과정에 포함하여, 적어도 가르치려는 인식을 하고는 있다(Alexander, 2001). 이들의 노력이 이 책의 2장에서 논의되었던 반대 세력과의 관계 속에서 얼마나 효과를 거둘지는 앞으로 지켜볼 일이다.

결 론

미래의 발전은 제쳐놓고라도, 학생에 대한 최근 개혁의 영향에 관한 논쟁은 이 시점에서 매우 모험적이다. 이 장에서 살펴보고자 한 주요 논의는 교육적 전달이 받아들여지고, 사용되거나 저항되는 내용에 관한 것이라기보다는 교육적 전달의 본질에 관한 것이다. Featherstone의 대중문화 이론의 비평이 교육체제에도 적용될 수 있다. 즉, 대중문화 이론의 비평은 “상품과 정보가 어떻게 매일의 일상생활의 실제에서 사용되는가에 관한 경험적인 근거 없이, 유일체제(monolithic system)에 의한 대중의 조작가능성의 관점을 공유하고, 매체의 부정적인 문화적 효과의 가정을 자명한 것으로 공유한다."(Featherstone, 1995: 115) 새로운 세계시장의 필요성을 확인한다고 하더라도, 이러한 것들은 조절과 저항의 자체 원리를 갖는 학교 수준에서 조정될 것이다.

이러한 논의에서 분명한 것은 시장화된 체제 내에서 학교의 정책과 실제는 많은 모순된 요소들과 역설적 경향들을 나타낸다는 것이다. Bernstein(1990)은 시장 지향적인 교육학은 자신이 '자율적인 명백한 교육학'이라고 부른 것보다 '훨씬 더 많이 복잡한 구조'라고 강조한다. 그래서 그는 시장 지향적인 교육학은 '명백하게 대립적인 담론들의 그 자체적 이데올로기 특징들을 재맥락화하고 이미지의 전환을 꾀하기' 때문에 이것을 '새로운 교육학적 야누스'라고 주장한다. 물론, 학교교육은 체제와 학급 수준에서(Dale, 1989) 모순된 요소들이 항상 있어 왔지만, 당장 목격하기란 쉽지 않다.

이와 같은 상황에서, 우리는 시장화의 상대적 영향과 국가의 책무에 대해 탐구할 필요성이 있고, 또한 시장의 잠재적 교육과정과 시간표상에 나타난 명시적 수업 간의 관계에 대해 탐구할 필요성이 있다. 이러한 물음을 다루기 위해서는 교육사회학의 소위 '새로운 방향'이라고 불리는 것의 여파로 나타난 것들을 이해하는 것이 중요하다(Young, 1971).

Bernstein(1997)의 연구는 이러한 접근을 하는 데 도움을 제공해 줄 수 있다. Bernstein은 경제적 분야에 대한 점차 증가하는 탈규제와 그가 새로운 형태의 교육학적 정체성을 발생시킨다고 부른 상징적 분야에 대한—점차 증가하는—규제에서 비롯되는 긴장상태를 강조한다. 교육개혁은 오래된 보수주의의 '과거적' 정체성의 요소의 재맥락화를 이끌고 있고, 또한 '탈중앙적 시장' 정체성과 '미래적' 정체성이라는 두 가지의 새로운 혼합을 만들어 내기 위해 1960년대와 1970년대의 아동 중심적 진보주의와 관련된 '치유적' 정체성 요소의 재맥락화를 이끌고 있다.

'탈중앙적 시장' 정체성은 신자유주의의 원리를 구현하고 본래 갖추어진 자산은 고려하지 않으며 그 형태는 시장에 의해 결정된 교환 가치에만 의존한다. 그러므로 '탈중앙적 시장' 정체성은 특정한 조건과 매우 높은 불안정성을 그 특징으로 한다. 반면에 '미래적' 교육학 정체성은 오래된 보수주의의 선별적으로 통합하려는 요소를 통한 '재중앙화'를 시도한다. '미래적' 교육학 정체성은 동시대의 변화와 연동되지만, 시장의 불안정성에 균형을 맞추기 위해 과거의 안정적인 전통에 의존한다. 따라서 이러한 두 가지의 새로운 교육학적 정체성은 보완적이면서도 모순되는 측면을 모두 갖는다. 이러한 측면은 이 책에서 논의된 개혁들 내에 존재하는 긴장 상태들을 통해 어느 정도는 파악될 수 있다. 탈중앙적 시장 교육학이 '새로운' 주제의 촉진을 추구하는 것과는 달리, '미래적' 교육학은 비록 새로운 사회적·경제적 풍토의 압력에 대한 선별적인 반응일지라도 '오래된' 주제들의 재구성을 추구한다.

이와 같은 교육학적 정체성은 더 심오한 이론적 · 경험적 탐구를 요구하는 새로운 개혁에 의해 어느 정도는 실질적으로 촉진된다. 이러한 탐구는 우리로 하여금 모든 형태와 내용, 모든 메시지와 전달 수단, 지식의 다양한 유형의 나열과 학교지식이 학생의 일상세계에 관계하는 복잡하고 차별적인 모든 방식을 바라보기를 요구한다. 최근에 나타난 발전의 복잡성과 모순은 1970년 대에 나타난 발전보다 더욱 어려운 성향을 갖는다. 그러나 만약 우리가 최근의 정책에 의해 시장에 내놓게 된 주제의 방식을 이해하기를 바라고, '보수적인' 미래적 정체성보다 '진보적인' 미래적 정체성을 촉진하기 위한 효과적인 대안적 전략을 개발하기를 바란다면, 최근에 나타난 발전의 복잡성과 모순을 파악할 필요가 있다.

| 추가 참고도서 |

Apple, M. (2001). *Educating the Right Way: Markets, Standards, God and Equality.* New York: RoutledgeFalmer.

Green, A. (1997). *Education, Globalisation and the Nation State.* London: Macmillan.

Molnar, A. (1996). *Giving Kids the Business: the Commercialization of America's Schools.* Boulder, CO: Westview Press.

Chapter

7

학교개선과 사회적 포용: 한계와 가능성

이 장은 학교실패와 사회적 불리함 간의 강한 상관관계가 비록 모든 학생들의 교육적 성과를 그대로 결정하는 것은 아니라고 하더라도, 그 문제를 해결하기 위한 교육정책은 매우 중요하다는 인식에서 출발한다. 교육을 통한 사회적 불리함을 극복하려는 다양한 시도들이 있지만, 교육정책만으로는 그 문제에 대한 해결책을 찾기는 쉽지 않은 일이다. 이에 영국의 '합동 정부'를 통해 지난 세기의 지배적인 흐름이었던 사회적 불리함의 문제를 해결하려 한 신노동당의 시도가 얼마나 효과적인지 평가한다.

전반적으로, 불리한 사회적 배경을 가진 학생은 공식적인 교육 체제 내에서 상대적으로 나쁘게 대우받는다는 증거가 오랫동안 있어 왔다. 선진화된 산업사회들 중의 하나인 영국에서도 이 경향은 잘 나타난다. 비록 뛰어난 몇몇 학생은 자신의 불행한 배경 속에서—심지어 동기를 부여받아—높은 성취를 보이는 경우도 있긴 하지만, 교육적 성공과 실패의 전반적인 경향은 학생의 배경에 따라 결정되어 왔다. 학교들 간의 성적 대비 일람표를 보더라도, 사회적 불리함과 학교 성취도 간에는 강력한 부적 상관관계가 있음이 나타난다.

어떤 학자들은 몇몇 학교가 같은 지역 내의 다른 학교보다 좋은 성과를 내는 경우도 있기 때문에, 학교가 그 환경의 물질적·정신적 빈곤에 상관없이 스스로의 구제 수단을 갖고 있다는 관점을 취해 왔다. 그리고 이 관점은 1995년까지도 강세를 띠었는데, Smith와 Noble은 가난이 교육적 실패를 야기한다는 제안은 "공공 정책의 논쟁에서 금기시 된 주제"(Smith & Noble, 1995: 133)

였다고 강조하였다. 이와 같은 금기시된 주제를 감히 언급한 사람들은 패배주의자로 낙인찍히거나, 사회적 배경이 차이를 불러일으킬 수 있다는 생각을 지키기에 급급했다. 이때부터 영국에서는 신노동당 정부가 집권하게 되었지만, 그 이전의 정부와 같은 태도를 취하였다.

영국 신노동당의 요지는 가난이 실패의 변명이 될 수 없고, 학교는 그러한 변명을 사용해서는 안 된다는 것이었다. 하지만 교육우선투자지역(Education Action Zones: EAZ)과 같은 정책의 측면들은 복합적인 사회적 불리함이 실패의 변명이 아니라 이유가 될 수 있음을 인정하는 것이고, 격차에 따른 불이익을 조정하기 위해 실시하는 차등지원정책(positive discrimination)이 정당성을 갖는 것임을 나타내는 것이다. 필자는 이 정책의 발전을 환영하면서도, 뉴질랜드에서 이루어진 연구물인 *Schools Making a Difference: Let's be Realistic!*(Thrupp, 1999)에서 제안된 것에 따라 몇 가지 이의를 제기하고자 한다. 그래서 필자는 교육적 성취에 관한 사회적 불리함의 영향을 반대함으로써 또는/그리고 사회적 불리함에 반대하기 위해 교육적 성취를 사용함으로써 사회적 포용(social inclusion)을 촉진하려는 시도들의 가능성과 한계 모두를 탐구하고자 한다. 필자는 최근에 풍미했었던 학교개선의 여러 전략들이 효과가 있었는가에 특히 관심을 가질 것이다. 이렇게 함으로써 Peter Mortimore와 필자가 수행한 연구에서 한걸음 물러나서 파악할 것이고, 단위 학교중심의 개선 전략들에 의해 얻을 수 있는 것과 얻을 수 없는 것을 숙고할 것이다(Mortimore & Whitty,

1997). Mortimore와 필자가 수행한 연구에서, 우리는 그러한 전략들이 사회적 포용에 크게 기여하지 못할 것임을 강조하였고, 학교개선이 불리함과 사회적 배제(social exclusion)의 문제에 빠지지 않기 위해서는 어떤 조건이 필요한지를 지적하였다.

시도된 노력

불리함의 순환고리를 깨뜨리기 위한 많은 교육적 접근이 있어왔다. 그중 하나의 접근은 능력주의의 개념과 관련되는 것으로서, 1900년대 초반부터 도입되어 학생의 능력에 기초하여 학문의 사다리를 밟고 올라가도록 하는 것이었다. 그리고 이러한 과정에서는 공적인 시험이 반영되었다. 사회이동의 연구에서는 이러한 능력주의적 접근이 능력이 뛰어난 학생을 진급시킴으로써 그러한 학생이 불리함을 극복하는 데 도움이 되는 것으로 나타났다. 하지만 소수의 학생에게는 그러한 효과가 있을지 몰라도, 많은 학생들에게는 그러한 효과가 없는 것으로 나타났고(Brown et al., 1997), 뒤처지는 학생들의 학업성취도를 개선시키지는 못하는 것으로 나타났다.

두 번째 접근은 보상적 메커니즘의 사용이었다. 이 접근에는 무상급식, 교복지원금 그리고 기타 저소득층 가정을 위한 특별한 조처들이 포함된다. 또한 보상적 메커니즘에는 1960년대와 1970년대의 교육우선지역(Educational Priority Area: EPA)에 있는 학교에 부가적인 자원을 할당해 주는 것, 즉 불리한 여건에 있는 학생의 비율이 높은 학교에 부가적인 지원금을 지불해 주는 것도 포함된다(Halsey, 1972; Smith, 1987). 하지만 이 계획의 한 가지 단점은 소수의 유리한 여건에 있는 학생도 자신들이 선택한 학교 내에서 부가적인 자원의 혜택을 받을 수 있는 반면, 다른 학교에서 많은 불리한 여건에 있는 학생은 그러한 혜택을 받을 수 없다는 점이다(Plewis, 1997). 정부가 승인한 학교를 위한 지방의 관리 공식은 차등지원정책(positive discrimination)을 적극적으로 시행하려 하지 않았다.

세 번째 접근은 불리한 여건에 있는 학생의 교육적 발전을 촉진하기 위한 관점에서 사용될 수 있는 특정한 보호적 교육활동(intervention) 프로젝트들을 포함한다. 여기에 해당하는 예로는 미국의 하이스코프 취학 전 프로그램(High/Scope pre-school programme), 뉴질랜드와 영국의 독서교육 프로그램(Reading Recovery Programme)이 포함된다. 영국에서는 이와 같은 프로젝트들을 위한 교사와 지역 당국의 열렬한 지원에도 불구하고, 보수당 정부 아래에서의 공식적인 지원과 광범위한 시행은 매우 제한되었다.

이것은 초점이 교육연구대학원에서 일부 지원받는 것을 포함하여 점차 학교개선 프로젝트들에 맞춰졌다는 것을 의미한다. 학교개선의 핵심 원리는 변화를 위한 책임은 학교 자체의 손에 맡겨져야 한다는 것이다(Stoll & Fink, 1996). 중앙에서 추진되었던 프로젝트들과는 대조적으로, 최근에 수행된 정책들을 볼 때, 학교개선의 프로젝트들은 교장, 교직원 그리고 이사회가 외부의 충고를 잘 받아들이며 해당 학교를 개선하는 최선의 방법을 결정할 수 있다고 믿는다(Mortimore, 1996). 이에 한 고위직 인사가 언젠가 필자에게 이와 같은 접근이 1980년에 교육학자들에게 강요됨으로써 학교자율성, 선택, 비용 절감 등에 관한 정부의 신념을 손쉽게 강화시킬 수 있어서 영국 교육고용부(DfEE)의 관계자들이 기뻐했었다고 말했다.

그렇다고 하더라도, 학교개선 정책들은 어떤 경우들에서는 효과적이었다. 우수교육을 위한 전국위원회(National Commission on Education: NCE, 1996)는 불리한 여건에 있는 학생이 재학하는 몇몇 학교가 어떻게 어려움을 극복하여 학교를 개선하였고 성공하였는지를 밝히려는 프로젝트에 착수하였다. Maden과 Hillman(1996)은 이 프로젝트에서 조사되었던 모든 사례연구들을 통해 발견한 중요한 점은, ① 팀 접근을 개발하고 의거하려는 리더십 자세, ② 학교를 어떻게 개선시킬 수 있는지의 관점을 포함하는 성공의 비전, ③ 신중한 목표 설정, ④ 물리적 환경의 개선, ⑤ 학생들의 행동과 성공에 관한 공통된 기대, ⑥ 학부모와 지역사회와의 좋은 관계 유지를 위한 투자 등이다. 이 프로젝트에서는 비록 불리한 여건에 있는 학생들이 재학하는 학교일지라도, 교장과 교사가 유능하고 헌신적이라면 학교를 개선할 수 있다고 나타내었다. 하지만 학교개선을 성취하기 위해서, 학교는 '평범한' 노력에 머물러서는 안 되고 더 많이 노력해야만 한다. 즉, 학교 구성원들은 다른 학교의 구성원들보다 더욱 헌신적이어야 하고 더 열심히 일해야 한다. 또한 학교개선을 유지하기 위해 필요한 노력을 계속해야 한다. 만약 학교가 그러한 흐름에 거스르는 목적을 갖는다면 '자동적으로' 어떤 변화가 오기는 힘들 것이다. 이에 관한 후속연구(Maden, 2001)에서는 그러한 환경에서 학교개선의 성공이 쉽지 않음이 나타났다.

따라서 우리는 뛰어난 학생이 예외적인 상황에서 노력하여 성공하는 것을 바탕으로, 마치 그러한 변화가 국가적 전략으로도 쉽게 달성될 것으로 간주하는 것에 대해 경계해야 한다. 어쨌든, 학교 같은 복잡한 조직에서의 원인과 결과를 특정한 무엇 때문에 비롯된 것으로 간주하는 것은 항상 어려울 수 있다는 것을 명심해야 한다. 또한 정확한 투입 요인과 시험 결과 데이터를 함께 가져올 수 있는 국가적으로 공인할 만한 데이터베이스가 아직은 없기 때문에, '비슷한 것끼리 견주어' 무엇을 확신하는 것도 어려운 일이다. 결국에는 어떤 확실한 '가치 부가적(value added)' 데이터가 구축되어, 학교가 불리한 여건에 있는 학생의 발전을 다른 학생들의 발전보다 증진하였는지 아닌지 그리고 어떻게 증진하였는지를 우리가 결정할 수 있게 되기를 기대한다.

그러나 우리가 직면하고 있는 문제는 학생의 발전을 정확하게 측정할 수 있는 기술이 있는가 없는가의 문제만은 아니다. 폭넓게 보았을 때, 우리는 기적을 기대해서는 안 된다. 필자가 이 책의 1장에서 언급하였듯이, 동료 교육사회학자 Angus는 학교효과성과 학교개선의 연구들에 대해 비판적인 입장을 취해 왔다. Angus(1993: 342)는 기존의 학교효과성과 학교개선의 연구들이 편협하게 초점을 두어 연구하였기 때문에 지식의 본질, 학교교육의 문화 그리고—가장 중요한 것이라 할 수 있는—학교가 효과적이라고 하는 것이 누구를 위한 것이고 누구의 이익을 대변하는 것인지의 질문 등에 관심을 갖지 않았음을 강조하였다. 비슷한 맥락으로, Hatcher(1996)는 기존의 연구들이 사회계층의 중요성에 대해서는 크게 고려하지 않았음을 강조하였고, Gillborn과 Youdell(2000)은 사회계층에서 비롯된 매일의 일상적 실제가 특히 소수민족 집단에게 차별적이고 불공정한 결과를 나타내게 된다고 지적하였다.

이와 같은 비판에 대한 반응으로, 학교가 문화적으로 응축된 교육과정 지식과 교수 방법에 도전하기 위해 그리고 평가의 편견을 없애기 위해 신교육사회학이 강조하는 전략들을 채택하더라도, 학교는 더 넓은 사회 내에서 주어진 역할에 영향을 계속 받을 것이고 사회적 · 문화적 위계의 강력한 힘을 유지하게 될 것이다. 또한 학교 수준에서의 그러한 변화들은 그동안 개별 학교가 구조적 불평등에 도전할 수 있다고 과장해 왔던 기존의 학교개선의 연구들에 대한 비판에 답이 될 수 없다.

어떤 학교는 어려운 여건 속에서도 성공할 수 있을지도 모른다. 하지만 수년 간의 장기적인 관점에서 그리고 모든 학교들에서 일어나는 관점에서 보자면, 그 변화의 가능성은 희박해질 뿐만 아니라 교육 불평등의 장기적인 패턴은 공교육의 역사에서 뚜렷하게 지속되어 왔다. 비록, 교육 성과의 사회적 · 문화적 패턴에 관한 다양한 이론들이 있지만(Goldthorpe, 1996), 이러한 패턴들은 노동시장의 서로 다른 구획에 진입하려는 다양한 집단들의 상대적인 기회의 차이와 밀접한 관련성이 있다. 따라서 학교 내의 특정 한 학생 집단의 포부를 변혁시키는 데 도움이 되는 학교 풍조를 만드는 것은 가능할지 몰라도, 실질적인 사회적 변화가 없는 상태에서 모든 학교들이 그렇게 할 수 있다는 것은 불가능한 일이다.

모든 연구에서 발견되는 가장 우울한 연구 결과는 불리한 여건에 있는 학생의 절대적 목표 달성이 향상되었을 때조차도 이들의 상대적인 목표 달성은—다른 여건에 있는 학생들과 비교해서—계속 그 자리에 머물러 있다는 것이다. *School Matters*(Mortimore, Sammons, Stoll, Lewis & Ecob, 1988a)에 따르면, 초등학교 단계에서는 유리한 여건에 있는 학생이 불리한 여건에 있는 학생보다 목표달성을 더 잘하는 일반적인 패턴을 뒤집는 학교는 없었다. 하지만 가장 효과적인 학교에 재학하는 몇몇 불리한 여건에 있는 학생은 가장 덜 효과적인 학교에 재학하는 유리한 여건에 있는 학생보다 더 나은 발전을 보이기도 하였다. 반면에 만약 모든 초등학교가 개선되어 학생이 가장 효과적인 수준에서 공부를 한다면, 가장 유리한 여건에 있는 사회 집단의 목표 달성과 가장 불리한 여건에 있는 사회 집단의 목표 달성 간의 차이가 실제로는 더 벌어질 것이다.

이와 비슷하게, 중등학교 단계에서도 서로 다른 사회 집단—즉, 유리한 여건에 있는 학생과 불리한 여건에 있는 학생—에서 목표 달성 간의 상대적인 차이를 극복하는 경우가 거의 없었다. 학교개선에 관한 몇몇 문헌들은 학교개선이 가능하다는 낭만적인 내용을 기술하고는 있지만, *Fifteen Thousand Hours*(Rutter, Maughan,

Mortimore & Ouston, 1979)에서 나타난 결론, 즉 모든 학교가 현재의 학업성취도 수준에 의거하여 최고 수준의 학교들로 개선되더라도 사회계층에 의한 학업성취도의 차별화는 지금보다 더욱 견고해질 것이라는 결론을 반박하지는 못한다. 이와 같은 현실은, 매우 효과적인 학교에 재학하며 사회적으로 유리한 여건에 있는 학생은 도움이 덜 되는 환경에서 공부하는 것보다 더 높은 학업성취도를 보일 것이고, 그 결과로 사회적으로 유리한 여건에 있는 학생과 덜 유리한 여건에 있는 학생과의 차이도 증가할 것이기 때문에 나타나게 된다. '상대적 박탈감(relative deprivation)' 이론에 따르면, 이 상황에서는 전체적인 개선이 되더라도 불리한 여건에 있는 집단의 개인 간에 불균형적인 불평이 발생할 뿐만 아니라, 불리한 여건에 있는 집단의 사회적 배제가 지속된다.

Michael Barber의 문맹퇴치 대책 본부(Literacy Task Force, 1997)의 초기 보고서는 이와 같은 문제가 존재하는 것을 다루고는 있었지만 그 내용을 사실상 무시하였다. 그 대신, 이 보고서는 "아동이 독서를 잘 하도록 배우는지 아닌지는 유리한 여건의 지역과 불리한 여건의 지역에 있는 모든 아동에게 운으로 작용한다."라고 지적하였다. 그러나 Ian Plewis와 Harvey Goldstein은 그러한 지적은 잘못된 것이라고 재지적하면서, "아동이 독서하는 것을 배우는지와 언제 배우는지 등은 기회의 한 부분을 차지할 뿐이고, 독서에는 아동의 사회계층, 소득, 성(gender) 그리고 재능에 대한 민족성이라는 체제적 효과도 영향을 미친다."(Plewis & Goldstein, 1998: 18)라고 강조하였다. 계산능력 대책 본부(Numeracy Task Force)의 책임자인 David Reynolds는 그동안 학교개선이 그러한 불평등 문제는 거의 다루지 않았음을 인정하면서도, "교육정책과 실제를 강력하고 혹독하며 우세하게 만드는 것이 학교 외부의 영향력이 미치는 효과보다 중요하며, 그렇게 만드는 것이 학교의 배경과 출발점에 상관없이 모든 학교로 하여금 높은 기준의 학업성취도를 달성하도록 하는 데 도움을 준다."(Reynolds, 1997: 23)라고 주장하였다. 그러나 이것은 주장일 뿐이다!

Reynolds(1997)는 공정하기 위해서는—정부의 개정된 문맹퇴치 전략이 그러하듯이—차등지원정책(positive discrimination)이 필요하다는 것을 인정하였다. 하지만 단위 학교중심의 조처들이 불평등을 극복해 줄 수 있을 것이라고 가정하였다. 그러나 학교들이 모든 학생을 위한 도전적인 목표를 설정하는 것이 중요할지는 모르지만, 순전히 단위 학교중심의 활동만으로는 불평등 문제를 극복하는 데 한계가 있음을 분명히 하는 것이 매우 중요하다. '교육, 교육, 교육'을 강조하는 것만이 우선사항이 될 수 없고, 교육정책만을 통해서는 교육을 성취할 수도 없다.

이 쟁점은 교육의 시장화는 유리한 여건에 있는 학부모와 학교가 자신의 상대적 유리함을 더욱 증진하는 역할을 하고, 교육불평등과 사회 양극화를 증가시킨다는 것이 많은 국가들에서 확실한 증거로 나타난다는 점에서 특히 중요하다(Whitty, Power & Halpin, 1998). 이미 이 책의 3장에서 언급하였듯이, 비록 어떤 학자들은 사회 양극화가 증가되는 경향은 학교선택 정책의 초기에 나타나는 효과일 뿐이라고 주장하기도 하지만(Gorard & Fitz,

1998a), 그러한 학자들이 연구에 사용한 방법론은 의문으로 남아 있다(Noden, 2000). 또한 사회 양극화가 많은 지역의 교육시장에서 발생한다는 점에 대해서는 의문의 여지가 없는 것으로 나타나고 있다(Gibson & Asthana, 1998).

더욱이 소수의 예외적인 학교가 있을지는 몰라도, 복합적인 불리함의 여건에 있는 학교는 전국 평균 아래의 목표 달성을 나타내며, 그 결과로 학생들의 발전을 격려하는 데에도 상대적으로 비효과적인 것으로 나타났다(Gray, 1998; Gibson & Asthana, 1998). 유리한 여건에 있는 학생이 재학하는 학교와 비교할 때, 불리한 여건에 있는 학생이 많이 재학하는 학교가 직면하는 문제와 딜레마는 최근의 교육정책들이 인정한 것보다 더욱 악화되고 있다(Proudford & Baker, 1995; Thrupp, 1995; Thrupp, 1999). Gray는 "불리한 여건의 지역사회에 위치한 학교를 개선시킨다는 것이 얼마나 어려운 일인지 우리는 알지 못한다. 왜냐하면 학교개선의 많은 연구가 그러한 차원의 문제를 무시하기 때문이다. 하지만 불리한 여건에 있는 학교를 개선시킨다는 것이 점점 더 어려워지고 있다는 것은 의문의 여지가 없다."(Gray, 2001: 33)라고 인정했다.

따라서 만약 사회적 포용이 정책의 중요한 목표라면, 모든 학생을 위한 학업성취도를 향상하려는 헌신과 함께, 상위권에 있는 학생보다 하위권에 있는 학생의 개선에 확실한 도움을 줄 수 있는 조처를 마련할 필요가 있다. 또한 모든 사람에게 만족스러운 기회를 제공하려 하기보다는 교육 불평등과 기타 불평등을 감소시키기 위해 불리한 여건에 있는 학생, 가족 그리고 지역사회에 기회를 제공해 줄 수 있는 프로그램과 보호적 교육활동이 필요하다. 만약 우리가 단지 전체적인 학업성취도를 향상하기보다 불평등을 감소시키기를 바란다면, 정책은 다른 사람들보다 불리한 여건에 있는 사람에게 더욱 효과적일 수 있는 목표를 정하는 것이 필요하다. 그리고 전체적인 교육 지출에서의 실질적인 증가가 없다면, 유리한 여건에 있는 사람에게서 불리한 여건에 있는 사람에게로의 진정한 자원 이동이 요구된다.

사회적 불리함

그렇다면 사회적 불리함은 교육과 왜 그토록 밀접한 관계를 형성하는가? 사회적 불리함의 개념은 시간과 공간의 사회적 맥락과 관련되며 상대적인 개념이기 때문에 간단히 정의내리기란 쉽지 않다(Mortimore & Blackstone, 1982: 3). Townsend는 "빈곤이란 ……사회의 공통적이거나 관례적인 음식, 설비, 기준, 서비스 그리고 활동 등을 갖지(하지) 못하거나 불충분하게 갖는(하는) 것"(Townsend, 1996)이라며 상대적인 방식으로 빈곤을 정의하였다. 이러한 관점에서 볼 때, 최근 대부분 사람들의 삶의 수준이 전반적으로 개선되었다고 하더라도, 유의미한 소수민족의 삶의 조건은 더욱 악화되었다. 빈곤한 삶을 살아가는 사람의 수는 1979년 이후 3배로 증가하였고, 현재는 전체 인구의 1/4을 차지한(Walker & Walker, 1997). 영국에서는 1980년대에 '가진 자'와 '갖지 못한 자' 간의 차이가 증가하게 되었는데, 그 부분적인 원인은 공식적인 정책의 영향이었다. 또한 영국에서는 1967년에서 1992년 사이에 소득 불평등이 전 세계적으로 가장 큰 비율로 증가하였다(Dennehy et al., 1997: 280). 빈곤한 가정에서 생활하는 아동의 수는 유럽연합의 평균이 20%인 데 반해, 영국은 32%까지 증가하였다(Eurostat, 1997).

사회적 불리함은 교육에 직간접적으로 영향을 미친다. 그리고 사회적 불리함은 쇠약한 건강과 종종 관련성을 맺게 된다. 사회적 불리함의 여건에 있는 아동은 그렇지 않은 여건에 있는 아동보다 육체적으로 더 약할 뿐만 아니라 공부하기 위한 에너지도 부족한 경향을 나타낸다. 또한 사회적 불리함의 여건에 있는 아동은 삶에서 오는 긴장감 때문에 정서적으로도 더욱 황폐해지기 쉬운 경향을 보이며, 가정에서 교육과 학습에 도움을 받을 수 있는 기회도 더 적은 경향을 보인다. 이러한 상황들 때문에, 사회적 불리함의 여건에 있는 아동은 낮은 수준의 자기효능감을 갖게 되어, 자신의 삶에서 불안, 냉담, 절망 등을 극복하려고 노력하는 데 무능력을 나타낸다(Bandura, 1995: 1). Wilkinson(1997)에 따르면, 사회적 불리함의 여건에 있는 아동은 이와 같은 경험들을 통해 효과적인 학교에 다니는 학생들처럼 발전할 수 없게 되고, 결과적으로는 장기적으로 건강한 삶을 살 수 있는 기회를 얻는 데 불리해지게 된다. 건강한 사회는 삶의 가장 높은 절대적 수준들에 의해 결정되는 것이 아니라 가장 작은 소득 격차에 의해 결정되는 것이다(Wilkinson, 1996).

필자는 이와 같은 내용이 Donald Acheson의 건강에 대한 불평등의 자체 연구 내용과 관련됨을 탐구하였다(Whitty, Aggleton, Gamarnikow & Tyrer, 1998). 즉, 1970년생에 대한 코호트 연구(cohort study)에서 얻은 자료에 따르면, 이들이 26세가 되었을 때 학력증명서가 없는 사람들은 학력증명서가 있는 사람들보다 4배나 건강이 안 좋게 나타났다. 또한 학력증명서와 침울(우울) 간에 반비례 관계가 나타났는데, 특히 학력증명서가 없는 여성에게서 침울(우울)이 매우 높은 수준으로 나타났다(Montgomery & Schoon, 1997). 이 연구에서 밝혀진 또 다른 결론은 "공부를 잘 하는 학생이 음식물, 음주, 흡연, 운동 등 건강과 관련된 습관들의 선택에 있어서 더욱 건강한 선택을 하는 경향을 보인다." (Wadsworth, 1997a: 200)라는 것이다. 이를 통해서 아동기의 사회적 불리함과 낮은 학력 그리고 성인기의 삶 간에는 악순환이 존재한다는 것을 알 수 있다.

관련한 변인들을 정확하게 통제하여 수행한 연구들은 별로 없지만, 교육, 건강 그리고 다른 형태의 불리함 간에 분명한 관계가 있다는 것은 확실하다. 그럼에도 불구하고 많은 연구들은 낮은 사회계층의 기원, 낮은 학업성취도, 낮은 고용 전망, 낮은 수준의 정신사회적 복지, 육체 및 정신 건강에 관한 누적적이고 증식적인 효과에 주로 관심을 가져왔다(Benzeval et al., 1995; Wilkinson, 1994, 1996). 영국의학협회(BMA)의 연구에 따르면, 유리한 여건에 있는 가정과 불리한 여건에 있는 가정 간에 건강의 차이가 점점 커지고 있는데, 이것은 미래를 암울하게 만든다(BMA, 1999).

그리고 예상되는 것이지만, 주택은 건강과 교육 모두에 밀접한 관련성을 맺는다. 이와 관련한 많은 연구들에 의하면, 열악한 주택에 거주하는 아동, 특히 임시 숙소에 거주하는 아동은 신체적 발달과 정신사회적 발달에 해로운 결과를 가져오는 것으로 나타난다. 1980년에 발표된 *Black Report*★는 "신체적 복지의 관점에서 볼 때, 주택의 점유 형태와 건강 간에는 인과관계가 있다."라고 밝혔다. 7년 후, 영국아동국(National Children's Bureau, 1987)은 시설이 열악한 주택과 무주택에 거주하는 아동은 건강에 해롭다는 사실을 증거로 제공하였다. 다른 연구들에 따르면, 임시 숙소에 거주하는 사람, 특히 아침 식사가 제공되는 숙소에 묵는 사람은 건강에 부정적인 측면이 있음이 밝혀졌다(예: Howarth, 1987). 그리고 이와 같은 건강의 부정적인 측면은 결코 일시적인 것이 아니다(Morton, 1988). 시설이 열악한 주택은 유해한 건강과 관련된다는 것(예: Furley, 1989; Woodroffe et al., 1993) 이외에도, 시설이 열악한 주택에 거주하는 아동은 놀이에 제한을 받게 되고(Edwards, 1992) 도움이 되는 사회적 네트워크를 받지 못하기 때문에(Crane, 1990), 아동은 여러 가지 측면에서 발달하는 데 부정적인 영향을 받게 된다.

무주택과 학생의 낮은 학업성취도 간에는 관련성이 깊다는 연구들도 있다. 예를 들면, Bassuk과 Rosenberg(1988)는 미국의 무주택 가정의 아동 중 40%가 학업에 실패하거나 '평균 이하'의

★ **역자 주)** 영국의 보건사회보장부(현재는 보건부)에 의해 1980년에 발행된 보고서로서 Douglas Black 경(Sir)이 의장을 맡은 전문가 위원회가 건강 불평등에 초점을 두어 수행한 보고서다.

성적을 받으며, 25%는—공부를 못하거나 문제가 있어—'특별' 반에 있음을 밝혔다. 한편, Kozol(1988)과 Stronge(1992)는 복지시설에 거주하는 아동은 저학년 때 다른 아동보다 뒤처진다는 것을 밝혔다. 그리고 영국의 연구에서는 시설이 열악한 주택과 교육 발전의 결핍 간에도 밀접한 관련성이 있음을 밝혔다. 국립아동발달연구(National Child Development Study, 1972)는 혼잡한 주택과 기본적인 설비가 부족한 주택에 거주하는 아동은 초등학교에서 독서와 수학 성적이 더 낮아지는 것과 분명한 관련성이 있음을 밝혔다. 또한 Stepien, Murray와 Lawrence(1996)의 연구에 의하면, 무주택 아동의 어휘 발달은 다른 아동의 어휘 발달보다 뒤처진다는 점을 밝혔다. 그리고 Shelter의 지원금으로 수행된 연구(Power, Whitty & Youdell, 1995)에서는 불리한 여건에 있는 아동이 겪는 패턴의 이면에 숨겨진 과정들을 분석하였다. 분석 결과, 불리한 여건에 있는 아동에게 제공되는 서비스의 본질과 조직 그리고 전문가의 반응 등에 문제가 많을 뿐만 아니라 해결책에도 상당한 문제가 있는 것으로 나타났다.

예를 들면, 이 연구를 수행한 연구 팀이 교육, 주택 그리고 사회적 서비스 담당 부서들로부터 얻을 수 있었던 것은 무응답, 혼란 및 일관성의 부족이었다. 하나의 사례를 들면, 같은 지역 당국에 소속된 2개의 서로 다른 부서에 설문조사를 하였는데, 같은 질문에 모순된 응답을 하여 설문지를 돌려받았다. 이는 관료주의 내에서도 부서들 간에 분리되고 단절되어 있다는 것을 나타내는 것이고, 이것은 다시 무주택 가정이 적합한 서비스를 얻기 위해서는 이들 스스로가 직접 어려움에 직면해야 한다는 것을 나타내는 것이다. 또한 이 같은 현실은 무주택 가정이 실제적 어려움을 경험하도록 만들 뿐만 아니라, '완전한' 인간과 가족에 관한 정책이 어떤 복합적인 영향을 미치는지를 정책 결정자와 서비스 제공자가 제대로 보지 못하도록 만든다. 이러한 사실과 현실은 무주택 가정이 받아야 되는 도움에 대한 책임이 쉽게 약해지도록 만든다. 그리고 이러한 사실과 현실은 전문가의 반응이 현재 진행되고 있는 연락(접촉)과 지원을 발전시키기보다는 위기관리의 형태를 띠고 있음을 의미한다.

가정뿐만 아니라 학교도 임시 숙소에 거주하는 학생이 많이 재학할 경우에는 여러 가지 문제들을 경험한다. 무주택 가정의 아동이 재학하는 학교의 교장 중 거의 2/3가 무주택 가정 아동의 높은 학교 이탈(turnover)이 전체 학생 수에 현저한 영향을 미친다고 보고하였다. 학생의 학교 이탈 수준은 학교마다 다를지라도, 해마다 많은 학교에서 전체 학교 출석부에 표시된 것보다 더 많은 학생이 기재된다고 보고하였다. 무주택 가정의 아동이 많은 학교의 내부에서는 아침식사를 제공하는 숙소에 거주하는 학생, 호스텔에 거주하는 학생, 무주택 가정의 학생이 서로 가깝게 지내게 되며, 이런 학교에 재학하는 학생은 높은 학교 이탈률을 나타내게 된다. 전반적으로, 무주택 가정의 암묵적이고 명백한 가정(assumptions)과 기대에 의해 지지되었던 정부 수준, 제도 수준, 개인 수준의 과정과 실제는 무주택 가정의 아동이 경험하는 교육적 포용에 중대한 장벽을 만들어 내었다. 이와 같은 쟁점들이 서로 관련되며 통합되는 전략들로 발전될 때에만 그러한 상황이 변화될 가능성이 있게 된다.

순환 깨뜨리기

가톨릭교육연구개발연구소(ICRDCE)의 소장인 Gerald Grace는 너무 많은 교육개혁가들(학교개선 주창자 포함)이 '구조적 · 정치적 · 역사적 맥락에 대한 이해를 바탕으로 하지 않은, 단순한 학교중심의 해결책을 생산해 낸' 잘못을 저질러 왔다고 주장하였다(Grace, 1984: xii). Peter Robinson은 교육적 조처들만으로는 불리함의 영향을 경감시킬 수 없다고 주장하면서, "아이들의 빈곤을 경감시키기 위한 진지한 프로그램이 학교교육에 대한 알맞은 보호적 교육활동보다 학생의 학업성취도와 읽고 쓰는 능력을 함양시키는 데 더욱 도움이 된다."(Robinson, 1997: 17)라는 식의 정부 목표를 비판하였다. 어쩌면 불리한 여건의 지역에 있는 학교를 개선시키기 위한 최선의 방법은 높은 성과를 내는 학교가 많이 위치한 지역의 사회경제적 특징을 불리한 여건의 지역으로 이항시키는 것일지도 모른다.

A. H. Halsey가 교육우선지역(EPA)에 대한 자신의 연구를 바탕으로 수십 년 전에 이미 "도움을 받지 못하는 지역사회를 교사가 부흥시킬 수는 없다. ……교사에게 이웃의 건강, 주택, 고용 그리고 기타 서비스까지 책임지도록 요구하는 것은 교사의 수업에 대한 과업과 직접적인 충돌을 불러일으킨다. 따라서 교육 우선 사항들은 지역사회 발전과 통합되어야 한다."(Halsey, 1977: 241)라

고 강조하였음에도 불구하고, 영국 보수당 정부의 교육정책들은 이와 같은 쟁점을 중요하게 다루지 않았다. 이와 비슷한 결론은 14개 국가들에서 위험에 처해 있는 아동과 가정에 제공되는 통합된 서비스에 대한 OECD 조사에서도 나타난다(OECD, 1995). 이 조사 결과에서는 효과적인 중개 기관의 활동을 통해 불리한 여건에 있는 가정에게 좀 더 동등한 서비스를 제공해 주어야 하는 것이 중요하다는 것을 나타낸다. 만약 불리함이 다양한 원인들을 갖는 것이라면, 학교가 자체 해결책을 강구하도록 기대할 것이 아니라 다양한 기관들이 함께 해결책을 찾으려는 전략이 요구되는 것이다.

하지만 역설적이게도, 정부는 유사시장(quasi-markets), 목표설정(target-setting) 같은 정책 해결책들을 모든 사회 정책 분야에 두루 적용하였고, 여러 분야들 간의 관계를 경시하였다. 불리함을 만회하기 위한 효과적인 중개 기관의 활동에는 인센티브를 제공해 주어야 하는 것이 중요한 우선 사항임을 분명히 해야 한다. 하지만 중개 기관의 활동은 공공 서비스를 더 효율적으로 전달하는 것만이 중요한 것은 아니다. 중개 기관의 활동이 불리한 여건에 있는 지역사회의 '사회 자본'을 재건하기 위한 방법으로 활용될 수도 있다는 것 또한 중요하다.

사회 자본은 "협조된 행위를 촉진함으로써 사회의 효율성을 증진할 수 있는 신뢰, 규범, 네트워크 같은 사회조직의 특징들" (Putnam, Leonardi & Nanetti, 1993: 167)로 정의된다. 교육에 관련한 사회 자본은 "어린이 또는 젊은이의 인지적 또는 사회적 발달에 유용한 영향을 미치는, 가족 관계와 지역사회의 사회 조직에 내재된 일련의 자원들"(Coleman, 1994: 300)로 정의된다. 그리고 사회 자본은 사회계층과 밀접한 관련성을 가지지만, 덜 풍족한 집단에 효과적인 수 있기 때문에 제한적인 정도일지라도 물질적 불리함을 중화시킬 수 있다. 따라서 사회 자본의 개념은 물질적으로 비슷하게 불리한 여건에 있는 집단들 간에 학업성취도의 차이가 발생하는 이유를 설명해 줄 수 있다.

이와 같은 제안은 우리가 현대 사회의 많은 부분들에서 사라져간 신뢰와 지원적 사회 네트워크를 재건할 필요성이 있다는 것을 나타낸다(Putnam et al., 1993). 비록 이러한 주장이 영국의 경우에만 지나치게 강조되는 일이라 하더라도, '정치역학 내의 관여 및 관련된 삶에 있어서 집안이 좋고 적극적인 집단과 그렇지 않은 집단 간이 구분되는' 국가는 매우 한계를 가질 수밖에 없다는 것은 분명한 일이다(Hall, 1997: 36). 이러한 사실은 교육을 사회 전체의 책임감으로 간주하지 않고 개별 소비자의 권리로 간주한 최근의 정책들에 의해 더욱 악화되었다. 따라서 불리한 여건에 있는 집단들을 위한 물질적 자원의 실질적인 증가가 불평등을 해결하는 가장 분명하고 효과적인 방법인 것처럼 보일지라도, '사회 자본'을 증가시켜서 불리한 여건의 지역에 건강, 교육 및 경제적 번영 측면에서 개선을 이끄는 것 또한 불평등의 위험을 줄이는 데 유용할 수 있다.

사회 자본에 관한 연구에 따르면, 사회 자본은 사회 자본을 만드는 데 교육 그 자체의 잠재적 역할에도 중요할 뿐만 아니라 공동체 내의 교육 성취에도 중요한 영향을 미친다. 그러므로 지역사회 발전 또는 '건강한 연대'의 형성같이 교육과는 별로 상관없는 것으로 보이는 정책이 학교의 학업성취도 증가에 실제로 공헌할 수도 있는 것이다. 만약 불리함이 다양한 원인들을 갖는 것이라면, 그동안 따로 일했던 기관들이 함께 해결책을 찾으려는 전략이 요구된다.

'사회 자본'을 증가시키는 지원 네트워크는 건강, 교육 그리고 경제적 번영에 개선을 가져옴으로써 사회적 불리함의 위험을 감소시키는 데 유용할 수 있다. 예를 들어, 미국에서 수행된 연구(Furstenberg & Hughes, 1995: 589)에 따르면, 사회 자본은 미국에 거주하며 불리한 여건에 있는 젊은 아프리카계 미국인이 학교에 계속 재학하는 비율을 결정하는 하나의 요인이 되는 것으로 나타났다. 또한 높은 수준의 사회 자본을 갖는 사람은 기죽지 않을 수 있고 취업하기 쉬우며 십대에 부모가 되는 일이 별로 없는 등 '심각한 문제를 피할 수 있는' 것으로 나타났다. 다른 연구(Fuchs & Reklis, 1994)에 따르면, 부모 관계의 강력함과 사회 네트워크의 영향력이 아동의 취학 전 '배움에 대한 준비'에 결정적인 영향을 미치는 것으로 나타났다. 그리고 영국인의 출생에 관한 코호트 연구(cohort study) 데이터에 따르면, 사회 자본이 교육의 잠재력을 극대화하는 데 중요한 요인으로 작용하는 것으로 나타났다. 예를 들어, Wadsworth(1996, 1997a, 1997b)의 분석에 따르면, 자녀의 교육에 대한 부모의 관심은 계층에 상관없이 자녀의 교육적 성과, 학업성취도 그리고 성인의 기회에 긍정적인 영향을 미치는 것으로 나타났다. 학교 효과와 개선에 관한 연구에서는, 교장과 교직원 간, 교직원과 학생 간 그리고 가정과 학교 간의 높은 수준의 신뢰가 긍정적인 성과를 가져오는 것으로 나타났다. 더욱이 학교는 더 큰 지역사회의 사회 자본을 만드는 데 도움을 줄 수 있는 것으로 나타났다. 즉, 비록 지역사회와 자원봉사단체에 참여하는 것은 사회계층과 교육 수준이 어떠냐에 따라 많이 달라지는 것이지만, 읽고 쓰는 능력과 계산 능력이 낮은 여성도 점차 학부모-교사 연합회(PTA)의 활동에 참여하려는 것—각각 6%와 12%—으로 나타났다(Bynner & Parsons, 1997).

보호적 교육활동은 이를수록 특히 효과적일 수가 있다. Wadsworth는 "불평등을 감소시키기 위한 기회들은 빨리 시도될수록 그 효과가 커진다. 왜냐하면 개인이 성장할수록 변화되기 어려운 잠재력이 계속 누적되는 만큼 불평등이 쉽게 또는 빠르게 감소되기는 어렵기 때문이다."(1997b: 867)라고 강조하였다. 이 같은 관점에서 볼 때, 아동이 어릴 때 받는 교육 계획들이 더욱 총체적 접근을 띠고, 사회 자본 형성의 중요성을 더욱 인정하는 경향을 띠고 있는 것은 고무적인 일이다.

비록 여전히 논쟁이 되고 있지만, 미국에서 가장 오래 시행된 두 가지 계획들인 하이/스코프(High/Scope) 프로젝트와 헤드스타트(Headstart) 프로젝트는 건강과 사회적 성과에서 효과가 있는 것으로 나타나는데, 특히 집에 머물러 있는 학생들 또는 다른 형태의 보호적 교육활동을 경험하는 학생들과 비교할 때 더더욱 효과가 있는 것으로 나타났다(Schweinhart, Barnes, &

Weikart, 1993; Case, Griffin, & Kelly, 1999). 예를 들면, 아동발달의 구성주의 이론에 근거한 하이/스코프 프로그램을 경험한 아동의 경우에는 단지 6%만이 초등교육 또는 중등교육을 받는 동안 정서적 어려움을 해결하기 위한 치료를 받은 것으로 보고된 반면, 직접적인 수업과 관련한 보호적 교육활동을 경험한 아동의 경우에는 47%가 초등교육 또는 중등교육을 받는 동안 정서적 어려움을 해결하기 위한 치료를 받은 것으로 보고되었다. 마찬가지로, 헤드스타트 프로젝트를 경험한 아동은 그렇지 않은 아동보다 중등학교에 평균 2년 더 길게 재학하는 것으로 보고되었다. 또한 헤드스타트 프로젝트를 경험한 아동은 그렇지 않은 아동보다 '십대 임신과 청소년 비행' 문제의 비율이 낮았고 '자녀의 교육에 대한 더욱 적극적인 태도와 더 높은 권한부여 마음'을 경험하는 것으로 나타났다(Case et al., 1999). 이러한 직간접적인 사회적 혜택은 하이/스코프 형식의 취학 전 교육에 투자된 1달러가 장기적으로는 범죄, 교육 그리고 기타 사회적 비용에 7달러를 절감하도록 만드는 것으로 나타났다(Schweinhart & Weikart, 1997).

우리는 이처럼 미국에서 발견된 결과들이 다른 곳에서도 그대로 적용될 수 있을 것으로 쉽게 생각해서는 안 된다. 하지만 지난 20년 동안 이루어진 계획들을 통해 얻은 증거들을 볼 때, 양질의 취학 전 보호적 교육활동은 영국에서도 긍정적인 효과를 가져올 수 있는 것으로 나타났다(예: Jowett & Sylva, 1986; Athey, 1990; Shorrocks et al., 1992; Sylva & Wilshire, 1993 참조). '배움에 대한 준비'로 불리는 것을 개발하는 데 초점을 둔 보호적 교육활동은 특히 불리한 여건에 있는 아동에게 혜택을 가져다 주는 것으로 나타났다(Ball, 1994; Sylva & Wilshire, 1993). 부모를 위한 지원 또한 이러한 맥락에서 아주 중요한 것으로 나타났다(Smith & Pugh, 1996). 비록 영국에서 이루어진 프로그램들이 그 성과 앞에서 과소평가되거나 포기되었지만, 많은 교육자, 발달심리학자, 아동 및 청소년 정신의학자 그리고 연구자는 아이가 어릴 때 제공되는 양질의 보호적 교육활동이 교육적 수행 능력, 자아존중감, 정서적 안녕감을 개선시키는 데 더욱 효과적인 방법임에 동의한다. 그러나 이 말이 영국의 교육고용부/보건부(DfEE/DH)에서 시행하는 '건강한 학교' 계획같이, 아동이 성장했을 때 제공되는 보호적 교육활동은 도움이 되지 않는다는 것을 뜻하는 것은 아니다.

Bryk, Lee와 Holland(1993)의 연구와 여러 연구들(Catholic Education Service, 1997, 1999; Grace, 1998)에 따르면, 가톨릭 학교들은 모든 학생들을 위한 교육 서비스 차원의 몇 가지 중요한 교훈들을 세우는 것으로 나타났다. 즉, 이 학교들은 특히 불리한 여건에 있는 학생에게 상대적으로 효과가 있는 것으로 나타났는데, 그 이유는 학교와 지역사회 내의 높은 수준의 사회 자본에 의존하여 가르쳤기 때문이었다(Willms, 1999). 이러한 결론은 미국의 상황과는 매우 모순되었는데, 그 이유는 미국의 가톨릭 학교들은 사립학교이고 이 학교들에 대한 연구 결과는 사립 교육을 지지하기 위한 것으로 사용되어 왔기 때문이다. 즉, 미국에서도 학교 안팎의 사회 자본을 주제로 하여 '지역사회'의 효과를 분석한 연구들이 있음에도 불구하고, 통계자료로 활용할 때에는 학생의 학업적 질의 차이, 특정한 학생을 배제하기 위한 다양한 패턴, 가르치는 학업적 프로그램의 차이 등을 정당화하는 데 유리한 내용들을 추출하여 사용하여 왔다. 영국에서 특정한 종교의 학교가 큰 성공을 거두는 실제 원인을 분석하기 위한 후속연구가 더 수행될 필요성이 있다. 이러한 연구들을 통해, 비종교적 형태의 지원과 네트워킹이 어떻게 비종교적 학교의 학업성취도를 증가시키는 데 도움을 줄 수 있는지를 파악하는 데 도움을 제공할 수도 있다.

신노동당의 정책

영국 신노동당의 정책에 대해서는 이 책의 8장에서 논의하겠지만, 여기서는 사회적 불리함의 효과에 반대하는 논평을 간단히 다루고자 한다. 충분히 논증할 수 있는 일이지만, 영국의 신노동당은 문제해결을 위해 모든 접근의 요소들을 동원해 보려고 노력하였음에도 불구하고 신노동당의 백서인 *Excellence in Schools*와 *Excellence in Cities*는 강화된 책무성과 지원 구조를 중심으로 한 학교개선 전략들을 특히 강조하였다. 전반적으로 이러한 전략이 특정한 학교들에 어떤 혜택을 주었을지라도, 이러한 정책은 불평등을 완화시키고 불리함을 극복하려는 관점은 상대적으로 나약했다. 그러한 전략들은 확실히 전반적인 학업성취도를 끌어올리는 데에는 성공했을지 몰라도, 불평등과 불리함의 해결 문제에는 소홀하였으며 오히려 불평등을 가속시켰다(Plewis, 1998).

사실상, 영국 신노동당의 목표 설정의 접근도 기회의 평등 문제를 중요하게 신경 쓰지 않으면서도 결과의 평등을 성취할 가능성이 있는 것으로 간주한 것이었다.

하지만 영국 신노동당의 폭넓은 정책은 학교중심의 조처와 상관없는 합리적인 사고와 사회학적 신념을 바탕으로 하여 불평등과 불리함의 문제를 해결하려는 정책을 시도하였다. 즉, 1997년 12월 영국의 총리인 Tony Blair에 의해 "그 누구도 자신의 잠재력을 개발시킬 기회로부터 배제되지 않으며, 사회적 분열과 불평등 문제를 해결하는 영국"을 만들겠다는 의지로 사회적 배제 분과(Social Exclusion Unit)가 출범하였다. 이 분과의 기능들 중 하나는 만약 정책이 사회적 배제를 끝내는 데 공헌하지 못하면 책임질 부서들을 만드는 것이었다. 사회적 배제 분과의 이러한 기능은 교육정책에서 특히 효과를 거둘 수 있었는데, 그 이유는 신노동당의 정책이 사회적 포용을 가져오기보다는 사회적 배제의 효과를 가져왔기 때문이었다.

수어스타트(Sure Start) 프로그램과 가족 문해(Family Literacy) 프로그램 같은 광범위한 보호적 교육활동들은 학업성취도 미달의 원인이 학교의 잘못에만 있는 것이 아니라는 점을 인정한 것이었다. 즉, 비록 많은 정책들이 '시장 원리'를 지속적으로 반영하고 가장 빈곤한 지역에 있는 학교와 가정의 문제를 소홀히 하였지만, 학업성취도의 미달에는 학교, 가정, 지역사회 모두가 영향을 미치는 것이고, 빈곤한 가정에 적절한 교육적 지원을 제공해주는 것이 바람직하다고 인정한 것이었다.

사회 자본의 주제가 중요하다는 인식 그리고 특정한 종교의 학교가 불리한 여건에 있는 학생의 학업성취도를 향상하는 데 더 성공적이라는 증거가, 영국의 신노동당으로 하여금 신앙에 근거한 학교 수가 늘어나도록 하는 정책을 시행하도록 했다(Penlington, 2001a). 하지만 만약 사회 자본의 주제를 더 깊이 연구한다면, 교육 서비스와 관련한 정책의 중요한 것은 어떻게 하면 비종교적 학교들 내에 그리고 다양한 사람들 간에 동등한 형태의 사회 자본을 구성할 수 있는가 하는 문제다. 그리고 이 문제는 커다란 도전을 야기한다. 왜냐하면 북 아일랜드의 경우처럼 높은 수준의 사회 자본을 갖춘 지역사회는 사회적·문화적으로 포용적이라기보다는 배제적일 수도 있기 때문이다(Baron et al., 2000).

앞에서도 언급했듯이, 차등지원정책(positive discrimination)의 필요성은 영국 보수당의 정책과는 확연히 구분되는 몇 가지 안 되는 교육 계획들 중의 하나였다. 가장 높은 수준의 불리함이 나타나는 지역이면서 수행 능력이 미달되는 학교가 있는 지역에 대한 교육우선투자지역(EAZ) 프로그램은 학업성취도를 끌어올리고 무단결석을 단절하기 위한 의도로 도입된 것이었다. 이론적으로 볼 때, 이 정책은 가장 불리한 여건의 지역에 자원을 집중적으로 지원해 주고 네트워크, 파트너십 그리고 중개 기관의 협력을 통해 사회 자본을 형성해 줄 수 있다. 그리고 이 책의 1장에서도 제안했듯이, 이러한 정책이 성공하기 위해서는 불리한 여건에 처한 지역에 자원의 의미 있는 재분배가 이루어질 필요가 있으며, 모든 이해 당사자들을 지금까지의 그 어떤 경우보다 더욱 확실하게 포함시키는 것이 필요하다. 또한 교육우선투자지역(EAZ) 이외 지역의 불리한 여건에 있는 사람의 욕구를 간과하지 않는 것이 중요하며, 교육 안팎의 모든 면에서 여러 보호적 교육활동들이 연계될 수 있도록 하는 더 확실한 정책도 계속해서 필요하다. 예를 들면, 처음에는 교육우선투자지역(EAZ)이 건강우선지역(Health Action Zones)과 고용우선지역(Employment Zones)과는 구분되는 것으로 인식되었지만, 이러한 정책들이 서로 연계되어 효과를 발휘할 수 있도록 하는 것이 필요하다. 이 정책들이 '서로 연계되고' '전체적으로 접근할' 때에만, 효과적인 학교개선 전략들이 지속되고 공유되며 보편화될 수 있다.

사회적 배제/포용의 두 가지 측면

관계적 사고를 고려한다면, 정책이 순전히 불리한 여건에 있는 사람에게만 관심을 가져서는 안 되는 것이 원칙이다. 왜냐하면 이들의 불리함은 다른 사람들의 유리함과 상대적인 것이기 때문이다. Anthony Giddens(1998)는 부유한 자들은 국가가 대중들에게 제공하는 서비스에서 자발적으로 배제되려고 하기 때문에 '사회적 배제'는 사회의 '하류층'뿐만 아니라 '상류층'에게도 작용하는 이원적인 과정이라고 지적하였다. 우리 모두가 잘 알고 있듯이, 지배층과 상류층은 엘리트식 사립학교교육을 선호하기 때문에 대중교육을 함께 받는 것을 벗어나는 스스로의 '자기 배제'를 선택해 왔다. 제2차 세계대전 이후 중류층이 급속한 성장을 하였지만 '자기 배제'를 할 수 있는 엘리트식 사립학교교육은 급속하게 성장하지는 못했다(Burchardt et al., 1999). 따라서 중류층의 일부분은 엘리트식 사립학교교육을 사용할 수 있었던 반면, 중류층의 다른 일부분은 자녀에게 '안전한' 방식으로 공교육의 특정한 부분을 '잠식하는 데' 성공하였다. 즉, 이들에 의해 공립학교교육이 차별화된 형태로 개발되도록 진행되었는데, 이러한 차별화된 형태의 학교들이 출현하게 된 것을 Halpin 등(1997)은 '재창작된 전통주의(reinvented traditionalism)'라고 불렀다. 그 의도가 무엇이든지 간에 이러한 과정으로 일부 사람들의 자녀들은 공교육 영역에서 배제되는 것과 같은 효과를 갖게 되었다.

Young(1999)은 '상류층'과 '하류층'의 이와 같은 배제의 과정은 매우 특수한 방식으로 서로 의존적인 관계에 있다고 강조하였다. 그리고 Young은 대안(즉, 양자택일)의 여력이 있을 만큼 충분한 소득이 있는 가정은 공립 중등학교에 보내려 하지 않는데, 그 이유는 공립 중등학교에 다니는 대부분의 아동은 하류층이기 때문이라고 하였다. 또한 어떤 경우에는 부유한 가정이 그 자녀를 공립 중등학교에 보내면서도 '상류층 배제'의 메커니즘을 자주 사용하는 데, 예를 들면 자녀를 최고의 공립학교에 보내기 위해 일부러 그 관할구역으로 이사를 하기도 한다. 그렇기 때문에 Young은 중류층 자녀가 점차 불리해질 수 있다고 암시하였다. 즉, 대도시 중심의 저소득층이 사는 지역에서의 공공 서비스의 질이 낮아지는 이유 중의 하나는 상대적으로 유리한 여건에 있는 사람들의 수가—이사로 인해—증가함으로써 중류층에 대한 지원이 감소했기 때문이라고 지적하였다. 결과적으로, 학교선택 정책은 이 지역에서의 중류층의 전략적 철수(strategic withdrawal)를 용이하게 했고, 학생 수가 부족해짐에 따라 이 지역의 학교가 운영의 어려움을 겪도록 하였다(Maden, 2001: 336).

한편, 소수의 '우수한' 노동계층 아동이 중류층의 아동이 다니는 공립학교나 사립학교에 진학할 수 있도록 하는 후원형(sponsorship) 체제는, 실질적으로는 중류층 아동의 전체 수에는 위협이 되지 않으면서도 후원형 사회라는 것을 합법화하는 데 도움을 준다. 즉, 노동계층 아동 중 몇몇 아동이 우수하여 성공을 거두는 것은 현실적으로 극히 드문 일이지만, 이러한 사례들이 있다는 것을 이유로 들어, 대부분의 노동계층 아동이 실패하게 되는 현실의 문제점들에 대해 보다 근본적인 개혁이 필요하다는 데에는 별다른 관심을 갖지 않는다. 또한 정치인은 그러한 극히 드문 사례들을 자신의 정책이 성공한 증거라고 선전하기에만 급급할 뿐이라서—이를 테면, 1980년대에 매년 몇몇 안 되는 노동계층의 성공한 아동과의 기념촬영 같은 행사—구조적인 불평등의 쟁점은 부각되지 않으며, 결과적으로 구조적인 불평등이 합법화되는 효과를 가져오게 된다.

그렇다면 이러한 모든 사실들을 고려할 때, 교육정책은 계층 차이를 극복하는 데 효과적이지 않는가? 교육에는 사회계층이 지대한 관여를 하게 된다는 사실은 전 세계적으로 나타나는 문제이지만, 특히 영국은 더욱 그렇다(Goldthorpe, 1996). 사회계층이 지대한 영향을 미치는 이러한 지배적인 패턴을 바꾸어야 하고, 지배적인 패턴을 바꾸는 데 도움이 될 수 있는 것들이 필요하다. 즉, 우리는 중류층 아동에게는 기회가 개방되어 있지만 노동계층 아동에게는 개방되어 있지 않은 기회가 개방될 수 있도록 진력을 다해야 한다. 그리고 교육적 성공과 실패를 정의 내리는 데 계층이 강하게 영향을 미치는 것에 도전해야 하고, 학교 내의 차별이 이루어지는 과정을 재평가하면서, 이와 동시에 노동계층 아이들이 현재의 교육적 성공에 대한 정의에서 성공할 수 있는 가능성을 극대화할 수 있는 방안을 모색해야 한다.

예를 들어, 미국에서 있었던 근거에 따르면, 학급당 학생 수를 30명 이상에서 30명 이하로 줄이는 것은 중요한 차이를 가져오지 못한 반면, 불리한 여건에 있는 학생들의 학급당 학생 수를 15명으로 줄이는 것은 중요한 차이를 가져왔다(Molnar et al., 1999). 그리고 영국에서는 1997년에 신노동당에 의해 추진된, 초등학교의 학급당 학생 수를 30명 이하로 줄이겠다는 교육정책은 불리한 여건에 있는 학생보다 유리한 여건에 있는 학생에게 더욱 혜택이 돌아가는 결과를 초래하였다. 왜냐하면 대도시 중심의 저소득층이 사는 지역보다 부유한 지역의 학급당 학생 수가 30명 이상인 곳이 더 많았기 때문이다. 하지만 불리한 여건에 있는 학교의 학급당 학생 수를 15명으로 줄이는 것은 부유한 지역이 아닌 불리한 여건의 지역으로 자원을 효과적으로 전환시킬 수 있고 교육적으로도 바람직한 것이지만, 선거에 부담이 될 수도 있는 것과 맞물려 있다.

정부 입장에서는 중류층이 누리는 특권에 도전적인 정책들을 현대의 정치적 풍토에서 추진하기는 어렵고, 영국의 신노동당 또한 그렇게 해 왔다. 즉, 정부 입장에서는 현대의 선거를 결정짓는 '부동표'를 구성하는 중류층 유권자에게 특히 도움이 되는 정책에 신경을 쓸 수밖에 없는 것이 현실이다. 그렇다면 우리는 현실적으로 정당하지 않고 도리에 맞지도 않는 중류층의 유리함의 기회를 제한하면서, 그러한 선거의 논리에 효과적일 수 있는 방법들을 찾아야 한다. Giddens가 명확하게 인지했듯이, 이원적인 과정으로서 사회적 배제를 파악한다는 것은 사회적 포용을 위한 모든 프로그램은 그 자체가 이원적인 과정이 되어야 한다는 것을 의미한다. 그러므로 공적 영역 내에 사회의 '하류층'뿐만 아니라 '상류층'도 포함할 수 있는 전략들이 개발되어야 한다. 대도시 중심의 저소득층이 사는 지역의 공립학교에서 학업성취도를 끌어올리기 위해 신노동당이 계획한 '도시학교의 우수성(Excellence in Cities)'이라는 프로그램은 노동계층 아동의 학업성취도를 향상한다는 명확한 목표를 추구할 수 있을 뿐만 아니라 그러한 학교에 재학하는 중류층 아동이 다른 곳으로 빠져나가지 않고 계속 다닐 수 있도록 하는 데에도 효과가 있을 수 있다. 노동계층의 희생으로 학교와 교육과정 모두에서 중류층이 지배하는 '잠식화(colonization)'의 위험과 잠식화로 인한 '필요한 양(critical mass)'의 긍정적인 효과 간에 균형을 도모한다는 것은 어려운 일이다. 사실, 그러한 어려움은 '영재교육' 프로그램에서 이미 나타난 일이기도 하다(Lucey & Reay, 2000). 그럼에도 불구하고 영국의 '도시학교의 우수성' 프로그램은 적어도 앞으로의 좀 더 포용적인 전략을 위한 시작일 수 있다.

결 론

우리가 살펴본 바와 같이, 많은 연구에서 낮은 사회계층, 낮은 학업성취도, 불리한 고용 전망 그리고 빈약한 신체적·정신적 건강이 상호 누적적인 효과가 있음을 보여 주고 있다. Giddens의 가장 최근의 연구(Giddens, 2000)에도 불구하고, 교육 측면에서는 우세하지만 다른 측면에서는 열세한 가정은 그리 많지 않다.

비록 국무장관인 David Blunkett는 '인기를 끌기 위한 술책'으로서 자신의 견해를 분명하게 밝히지는 않았지만(Pyke, 1997), Robinson(1997)은 빈곤의 문제를 해결하려고 하는 것이 학교중심의 개혁보다 교육 불평등을 감소시키는 데 더욱 효과적이라고 제안하였다. 이는 주택, 건강 그리고 교육 불평등이 서로 관계가 있다는 연구 결과들을 고려할 때 충분히 논의할 가치가 있다. 물질적 빈곤의 문제를 해결하려는 지속적인 노력 없이는 불리한 여건에 있는 사람이 얻는 교육적 이득은 매우 제한적일 수밖에 없다. 그리고 사회 자본을 형성하고 더욱 활성화하려는 정책도 중요하지만, 그 정책은 물질적 빈곤의 문제를 해결하려는 정책을 대체하는 것이 되어서는 안 되고 보완하려는 것이 되어야 한다(Gamarnikow & Green, 1999). 만약 교육정책 계획들이 경제적 불평등 문제를 폭넓게 해결하려는 데에 의식적으로 초점을 두지 않는다면, 즉 Giddens(1998)의 표현대로 "불평등의 근원을 차단하려고 노력하지 않는다면", 그러한 교육정책 계획들은 학업성취도에 사회계층 차이가 강하게 반영되는 문제를 극복하는 데 제한적인 성공을 거둘 수밖에 없다.

교육체제를 재정비하여, 불리한 여건에 있는 사람이 성공할 수 있도록 만든다는 것은 쉬운 일이 아닐 뿐만 아니라 단순히 교육 서비스만으로는 달성할 수도 없는 일이다. 학업 면에서—비록 가장 '효과적인' 학교는 아닐지라도—가장 성공적인 학교를 구분 짓는 가장 중요한 단 하나의 요인은 불리한 여건에 있는 가정 자녀의 가장 적은 재학률이다. 그렇기 때문에, 단순히 교육 불평등의 전반적인 패턴에 영향을 미치는 보호적 교육활동보다는 빈곤과 불리함이 비롯되는 근원적인 문제해결에 초점을 맞추는 정책들이 더욱 성공적일 수 있다. 그리고 학교교육 내에서 사회적 분열이 일어나지 않도록 하는 것도 빈곤과 불리함이 비롯되는 근원적인 문제해결에 기여하는 것이다.

사회는 학교가 무엇을 하도록 기대되어야 하고 무엇을 하도록 기대되지 말아야 하는 것인지 그리고 학교가 어떤 지원을 필요로 하는지에 관해 더욱 명확하게 할 필요가 있다. 개인, (학교) 기관, 그리고 사회 간의 관계는 복잡하기 때문에 사회의 문제를 학교 탓으로 돌리는 것은 불공정할 뿐만 아니라 바람직하지도 않다. 정부, 지방교육청 그리고 학교행정가가 도전적인 목표를 설정하는 것도 중요하지만, 학교 단위에서 할 수 있는 활동에는 한계가 있다는 점을 분명히 하는 것도 중요하다. 비현실적인 목표 설정과 '책임과 비난' 전략의 채택은 불리한 여건에 있는 학생의 학업성취도를 향상하고자 노력하는 교사에게 단지 냉소적인 태도와 사기 하락을 가져올 뿐이다. 불리한 여건에 있는 학교에서 근무하는 것을 선택하는 교사에게는 그들의 노력을 인정해 주고 지원해 주려는 헌신이 요구된다. 그리고 이러한 교사의 노고가 불리한 여건에 있는 지역사회 간 학업성취도의 상대적 수준에 의미 있고 지속적인 영향을 미치도록 하기 위해서는, 이 교사들이 다른 기관들과 밀접한 관계를 맺을 수 있도록 여건을 제공해 주어야 한다.

불리한 여건 속에서 장기적으로 영향을 미치는 패턴들을 한번에 뒤집을 수 있는 단 하나의 요인은 없지만, 그렇다고 해서 우리가 그것을 변화 불가능한 것으로 간주해서도 안 된다. 학교는 분명히 의미 있는 변화를 가져올 수 있지만, 학교 자체가 사회적 흐름에 완강하게 저항할 수는 없다. 비록 Michael Barber는 "학교는 의미 있는 변화를 가져올 수 없고, 혁명이 일어나기 전까지지는 할 수 있는 것이 없다."(Barber, 1997b: 21)라고 말하였지만, 필자는 이러한 주장에 동의하지 않는다. 사회학적 관점에서 이루어진 정책 연구(Thrupp, 1999)에 따르면, 학교는 의미 있는 변화를 가져올 수 있지만, 현실적이어야 한다는 것이 중요한 것임을 알 수 있다.

| 추가 참고도서 |

Maden, M. (Ed.) (2001). *Success Against the Odds - Five Years On*. London: RoutledgeFalmer.

Mortimore, P. (1998). *The Road to Improvement: Reflections on School Effectiveness*. Abingdon: Swets & Zeitlinger.

Thurpp, M. (1999). *School Making a Difference: Let's Be Realistic!* Buckingham: Open University Press.

Chapter

8

신노동당의 교육정책과 교육연구

영국의 1997년 총선 이후, 영국을 비롯하여 세계의 많은 사람들은 영국의 신노동당 정부의 개혁인 '제3의 길' 정책이 지난 20년 동안 교육정책을 지배했던 뉴라이트 의제에 진보적인 대안을 제공할 것으로 보았다. 이 마지막 장에서는 그러한 바람이 영국 교육정책의 정치학에서 실제로는 어떻게 지탱되고 있는지 그리고 이 책의 앞부분에서 언급한 뉴라이트 개혁의 헤게모니를 어떻게 대체하였는지에 관해 살펴본다. 또한 신노동당의 학교에 대한 관계와 정책 입안과 관련된 교육연구에 대해 살펴본다.

1980년대와 1990년대에는, 현대 국가가 직면한 상황과 세계화에 반응할 수 있는 유일한 해법이 신자유주의 교육정책에 있다고 여기는 경향이 있었다. 하지만 신자유주의 교육정책의 흐름에도 불구하고, 모든 나라들에서 신자유주의 교육정책이 수행된 것은 아니었다(Green, Wolf & Leney, 1999; Green, 2001). 또한 우리는 학교선택이나 학교자율성을 보수적 의제와 연계할 필요가 없다는 점을 기억해야 하고, 어떤 상황에서는 진보적 정책의 일환으로도 연계되었다는 점을 기억해야 한다. 즉, 영국 · 호주 · 뉴질랜드에서의 어떤 (진보적) 교육개혁들은 보수적 의제로 변형되거나 통합되었다(Whitty, Power & Halpin, 1998).

1990년대 중반 무렵, 많은 나라들에서는 뉴라이트 의제의 효과에 대해 상당히 불안해했고, 이것이 좌파 정당에 힘을 실어 주는 결과를 가져왔다. 영국에서는 1997년 5월에 신노동당 정부가 집권하게 되었는데, 많은 사람들은 이것을 교육정책의 급격한 변화를 예고하는 것에 대해 환영하였다. 선거 캠페인 동안에 대중은 교육 분야에 많은 관심을 가졌고, 노동당의 대표인 Tony Blair는 '교육, 교육 그리고 교육'을 최우선으로 하는 정책을 펴겠다는 공약을 내세웠다. 신노동당의 '제3의 길' 정책이 영국뿐만 아니라 많은 나라들에서 지배적인 신자유주의의 통설의 환상을 깨 줄 것으로 기대되었다.

신노동당의 대안

사람들이 신노동당 정부 이전의 정부 정책들이 공정성 효과에 피해를 가져왔다고 우려하였는데, 이것은 정부 교체에 긍정적인 측면으로 작용하였다. '소수 엘리트를 위한 수월성 교육이 아닌 다수의 학생들을 위한 수준 높은 교육'이라는 신노동당의 슬로건이 1997년 선거 공약이었다. 신노동당이 집권하면서 사립학교재정지원정책(Assisted Places Scheme: APS)—이 책의 3장에서 언급했듯이, Thatcher 정부의 첫 정책들 중의 한 가지—을 폐지하게 되는데, 이것은 신노동당 정부가 사사화(privatisation)와 특권을 지향하지 않겠다는 것을 나타내는 것이었다. 보조금지원계획(APS)을 폐지함으로써 생긴 여유 자원은 초등학교의 학급 규모(즉, 학급당 학생 수)를 줄이는 데 사용할 수 있게 되었고, 이를 통해 재분배가 중요 의제로 다시 부상하게 되었다. 특수목적학교를 그 학교에 다니는 소수 학생의 특권으로 간주하기보다는 공동체의 자원으로 간주하는 수사학적 변화는 모든 학생들의 교육을 위한 공동의 책임을 의미하는 것으로서 학교와 학부모 간의 과도한 경쟁에 변화를 주었다. '파트너십'이라는 어휘를 사용하여, 학교 간 파트너십, 학교-학부모 간 파트너십, 학교-지역교육청 간 파트너십 그리고 심지어 공적 영역과 사적 영역 간 파트너십이라는 새로운 어휘가 강조되었다. 교사는 일반수업협의회(GTC)를 통해 전문성을 향상하게 되었다.

그렇지만 실제로 신노동당의 변화는 겉치레에 불과한 것이었다. 신노동당의 소위 '제3의 길' 정책은 유사시장과 매우 비슷해 보였다. '제3의 길' 정책의 핵심은 노동당의 전통적 접근보다 보수당의 핵심 의제에 더 가까운 것이었다. 더욱이 진보주의자가 가장 혐오하였던 보수당의 교육정책들 중 어떤 것들은 신노동당 정권 아래에서도 유지되었고 심지어 더 강화되었다. 1980년대와 1990년대 초 교육개혁들의 주요 요소들은 그 자리에서 유지되었다. 학교와 지역교육청 모두에서 교육서비스의 제공을 위탁하여 맡기는 것을 뜻하는 사사화는 Thatcher 정부와 Major 정부에서보다 오히려 심화되었고, 보수당의 특수목적학교 계획은 노동당 정책의 핵심 강령이 되었다(Tulloch, 2001).

개인적·정치적 이유로 그리고 학부모와 학교 모두를 위한다는 명목으로, 정부 관료들에 의해 '선택'이라는 것이 채택되었다. 이와 관련하여 Tony Blair가 언급한 논평은 Thatcher의 악명 높은 발언인 "사회라는 것은 없다. 오로지 개인과 가족뿐이다."(*Woman's Own*, 1987. 10. 31.)라는 것과 유사하였다. 계층화된 사회에서 학교선택이라는 것은 최상의 선택을 할 문화적 자원을 가진 자에게 더 유리할 수 있다는 점에 대해서는 별로 관심을 두지 않았다.

예전의 노동당 장관이었던 Roy Hattersley는 학교선택이라는 것은 중류층 학부모에게 '불공정한 이득을 얻을 수 있는 방식'에 있어 자유를 제공할 것이라고 하였다(*Observer*, 1995. 1. 15.).

선거 공약이 무엇이든지 간에, 이러한 접근은 신노동당의 교육정책에 있어 사회학적 사고의 부족을 드러내는 것이었고, 개인적인 결정이 다른 사람의 결과에도 영향을 미친다는 사고의 부족을 드러내는 것이었다. 하지만 노동당의 접근의 변화가 어떤 측면에서는 선거 측면뿐만 아니라 사회학적으로 더욱 이해하기 쉬운 것이었는데, 즉 이 책의 5장에서 논의한 현대 사회로의 변화에 반응한 것으로 이해될 수 있는 것이기도 하였다. 1997년의 선거 이후 교육고용부(DfEE)에 설치된 학업성취도 수준과 효과성 부서(SEU)의 첫 수장을 맡았던 Michael Barber의 말을 빌리면, 노동당은 "전통적인 관심사인 평등성을 새로운 관심사인 다양성과의 연계"(Barber, 1997a: 175)를 추구하였다.

하지만 그러한 결과로, 신노동당은 '새 시대'를 무비판적인 방식과 낙관적인 관점으로 받아들였다. 핵심 쟁점은 정부가 '구조가 아닌 학업성취도 수준'을 강조하는 것이었고, 정부는 영국의 중등교육을 조직하였던 지배적인 원리의 역사, 즉 불평등한 배출을 위한 학생 선발의 역사를 바꾸려고 하였다. 종합중등교육(comprehensive secondary education)에 폭넓게 공헌하는 범위 내에서 다양한 형태의 학교교육을 촉진하기 위해서는 불공정한 불평등이 되는 합법적인 차별을 방지하는 방식에 특별한 관심을 갖는 것이 필요하다. 하지만 효과적인 '구조가 아닌 학업성취도 수준'을 강조한 것은 듣기 좋은 말에 지나지 않았고, 모든 학생들을 위한 학업성취도 수준을 향상하기 위한 탐구는 구조의 쟁점과 단절될 수 없었다.

더욱이 다양한 구조와 공통된 학업성취도 수준에 근거한 접근은 그 두 가지 모두에 최악의 결과를 가져다주는 것이기도 하였다. '고도의 모더니티(high modernity)'의 맥락에서는 다양성을 수용하려는 논쟁이 있을 수는 있다. 그러나 왜 교수–학습의 본질이 아닌 구조에 다양성을 적용하는가? Blair 정부는 전반적으로 교육적 지식에 대해 관습적인 관점을 채택하였고, 선발의 본질과 사회적 기능에 관한 어려운 사회학적 질문에 소홀히 대처하였다. 사실상, '학업성취도 수준'에 관한 신노동당의 생각은 검증된 것이 아니었다. 신노동당은 실제로는 교육과정을 협소하게 만들었고, 읽기와 산수의 수업에 처방적 접근을 도입하였다. 따라서 전반기 기간 동안 신노동당은 보수당의 기존 노선을 그대로 답습하는 것에 지나지 않았고, 소수 몇몇 사항에 대해서만 보수당과 다른 것을 택한 정도였다.

전반적인 사항들에 걸쳐서 본다면, 전반기 기간 동안 신노동당의 상징적 변화는 매우 제한적인 것이었다. 또한 뉴라이트의 영향은 대부분 그대로 남아 있었다. 지방 경영, 다양성 그리고 선택이라는 것에 근거한 유사시장의 평가 체제와 국가교육과정을 결합함으로써, 국가 통제와 시장의 힘(market forces)이 혼합되었다. 하지만 새로운 양식의 규제를 구성하는 '원격조종'의 개선된 형태로 통제를 다시 강화하려는 움직임이 있었고, 이것은

Neave(1988)의 '평가적' 국가보다는 옛 '관료제' 국가를 연상시키는 것이었다. 이와 동시에, 실패하는 학교들과 지역교육청들을 회복시키기 위해 사적 영역의 위탁자들을 더 많이 사용하였다. 이 정도로 정책 레퍼토리 내의 균형은 어느 정도 달랐지만, 그 핵심 요소들은 똑같이 남아 있었다.

종합중등학교 질문

학급 규모, 학교개선 그리고 교육적 불리함에 관한 신노동당 정책의 관점은 이 책의 7장에서 논의하였다. 여기서는 1960년대부터 노동당의 가장 중요한 정책들 중의 하나인 종합중등교육(comprehensive education)에 관련된 정책들에 관해 집중적으로 살펴볼 것이다. 옛 노동당의 정책들과 확연히 바뀐 예는 Thatcher 정부와 Major 정부 기간 동안 활성화되었고 중등학교의 종합화(comprehensivisation)*교육정책에 살아남았었던, 11~18세의 학생을 위한 166개의 선발적 그래머스쿨(grammar schools)에 관한 쟁점이었다. 여기에는 "당이 학업적 선발에 반대하는 것에 대해 공식적으로 재고해야 하고, 만약 11세가 안 된다면 14세에 선발해야 한다."라고 주장한 신노동당에 가까운 사람들도 있었다. 흥미로운 것은 이들 중의 한 명인 Will Hutton이 최근 자신의 입

---

* **역자 주)** 능력 차이가 있는 학생들이 같이 교육을 받을 수 있도록 종합적 교육과정 편성한 교육 시스템을 의미한다.

장을 수정하였고, 약화되고 있는 종합중등학교교육의 위험을 경고하였다는 점이다(Hutton, 2001). 그러나 정부 스스로가 그 입장을 얼버무리는 것이 더 큰 손상을 가져왔다. David Blunkett는 그래머스쿨의 수는 중요한 것이 아니라고 주장하였다. 하지만 학교교육이 특정한 지역 경제에 영향을 미치는 효과적인 측면에서 보더라도 그러한 주장은 사실이 아니고, 학교교육은 국가적으로 볼 때에는 엄청난 상징적 중요성을 갖는 것이다.

그럼에도 불구하고, Ted Short 장관이 "만약 아이들을 선발하고 구분하는 것이 잘못된 것이라면, ……모든 것이 잘못된 것임에 틀림없다."라고 말한 것에 대한 옛 노동당의 확실성은 1960년대로 되돌아갔다. 비록 중등학교의 상당수가 최소한의 명목상으로만 종합중등학교로 남아 있더라도, 그렇지 않은 학교들이 있는 상황에서 노동당은 중등교육에 대한 분명한 입장을 드러낼 필요가 있었다. 하지만 노동당은 이러한 것에 정면으로 직면하기보다는, 남아 있는 그래머스쿨의 미래는 지역 학부모가 결정할 사안이라고 1997년의 선거에서 공약하였다. 보수당은 1958년에 "만약 입시정책의 변화를 위한 지역 학부모 간의 욕구가 없다면, 투표도 없을 것이며 보수당의 위치도 없을 것이다. 잘 돌아가는 학교를 강제적으로 폐쇄하도록 하는 것이 옳을 수 없으며, 선택의 자유를 완전히 폐지시키는 것 또한 옳지 않다."라고 말하였다.

변화의 핵심은 옛 노동당의 중앙집권적 국가통제주의로부터 벗어난 것이라고 주장할 수도 있다. 그러나 그래머스쿨을 투표로 폐쇄시키기 위한 절차에 관한 실질적인 제안은 민주적으로 자명한 것이 되지는 못했는데, 그것은 정부에 잠재적인 골칫거리가 되는 것을 피하기 위해 누가 들어야 할 권한을 가져야 하는 것에 관한 논의가 고의적으로 제한되었기 때문이었다. 이러한 퇴보는 David Blunkett—1995년 노동당 회의에서 "내 입을 보세요, 노동당 집권 아래에서는 선발은 없습니다."라고 말한 연설로 유명한—가 교육고용부 장관으로 재직하는 동안 더욱 심화되었다. 정부는 노동당의 초기 백서인 *Excellence in Schools*와 1998년의 학교 기준과 기본법(School Standards and Framework Act) 사이에, 부분적인 선발이 학교 내에서 계속될 수 있도록 허가해 주었다. 이러한 모든 결과들 중의 하나는 신뢰할 만한 가치 부가적(value added) 분석이 부재한 상황에서도 선발되는 학교들은 뉴스 매체들에 의해 연간 수행 실적이 높게 계산된다는 점인데, 정작 뉴스 매체는 그 계산을 위해 선발된 학생들이 바뀔 경우에는 놀라운 결과가 나타날 것이라는 점에 대해 별 관심을 갖지도 않는다.

비록 이러한 일들이 주변부적인 쟁점들이라고 치더라도, 종합중등학교는 달라야 하지만 평등해야 한다는 신노동당의 핵심 제안은 만들기는 쉬울지 몰라도, 사회 양극화, 명성 양극화, 입학 인원수의 양극화의 맥락에서 그것을 구현하기는 어려운 일이다. 이러한 사실은 많은 연구 결과들에서도 입증되었다(Whitty, 1997; Whitty, Power & Halpin, 1998). 이미 앞에서 살펴보았듯이, 영국의 Stephen Pollard(1995) 또는 미국의 Terry Moe(1994) 등의 선택 옹호론자들은 선택이라는 것이 가난한 사람에게도 이득이 되는 것으로 믿고 싶겠지만, 실제로는 이득이 되지 않는 것으로 나타났다. '영속적인' 차별 가능성의 지식뿐만 아니라 물질적·문화적 자원의 차이는 선발체제 내의 참여와 학업성취도에서 계층의 차이가 지속적으로 나타나도록 하는 데 기여하였다.

Stephen Ball, Sharon Gewirtz 그리고 Diane Reay 등의 연구자들이 수행한 학교선택에 관한 연구(Gewirtz, Ball & Bowe, 1995; Reay & Ball, 1998)에 의해 밝혀진 선발의 숨겨진 형태는 더 큰 불평등을 양산시킬 수 있다. 왜냐하면 사회적으로 유리한 여건에 있는 학부모는 입학에 관해 '정말로' 중요한 준거를 해독하는 것을 습득할 수 있기 때문이다. 어떤 학교에서는 음악과 무용에서 흥미와 적성으로 선발하는 체제를 중류층의 학업적 가능성이 있는 자녀의 입학 통로를 넓혀 주기 위한 방편으로 사용한다. 이 같은 맥락에서, 특수목적학교를 위한 정부의 강력한 지원은 재학생의 신분에 근거한 학교의 서열화를 만들어 낼 위험성을 갖는다. 비록 학교선택의 옹호론자는 그러한 위험성을 갖는 학교가 많지 않다고 주장하지만, 많은 학교들의 경우가 그러한 위험성을 갖는 것으로 나타났다(Taylor, 2001).

보수당이 지역교육청재정지원(LEA-maintained) 학교, 자선 보조(voluntary-aided) 학교, 중앙정부재정지원(grant-maintained) 학교 간의 구분을 지으려는 요소들을 신노동당은 '공동체(community)' 학교, '자선(voluntary)' 학교, '기초(foundation)' 학교로 개명하여 유지하려고 하였다. 비록 대부분의 중앙정부재정지원(grant-maintained)학교가 스스로 종합중등학교(comprehensive school)와 동일시하였지만, 상대적으로 중류층 학생의 비율이 높았고 노동계층과 흑인 학생의 비율은 낮았다. 이러한 학교들을 학업적으로 우세하도록 하려는 보수당의 노력은 학교급식, 가치 부가적(value added) 수행 그리고 배제의 수준에 관한 비교 데이터가 없는 상태에서 지적인 측면에서 정직하지 못한 것이었지만, 많은 사람들의 인식에 영향을 미치게 되었다. 노동당이 '공동체' 학교와 '기초' 학교를 채택함으로써 입시에 대한 통제와 재정적 이득을 보았을지는 몰라도, 노동당의 전통적인 이미지는 약해졌다.

비록 다양성의 어떤 측면이 다른 측면의 완전성을 훼손시킬지라도, 전반적으로는 제도상의 다양성과 선택이 추구되었다. 이에 관한 가장 분명한 예로는 종합중등학교와 함께 그래머스쿨을 계속 유지시키는 것이 해당된다. 실제로는 신노동당의 다양성의 추구가 모든 사람에게 이득을 가져다주는 것은 아니었다. 결과적으로, 종합중등학교의 능력주의적 모델은 인류 평등주의적 가치를 탈취하였고, 신노동당이 추구한 다양성은 진정한 능력주의 사회가 번영할 수 있는 토대가 갖추어지는 것을 어렵게 하였다.

신노동당의 교육정책 전망

공정성과 포용의 쟁점과 관련한 신노동당의 전반기 정책은 상대적으로 미약하였다. 비록 공정성과 포용의 쟁점 면에서 신노동당이 보수당보다 좀 더 노력은 기울였지만, 그러한 쟁점에 실패한 것은 보수당과 마찬가지라는 측면이 있다. 따라서 실패하는 학교와 마찬가지로, 그러한 쟁점에는 '특별한 조처들'이 취해질 필요가 있다. 즉, 신노동당의 교육정책은 자신들이 공언하였던 '도전 플러스(+) 지원'의 학교정책을 펼쳐야 한다.

노동당이 학업성취도 차이의 쟁점에 관한 도전에 수용적이고 반응적이었으며, 후반기에는 그러한 차이를 더욱 좁히는 것을 우선적으로 하려는 계획을 세우고 있다는 증거들이 있는 것은 맞다. 실제로, 학업성취도 차이가 어떤 측면에서는 이미 좁혀졌다는 통계 자료가 있는 것도 맞다. 그래서 학업성취도 수준을 강조하는 신노동당의 의제가 전반기에 지배적이었으면서도 포용을 이끈 진보적인 측면이 있었다고 주장할 수도 있다. 그러나 그러한 현상이 일시적인 것이 아니라 명확하고 일관된 경향으로 입증되기 위해서는, 무엇보다 하류층의 상대적인 개선 비율이 증가될 필요가 있고, 그러한 증가가 불리한 여건에 있는 모든 학생들에게 해당될 필요가 있는 것이다. 지금까지의 연구에 따르면, 오로지 특정한 소수민족 집단에만 개선의 혜택이 있었던 것으로 나타난다. 복합적인 불리함의 영역에 있는 학교에 더 심도 있는 투자와 지원을 증가시키는 것이 중요하고, 모든 학교에 재학 중인 불리한 여건에 있는 학생이 그러한 혜택을 실질적으로 제공받을 수 있도록 하는 것이 중요하다.

이 책의 7장에서 살펴보았듯이, 1997년의 선거에서 신노동당에 의해 추구되었던 초등학교의 학급 규모(즉, 학급당 학생 수)를 30명 이하로 줄이는 교육정책은 불리한 여건에 있는 학생보다 유리한 여건에 있는 학생에게 더 많은 혜택이 돌아가는 것으로 나타났다. McCaig(2000)는 신노동당에게는 중류층이 중요한 대상이었고, 이들을 위한 교육정책이 특히 중요했음을 분명하게 확인하였다. 1997년 선거에서의 학급 규모 정책이 유권자를 겨냥한 정책이든 아니든, 결과적으로는 유권자들에게 분명히 효과가 있었다. 신노동당은 그 이전의 당이 종합중등학교에 역사적 책임을 다한 것에서 후퇴하여 그래머스쿨의 폐지에 불안정한 입장을 취하였으며, 보수당의 특수목적학교 정책을 전반기 기간 동안 적극적으로 채택하였다(Edwards & Whitty, 1997; Edwards et al., 1999).

하지만 그래머스쿨 쟁점은 사라지지 않았다. 리판(Ripon)*에서의 선거 패배에도 불구하고, 종합중등학교 운동가들은 자신들의 신조를 계속적으로 추구하였다(Chitty & Simon, 2001). 한편, John Marks(2001)는 영국 학생의 학업성취도가 낮아진 것은 종합화 교육정책의 결과라고 주장하였다. 하지만 연구 결과에 따르면(Crook, Power & Whitty, 1999), 그러한 주장을 뒷받침할 만한 근거는 없는 것으로 밝혀졌다. 오히려, 종합중등학교가 가장 우수한 학생들에게는 효과적인 것이 아닐지라도 대부분 학생들의 학업성취도를 향상해 주는 것으로 밝혀졌다. 종합중등학교의 정당화에서 학업성취도의 향상만이 중요한 이유가 되어서는 안 된다. 종합중등학교는 학업성취도 의제보다는 사회적 포용 의제에 더욱 중요하다.

특수목적학교와 관련하여, 2001년에 있었던 총선거 바로 직전

---

* **역자 주)** 영국 잉글랜드 노스요크셔 주의 해러게이트 행정구에 있는 도시를 말한다.

에 쟁점이 되었던 녹서(Green Paper)*는 중등교육에서의 전문화와 다양성이 신노동당이 가장 우선시하는 것임을 명확히 하였다. 또한 녹서에는 특수목적학교와 종교학교의 수를 실질적으로 늘리기 위한 계획이 포함되어 있다. 그러한 계획은 현존하는 특수목적학교의 우수한 학업적 수행과 개선 비율을 제안하는 Jesson의 연구(Jesson & Taylor, 1999)에 의해 부분적으로 정당화되었다. 하지만 필자가 위에서 언급하였듯이, 그러한 학교들을 통한 은밀한 선발, 서열화, 혼란의 위험성은 여전히 남아 있다(Smithers, 2001). 물론 학교의 자금조달 수준에 차이가 나게 되면, 학교의 서열화는 더욱 증가하기 쉬워진다. 그리고 특수목적학교의 더 나은 수행이 자금조달의 증가 외에 다른 요인의 결과로 나타났다는 뚜렷한 증거가 없음에도 불구하고, 특수목적학교는 학부모에게 점차 관심을 받게 된다(Edwards & Eavis, 2001; West, Noden, Kleinman & Whitehead, 2000).

이것을 좀 더 긍정적으로 보면, 사회시장재단(Social Market Foundation)**의 Penlington(2001b) 같은 옹호자들은 사회적 포용의 관점에서, 특수목적학교 정책에 대한 신노동당의 숨겨진 의도가 상당수의 중류층 자녀로 하여금 불리한 여건에 처한 지역학교의 불리한 여건에 있는 학생과 함께 다닐 수 있도록 하였다고 제안한다. 또한 Penlington은 "이러한 회전식 방식은 상반되는 두

---

* **역자 주)** 영국 정부의 의회 심의용 정책 제안서를 말한다.

** **역자 주)** 영국의 웨스트민스터에 있는 영국의 공공정책 싱크탱크로서, '사회시장'을 지원하는 정책들을 생산하고 촉진하는 것을 목적으로 한다.

가지 목적, 즉 중류층이 국가의 지원을 받을 수 있도록 장려하면서도 이와 동시에 가난한 지역의 수준을 끌어올릴 수 있도록 하는데 가장 효과적인 방식"(Penlington, 2001c: 9)이라고 주장한다.

신노동당이 다양성과 특수목적학교에 대한 정책에 집착하면서, 종합중등교육을 좀 더 관습적인 형태로 변형하고자 하는 사람들은 학교를 변별력 있는 특성에 적합하도록 결정하려고 한다. 때때로 이들은 현존하는 종합중등학교가 실제로는 그렇게 많이 획일화되지는 않았다고 방어해 주면서도, 이와 동시에 종합중등학교가 좀 더 변별력 있는 기능을 발휘하도록 하는 것에는 저항한다. 그러나 얼마나 많은 다양성이 개발되도록 허용되든지 간에, 종합중등교육의 체제를 재건하고 유사시장의 과도함을 억제하는 것이 중요하다. 위계적으로 이원화된 체제를 생산하는 다양성을 피하기 위해서는 한 지역에 있는 모든 학교들이 다 함께 모든 학생들을 위한 최적의 수업을 제공하려는 노력을 할 필요가 있다. 학교 간의 진정한 협력은 모든 학교들이 차별 없이 같은 법률과 예산을 적용받을 때 더 커지게 된다. 그리고 일반입시체제에 대해 더 강한 규제도 필요하다. 만약 학업성취도 수준과 포용의 의제가 다 같이 성공을 거두려면 지위, 예산, 입시가 중요하게 검토되어야 한다.

신노동당의 후반기에 추구될 필요성이 있는 포용의 또 다른 측면도 있다. 이 책의 7장에서 언급하였듯이, 교육우선투자지역(EAZ)은 복합적인 불리함에 맞서기 위해 교육, 건강 그리고 복지서비스 간에 효과적인 여러 기관들의 예를 제공하였다. 하지만 필자는 미국의 풀 서비스 스쿨(full-service school)의 경험을 바탕으로, 스코틀랜드의 신공동체학교(New Community Schools) 계획이 종합중등학교에 근거한 서비스를 잘 제공해 줄지 그리고 학교에 공동체의 참여를 더 크게 도모해 줄지 의심스럽다(Campbell et al., 2000).

또한 우리는 지역의 교육 당국만이 교육을 가장 잘 결정하거나 관리한다고 생각할 필요가 없다. 그리고 사사화만이 유일한 대안으로 간주할 필요도 없다. 학교 운영과 학교구에 영리를 추구하는 기업을 참여시킨 선례로 종종 미국을 인용하는데, 그러한 계획들은 잘못된 경우가 많다(Molnar, 1996). 더욱이 그러한 정책은 장기적인 위험성을 갖는다. 영리를 추구하는 기업은 지역교육청과 학교의 관리를 인계받으면서, 이윤을 추구하기 위해 공적 영역의 사람들을 자기편으로 끌어들인다. 만약 공적 영역의 지위가 이러한 것에 의해 약화된다면, 사적 영역이 이윤을 추구하기 위해 본격적으로 움직일 때 어떤 일들이 벌어지겠는가? 이것이 바로 우리가 공적 영역을 강하게 유지해야 하는 하나의 이유가 된다.

교육체제의 핵심에 민주주의적 책무성 또는 공공 서비스 기풍을 약화시키는 것은 분명히 어리석은 짓임에도 불구하고, 많은 새로운 파트너들이 교육체제의 전달에 관여하게끔 진행되고 있다. 이러한 이유 때문에, 필자는 교육체제에서 새로운 형태의 관리 방식을 강조하고자 한다. 즉, 경쟁보다는 협동을 새롭게 강조해야 하며, 지역 교육 포럼과 학교운영위원회(governing body)를 연대하여 지역교육청과 함께 또는 독자적으로라도 교육에 있어서 민주주의적 결핍 부분을 보완하는 새로운 방식을 모색해야 한다. 이 변화는 불리한 여건에 있는 지역의 사회 자본을 개발하는 과정에도 도움을 제공해 줄 수 있다. 이러한 방식이 지금까지의 교육우선투자지역(EAZ)에서 상대적으로 무시되었던 측면이다.

또한 종합적 교육과정에 관한 질문을 추구할 때다. 이것은 1980년대에 David Hargreaves(1982)에 의해 제기된, 종합중등학교를 위한 핵심 도전들 중의 하나였다. 중등학교의 교육과정은 교육과정의 포용적 재개념화를 염두에 두기보다는 인문계열과 실업계열의 관점에서 또는 두 계열의 균형의 관점에서 고려되고 있다. 정부는 교육과정을 협소하게 만들기보다는 폭넓게 만들어야 하고, 더욱 도전적일 수 있도록 만들어야 한다. 강요와 경쟁에 의해 점수를 올리려 하거나 미술 등의 과목을 무시함으로써 점수를 올리려 하는 것은 장기적으로 볼 때 그 누구에게도 도움이 되지 못하는 것이며, 사회적으로 불리한 여건에 있는 학생에게도 도움이 되지 못하는 것이다. 정부는 창의성과 혁신을 고무시키기 위한 Hargreaves(2000)의 사상을 교육과정에 주의 깊게 받아들여야 한다.

교사 역시 창의성과 혁신을 구현할 필요성이 있다. 1960년대와 1970년대 영국의 노동당 정부는 교사의 헌신과 창의성을 지배하기 위해 관리하였다. 이후에도 정부는 교사의 마음과 정신을 지배하였다. 비록 일반수업협의회(GTC)의 창설은 교사의 전문성을 위해 상당한 상징적인 가치를 가지고 있었지만, 여전히 정부는 교사로 하여금 정부가 교사의 전문성을 신뢰하고 가치 있게 생각한다고 느끼지 못하게 하였었다.

교직의 공적 이미지와 특성은 진지한 관심을 필요로 한다. 비록 보수(월급)가 현재의 교사 수급 위기의 핵심 요소이지만, 많은 교사들이 교직을 그만두는 것은 교직이 창의적 전문직으로 간주되기보다는 관료주의로 간주되기 때문이다. 이러한 이유와 함께, 새로운 미디어 산업의 매력이 영국에서 교사 부족을 만든 이유들 중의 하나가 되었다. 도전적일 뿐만 아니라 흥미로운 교직을 만들기 위해서는 교직의 체제 내에 창의성과 혁신을 도모하도록 격려하기 위한 인센티브와 보상이 제공될 필요가 있다. 하지만 이와 동시에 불리한 여건에 처한 지역의 학교에는 유능한 교사가 채용되고 유지될 수 있도록 해야 한다는 것도 명심해야 한다.

'성공하는' 학교에는 재정, 학생 그리고 교사의 측면에서 이득을 극대화할 수 있도록 해 주면서, '실패하는' 학교와 지역교육청에 대한 중앙정부의 권력을 확대하는 것은 학업성취도 차이를 좁히는 것을 어렵게 만든다. 이 책의 5장에서 살펴보았듯이, 소비자 권리와 시민권리가 균형을 이루도록 하는 것이 영국 신노동당의 후반기 교육정책의 핵심 과제다.

결 론

현대 사회가 과거 그 어느 때보다도 다양성과 선택의 정도를 더 크게 요구하고는 있지만, 폭넓은 종합중등교육 체제 내에서의 다양성과 선택을 위한 영국 신노동당의 계획은 사실상의 선발적

체제가 되는 것을 막기 위한 충분한 체제적 안전장치를 제공하지는 못한다. 비록 신노동당의 교육정책이 종합중등교육에 대한 전통적인 접근에서 멀어지긴 했지만, 공정성과 사회적 포용의 신조를 되새길 수 있도록 하는 데에는 여전히 중요한 측면이 있다.

전통적인 교육사회학과 신교육사회학의 두 가지 모두에서 얻을 수 있는 통찰력을 깨닫고, Nancy Fraser(1997)의 재분배 정치학의 관점에서 정치학을 인식할 필요성이 있다. 학교와 폭넓은 공동체(지역사회) 모두에서, 우리는 교육적 성공과 실패에 대한 지배적인 정의(definition)를 내리는 사회적 기준에 도전하면서도, 불리한 여건에 있는 아동이 현재의 정의(definition)에서 성공하기 위해 노력할 수 있도록 지원해 줄 필요가 있다. 이 제안이 유토피아적인 것같이 느껴질 수도 있겠지만, 민주주의와 사회정의(social justice)를 일관되게 추구할 수 있는 '현실적인' 유토피아적 제안이다.

| 추가 참고도서 |

Chitty, C., & Simon, B. (Eds.) (2001). *Promoting Comprehensive Education in the 21st Century.* Stoke-on-Trent: Trentham Books.

Crook, D., Power, S., & Whitty, G. (1999). *The Grammar School Question*. London: Institute of Education.

Docking, J. (Ed.) (2000). *New Labour's Politics for Schools: Raising the Standard?* London: David Fulton.

참고문헌

Adams, A., and Tulasiewicz, W. (1995). *The Crisis in Teacher Education: a European Concern?* London: Falmer Press.

Alder, M. (1993a). *An Alternative Approach to Parental Choice.* London: National Commission on Education.

Alder, M. (1993b). Parental choice and the enhancement of children's interests. In Munn, P. (Ed.), *Parents and Schools: Customers, Managers or Partners?* London: Routledge.

Alexander, T. (2001). *Citizenship Schools.* London: Campaign for Learning.

Angus, L. (1993). The sociology of school effectiveness. *British Journal of Sociology of Education,* Vol. 14, no. 3, pp. 333-345.

Anyon, J. (1995). Race, social class, and educational reform in an inner-city school. *Teachers College Record,* vol. 97, no. 1, pp. 69-94.

Apple, M. W. (1986). *Teachers and Texts.* New York: Routledge & Kegan Paul.

Apple, M. W. (1996). *Cultural Politics and Education.* Buckingham: Open University Press.

Apple, M. W. (2001). *Educating the Right Way: Markets, Standards,*

God and Equality. New York: RoutledgeFalmer.

Apple, M. W., and Beane, J. (Eds.) (1996). *Democratic Schools.* Buckingham: Open University Press.

Apple, M. W., and Whitty, G. (1999). Structuring the postmodern in education. In Hill, D. and Cole, M. (Eds.), *Postmodernism and Education.* London: Tufnell Press.

Arnot, M. (1998). Respondent: 'Distressed worlds': social justice through educational transformations. In Carlson, D. and Apple, M. W. (Eds.), *Power/Knowledge/Padagogy: The meaning of Democratic Education in Unsetting Times.* Boulder, CO: Westview Press.

Arnot, M., David, M., and Weiner, G. (1998). *Closing the Gender Gap: Postwar Education and Social Change.* Cambridge: Polity Press.

Arnott, M., Bullock, A., and Thomas, H. (1992). *Consequences of Local Management: An Assessment by Head Teachers.* Paper presented at the ERA Research Network, University of Warwick, 12 February.

Arnove, R. (1996). *Neo-liberal Education Policies in Latin America: Arguments in Favor and Against.* Paper presented at the Comparative and International Education Society, Williamsburg, 6-10 March.

Aronowitz, S. (1992). *The Politics of Identity.* New York: Routledge.

Ascher, C., and Power, S. (2000). *The Hub and the Rim: Policy Paradoxes in Charter Schools and Grant Maintained Schools.* Paper presented to the Annual Meeting of the American Educational Research Association, New Orleans, 24-30 April.

Athey, C. (1990). *Extending thought in Young Children.* London: Paul Chapman.

Atkinson, D. (1994). *Radical Urban Solution.* London: Cassell.

Atkinson, D. (1997). *Towards Self-governing Schools. London*: The Institute of Economic Affairs.

Bailey, L. (1995). The correspondence principle and the 1988 Education Reform Act. *British Journal of Sociology of Education,* Vol. 16, no. 4, pp. 479-494.

Ball, S. J. (1990). *Politics and Policy Making: Explorations in Policy Sociology.* London: Routledge.

Ball, S. J. (1994). *Education Reform: A Critical and Post-structural Approach*. Buckingham: Open University Press.

Ball, S. J. (1995). Intellectuals or technicians? The urgent role of theory in educational studies. *British Journal of Sociology of Education,* Vol. 43, no. 3, pp. 255-271.

Ball, S. J. (2001). 'You've been NERFed!' Dumbing down the academy: National Educational Research Forum: 'a national strategy - consultation paper': a brief and bilious response. *Journal of Education Policy,* Vol. 16, no. 3, pp. 265-268.

Bandura, A. (1995). Exercise of personal and collective efficacy in changing societies. In Bandura, A. (Ed.), *Self Efficacy in Changing Societies.* Cambridge: Cambridge University Press.

Barber, M. (1996a). Education reform, management approaches and teacher unions. In Leithwood, K., Chapman, J., Corson, D., Hallinger, P. and Hart, A. (Eds.), *International Handbook of Educational Leadership and Administration.* Ordrecht: Kluwer Academic Publishers.

Barber, M. (1996b). *The Learning Game: Arguments for an Education Revolution*. London: Gollancz.

Barber, M. (1997a). Educational leadership and the global paradox. In Mortimore, P. and Little, V. (Eds.), *Living Education*. London: Paul Chapman.

Barber, M. (1997b). Hoddle showed us how the White Paper can succeed. *Times Educational Supplement,* 7 November, p. 21.

Barnett, R. (1994). *The Limits to Competence: Knowledge, Higher Education and Society.* Buckingham: Open University Press.

Baron, S., Field, J., and Schuller, T. (Eds.) (2000). *Social Capital:*

Critical Perspectives. Oxford: Oxford University Press.

Bartlett, W. (1993). Quasi-markets and educational reforms. In Le Grand, J. and Bartlett, W. (Eds.), *Quasi-Markets and Social Policy.* London: Macmillan.

Bassuk, E., and Rosenberg, L. (1988). Why does family homelessness occur? A case-control study. *American Journal of Public Health,* Vol. 78, pp. 783-788.

Beck, U., Giddens, A., and Lash, S. (1994). *Reflexive Modernization.* Cambridge: Polity Press.

Benzeval, M., Judge, K., and Whitehead. M. (1995). *Tackling Inequalities in Health.* London: King's Fund.

Bernstein, B. (1971). On the classification and framing of educational knowledge. In Young, M. F. D. (Ed.), *Knowledge and Control.* London: Collier Macmillan.

Bernstein, B. (1977). *Class, Codes and Control,* Vol. 3, 2nd edn. London: Routledge & Kegan Paul.

Bernstein, B. (1981). Codes, modalities and the process of cultural reproduction: A model. *Language and Society,* Vol. 10, pp. 327-363.

Bernstein, B. (1990). *The Structuring of Pedagogic Discourse.* London: Routledge.

Bernstein, B. (1996). *Pedagogy, Symbolic Control and Identity.* London: Taylor & Francis.

Bernstein, B. (1997). Official knowledge and pedagogic identities. In Nilsson, I. and Lundahl, L. (Eds.), *Teachers, Curriculum and Policy.* Umea, Sweden: Umea University.

Bernstein, B. (2000). *Pedagogy, Symbolic Control and Identity: Theory, Research, Critique,* rev. edn. Lanahm, MD: Rowman & Littlefield.

Berrill, M. (1994). A view from the crossroads. *Cambridge Journal of Education,* Vol. 24, no. 1, pp. 113-116.

Balckburne, L. (1988). Peers back policy on open enrolment. *Times*

Educational Supplement, 13 May.

Balckmore, J. (1990). School-based decision making and trade unions. In Chapman, J. (Ed.), *School-based Decision-making and Management.* London: Falmer Press.

Balckmore, J. (1995). Breaking out from a masculinist politics of education. In Limerick, B. and Lingard, B. (Eds.), *Gender and Changing Education Management.* Rydalmer, NSW: Hodder Education.

Balckmore, J. (1996). *The Re-gendering and Restructuring of Educational Work.* Paper presented to the Ninth World Congress of Comparative Education Societies, Sydney, Australia, 1-6 July.

Blank. R. (1990). Educational effects of magnet high schools. In Clune, W. H. and Witte, J. F. (Eds.), *Choice and Control in American Education,* Vol. 2. New York: Falmer Press.

Blunkett, D. (2000). I*nfluence or Irrelevance: Can Social Science Improve Government?* ESRC Lecture Speech by the Secretary of State, Department for Education and Employment, London.

BMA (1999). *Growing Up in Britain.* London: BMA Board of Science and Education, BMA Science Department.

Bottery, M. (1996). The challenge to professionals from the new public management: implications for the teaching profession. *Oxford Review of Education,* vol. 22, pp. 179-197.

Bourdieu, P., and Passeron, J. (1977). *Reproduction in Education, Culture and Society.* London: Sage.

Bowe, R., Ball, S. J., and Gewirtz, S. (1994). Captured by the discourse: issues and concerns in researching parental choice. *British Journal of Sociology of Education,* Vol. 15, no. 1, pp. 63-78.

Bowe, R., Ball, S. J., and Gold, A. (1992). *Reforming Education and Changing Schools.* London: Routledge.

Bowles, S., and Gintis, H. (1976). *Schooling in Capitalist America.* London: Routledge & Kegan Paul.

Boyne, R., and Rattansi, A. (Eds.) (1990). *Postmodernism and Society.* London: Macmillan.

Boyson, R. (1990). Review of T. Edwards, J. Fitz and G. Whitty, The State and Private Education. *Times Higher Education Supplement,* 18 May.

Bramstedt, E. K., and Gerth, H. (1951). A note on the work of Karl Mannheim. In K. Mannheim (Ed.), *Freedom, Power and Democratic Planning*. London: Routledge.

Brighouse, T. (1996). *A Question of Standards: the Need for a Local Democratic Voice.* London: Politeia.

Brown, P., Halsey, A. H., Lauder, H., and Wells, A. (1997). The transformation of education and society: an introduction. In Halsey, A. H., Lauder, H., Brown, P. and Wells, A. (Eds.), *Education: Culture, Economy and Society.* Oxford: Oxford University Press.

Bruner, J., and Haste, H. (1987). Making Sense. London: Methuen.

Bryk, A. S., Lee, V. E., and Holland, P. B. (1993). *Catholic Schools and the Common Good.* Cambridge, MA: Harvard University Press.

Bullock, A., and Thomas, H. (1994). *The Impact of Local Management of Schools: Final Report.* Birmingham: University of Birmingham.

Bullock, A., and Thomas, H. (1997). *Schools at the Centre? A Study of Decentralization*. London: Routledge.

Burchardt, T., Hills, J., and Propper, C. (1999). *Private Welfare and Public Policy.* York: Joseph Rowntree Foundation.

Bush, T., Coleman, M., and Glover, D. (1993). *Managing Autonomous Schools.* London: Paul Chapman.

Bynner, J., and Parsons, S. (1997). *It Doesn't Get Any Better: The Impact of Poor Basic Skills on the Lives of 37 Year Olds.*

London: Basic Skills Agency.

Callinicos, A. (1989). *Against Post Modernism: A Marxist Critique.* Cambridge: Polity Press.

Campbell, C., Gillborn, D., Lunt, I., Robertson, P., Sammons, P., Vincent, C., Warren, S., and Whitty, G. (Eds.) (2000). *Review of Developments in Inclusive Schooling.* Report to the Scottish Executive Education Department, Institute of Education.

Case, R., Griffin, S., and Kelly, W. M. (1999). Socioeconomic gradients in mathematical ability and their responsiveness to intervention during early childhood. In Keating, D. P. and Hertzman, C. (Eds.), *Developmental Health and the Wealth and Nations: Social, Biological and Educational Dynamics.* New York: Guilford.

Cassidy, S. (2000). Market proves a divisive force. *Times Educational Supplement,* 17 March, p. 28.

Catholic Education Service. (1997). *A Struggle for Excellence: Catholic Secondary Schools in Urban Poverty Areas.* Report of a consultation 1995-1997 for the Department for Catholic Education and Formation of the Catholic Bishops' Conference of England and Wales, April 1997.

Catholic Education Service. (1999). *Foundations for Excellence: Catholic Primary Schools in Urban Poverty Areas.* Report of a consultation 1997-1997 for the Department for Catholic Education and Formation of the Catholic Bishops' Conference of England and Wales, July 1999.

Chapman, J. (1988). Teacher participation in the decision making of schools. *Journal of Educational Administration,* Vol. 26, no. 1, pp. 39-72.

Chitty, C., and Simon, B. (Eds.) (2001). *Promoting Comprehensive Education in the 21st Century.* Stoke-on-Trent: Trentham Books.

Chubb, J., and Moe, T. (1990). *Politics, Markets and America's Schools*. Washington, DC: Brookings Institution.

Chubb, J., and Moe, T. (1992). *A Lesson in School Reform from Great Britain*. Washington, DC: Brookings Institution.

Clarke, F. (1967). Karl Mannheim at the Institute of Education, Appendix B of Mitchell, F. W., *Sir Fred Clarke: Master-Teacher 1880-1952*. London: Longmans.

Clewell, B. C., and Koy, M. F. (1990). *Choice in Montclair, New Jersey*. Princeton, NJ: ETS.

Codd, J. A. (1996). *Professionalism versus Managerialism in New Zealand Schools*. Paper presented at the British Educational Research Association Annual Meeting, University of Lancaster, 12-15 September.

Cohen, J., and Rogers, J. (1995). *Associations and Democracy*. London: Verso.

Coleman, J. S. (1994). *Foundations of Social Theory*. Cambridge, MA: Belknap Press.

Coleman, J. S., Hoffer, T., and Kilgore, S. (1982). *High School Achievement: Public, Catholic and Private Schools*. New York: Basic Books.

Connell, R. W. (1993). *Schools and Social Justice*. Toronto: Our Schools/Our Selves Education Foundation.

Cookson, P. W. (1994). *School Choice: The Struggle for the Soul of American Education*. New Haven, CT: Yale University Press.

Cooper, B. (1992). Testing National Curriculum mathematics. *Curriculum Journal,* Vol. 3, p. 3.

Crane, H. (1990). *Speaking from Experience - Working with Homeless Families*. London: Bayswater Hotel Homeless Project.

Crook, D., Power, S., and Whitty, G. (1999). *The Grammar School Question*. London: Institute of Education.

Dale, R. (1989). *The State and Education Policy*. Milton Keynes: Open University.

Dale, R. (1990). The Thatcherite project in education: the case of the city technology colleges. *Critical Social Policy,* Vol. 9, no. 3, pp. 4-19.

Dale, R. (1994). *Neo-liberal and neo-Schumpeterian Approaches to Education.* Paper presented at the conference on Education, Democracy and Reform, University of Auckland, 13-14 August.

Davies, B. (1994). Durkheim and the sociology of education in Britain. *British Journal of Sociology of Education,* Vol. 15, no. 1, pp. 3-25.

Davies, C. (1996). The sociology of professions and profession of gender. *Sociology,* Vol. 30, pp. 661-678.

Demaine, J. (Ed.) (1999). *Education Policy and Contemporary Politics.* London: Macmillan.

Demaine, J. (Ed.) (2001). *Sociology of Education Today.* Basingstoke: Palgrave.

Dennehy, A., Smith, L., and Harker, P. (1997). Not to be ignored: young people, poverty and health. In Walker, A. and Walker, C. (Eds.), *Britain Divided: the Growth of Social Exclusion in the 1980s and 1990s.* London: Child Poverty Action Group.

Department for Education. (1992a). *Choice and Diversity: a New Framework for Schools.* London: HMSO.

Department for Education. (1992b). *Initial Teacher Training (Secondary Phase) Circular 9/92.* London: DfE.

Department for Education and Employment. (DfEE) (1997a). *Excellence in Schools.* London: Stationery Office.

Department for Education and Employment. (DfEE) (1998). *The Learning Age: a Renaissance for a New Britain.* London: Stationery Office.

Department for Education and Employment. (DfEE) (2001). *Schools: Building on Success: Raising Standards, Promoting Diversity, Achieving Results.* London: HMSO.

Dickson, M., Halpin, D., Power, S., Telford, D., and Whitty, G. (2001). Education Action Zones and democratic participation. *School Leadership and Management,* Vol. 21, no. 2, pp. 169-181.

Docking, J. (Ed.) (2000). *New Labour's Policies for Schools: Raising the Standard?* London: David Fulton.

Domanico, R. J. (1990). *Restructuring New York City's Public Schools: The Case for Public School Choice,* Education Policy Paper #3, New York, Manhattan Institute for Policy Research.

Donald, J. (1990). Interesting times. *Critical Social Policy,* Vol. 9, no. 3, pp. 39-55.

Douglas, R. (1993). *Unfinished Business.* Auckland: Random House.

Driver, R., Guesne, E., and Tiberghien, A. (1985). *Children's Ideas in Science.* Milton Keynes: Open University Press.

Edwards, R. (1992). Co-ordination, fragmentation and definitions of need: the new Under Fives Initiative and homeless families. *Children and Society,* Vol. 6, no. 4, pp. 336-352.

Edwards, T., and Eavis, P. (2001). Specialization with tiers. In Chitty, C. and Simon, B. (Eds.), *Promoting Comprehensive Education in the 21st Century.* London: Trentham Books.

Edwards, T., and Whitty, G. (1997). Specialization and selection in secondary education. *Oxford Review of Education,* Vol. 23, no. 5, pp. 5-15.

Edwards, T., Fitz, J., and Whitty, G. (1989). *The State and Private Education: an Evaluation of the Assisted Places Scheme.* London: Falmer Press.

Edwards, T., Whitty, G., and Power, S. (1999). Moving back from comprehensive education? In Demaine, J. (Ed.), *Education Policy and Contemporary Politics.* London: Macmillan.

Eraut, M. (1994). *Developing Professional Knowledge and Competence.* London: Falmer Press.

Etzioni, A. (Ed.) (1969) *The Semi-Professions and their Organization: Teachers, Nurses, Social Workers.* London: Collier-

Macmillan.

Eurostat. (1997). Children in poverty: Britain tops the European league. *The Guardian,* 28 April.

Featherstone, M. (1995). *Undoing Culture: Globalization, Postmodernism and Identity.* London: Sage.

Feintuck, M. (1994). *Accountability and Choice in Schooling.* Buckingham: Open University Press.

Fiske, E. B., and Ladd, H. F. (2000). *When Schools Compete: A Cautionary Tale.* Washington DC: Brookings Institute.

Fitz, J., Halpin, D., and Power, S. (1993). *Grant Maintained Schools: Education in the Marketplace.* London: Kogan Page.

Flax, J. (1987). Postmodernism and gender relations in feminist theory. *Signs,* Vol. 12, no. 4, pp. 621-643.

Fliegel, S. with Macguire, J. (1990). *Miracle in East Harlem: The Fight for Choice in Public Education.* New York: Random House.

Floud, J. (1959). Karl Mannheim, In Judges, A. V. (Ed.), *The Function of Teaching.* London: Faber & Faber.

Floud, J. (1977). *Functions, Purposes and Powers in Education.* Paper presented at the Charles Gittins Menorial Lecture, Swansea, University College of Swansea.

Fowler, G. (1992). Non-hierarchical teaching: an ideological analysis of cultural transmission and a model for use in post-compulsory education and training. Unpublished PhD thesis, University of Nottingham.

Fowler, M. (1993). *Factors Influencing Choice of Secondary Schools.* Christchurch: University of Canterbury.

Fraser, N. (1997). *Justice Interrupts: Critical Reflections on the 'Postsocialist Condition'.* New York: Routledge.

Freidson, E. (1983). The theory of professions: state of the art. In Dingwall, R. and Lewis, P. (Eds.), *The Sociology of the Professions.* London: Macmillan.

Fuchs, V. R., and Reklis, D. M. (1994). *Mathematical Achievement in Eighth Grade: Interstate and Racial Differences,* NBER Working Paper 4784. Stanford, CA: NBER.

Furley, A. (1989). *A Bad Start in Life - Children, Health and Housing*. London: Shelter.

Furlong, J., Barton, L., Miles, S., Whiting, C., and Whitty, G. (2000). *Teacher Education in Transition: Re-forming Professionalism?* Buckingham: Open University Press.

Furstenberg, F. F. Jr and Hughes, M. E. (1995). Social capital and successful development among at-risk youth. *Journal of Marriage and the Family,* Vol. 57, pp. 580-592.

Gamarnikow, E., and Green, A. (1999). Developing social capital: possibilities and limitations in education. In Hayton, A. (Ed.), *Tackling Disaffection and Social Exclusion*. London: Kogan Page.

Gamble, A. (1988). *The Free Economy and the Stronge State*. London: Macmillan.

Geddes, M. (1996). *Extending Democratic Practice in Local Government*. Greenwich: Campaign for Local Democracy.

Gewirtz, S. (1998). *Education Policy in Urban Places: Making Sense of Action Zones*. Paper presented to Social Policy Annual Conference, University of Lincolnshire and Humberside, 14-16 July.

Gewirtz, S. (1999). Education Action Zones: emblems of the Third Way? In Dean, H. and Woods, R. (Eds.), *Social Policy Review 11*. Luton: Social Policy Association.

Gewirtz, S., Ball, S. J., and Bowe, R. (1992). *Parents, Privilege and the Educational Marketplace*. Paper presented at the Annual Conference of the British Educational Research Association, Stirling, 31 August.

Gewirtz, S., Ball, S. J., and Bowe, R. (1995). *Markets, Choice and Equity*. Buckingham: Open University Press.

Gibbons, M., Limoges, C., Nowotny, H., Schwartzman, S., Scott, P., and Trow, M. (1994). *The New Production of Knowledge*. London: Sage.

Gibson, A., and Asthana, S. (1998). School performance, school effectiveness and the 1997 White Paper, *Oxford Review of Education,* Vol. 24, no. 2, pp. 195-210.

Giddens, A. (1984). *The Constitution of Society.* Cambridge: Polity Press.

Giddens, A. (1994a). *Beyond Left and Right: The Future of Radical Politics.* Cambridge: Polity Press.

Giddens, A. (1994b). Living in a post-traditional society. In Beck, U., Giddens, A. and Lash, S. (Eds.), *Reflexive Modernization.* Cambridge: Polity Press.

Giddens, A. (1998). *The Third Way: The Renewal of Social Democracy.* Cambridge: Polity Press.

Giddens, A. (2000). *The Third Way and its Critics.* Cambridge: Polity Press.

Gillborn, D., and Youdell, D. (2000). R*ationing Education: Policy, Practice, Reform and Equity.* Buckingham: Open University Press.

Ginsburg, M. B. (1997). Professionalism or politics as a model for educators' engagement with/in communities. *Journal of Education Policy,* Vol. 12, nos. 1/2, pp. 5-12.

Giroux, H., and McLaren, P. (1992). America 2000 and the politics of erasure: democracy and cultural difference under siege. *International Journal of Educational Reform,* Vol. 1, no. 2, pp. 99-109.

Glatter, R., Woods, P., and Bagley, C. (1997). Diversity, differentiation and hierarchy: School choice and parental preference. In Glatter, R., Woods, P. A. and Bagley, C. (Eds.), *Choice and Diversity in Schooling: Perspectives and Prospects.* London: Routledge.

Gleeson, D., and Whitty, G. (1976). *Developments in Social Studies Teaching*. London: Open Books.

Glennerster, H. (1991). Quasi-markets for education? *Economic Journal,* Vol. 101, 1268-1276.

Goldhaber, D. D. (1996). Public and private high schools: is school choice an answer to the productivity problem? *Economics of Education Review,* Vol. 15, pp. 93-109.

Goldhaber, D. D. (1999). School choice: an examination of the empirical evidence on achievement, parental decision-making, and equity. *Educational Researcher,* Vol. 28, no. 9, pp. 16-25.

Goldthorpe, J. H. (1996). Class analysis and the reorientation of class theory: the case of persisting differentials in educational attainment. *British Journal of Sociology,* Vol. 47, no. 3, pp. 482-505.

Goodson, I. (1983). *School Subjects and Curriculum Change*. London: Croom Helm.

Goodson, I. (Ed.) (1985). *Social Histories of the Secondary Curriculum*. Lewes: Falmer Press.

Gorard, S., and Fitz, J. (1998a). Under starter's orders: the established market, the Cardiff Study and the Smithfield Project. *International Studies in Sociology of Education,* Vol. 8, no. 3, pp. 299-314.

Gorard, S., and Fitz, J. (1998b). The more things change...the missing impact of marketisation? *British Journal of Sociology of Education,* Vol. 19, no. 3, 365-376.

Gorard, S., and Taylor, C. (forthcoming) The composition of specialist schools in England: track record and future prospects.

Gordon, L. (1992). Educational reform in New Zealand: contesting the role of the teacher. *International Studies in Sociology of Education,* Vol. 2, no. 1, pp. 23-42.

Gordon, L. (1994). 'Rich' and 'poor' schools in Aotearoa. *New Zealand Journal of Educational Studies,* Vol. 29, no. 2, pp. 113-125.

Gordon, L., and Wilson, K. (1992). Teacher unions in New Zealand. In Cooper, B. (Ed.), *Labor Relations in Education.* Westport, CT: Greenwood Press.

Gordon, L., and Wilson, K. (1992). Teacher unions in New Zealand. In Cooper, B. (Ed.), *Labor Relations in Education.* Westport, CT: Greenwood Press.

Grace, G. (1984). *Education in the City.* London: Routledge & Kegan Paul.

Grace, G. (1991). Welfare Labourism versus the New Right: the struggle in New Zealand's education policy. *International Studies in Sociology of Education,* Vol. 1, no. 1, pp. 25-42.

Grace, G. (1995). *School Leadership: Beyond Education Management: an Essay in Policy Scholarship.* London: Falmer Press.

Grace, G. (1996). *Urban Education and the Culture of Contentment.* Paper presented at King's College London, 3 December.

Grace, G. (1998). Realising the mission: Catholic approaches to school effectiveness. In Slee, T., Weiner, G. and Tomlinson, S. (Eds.), *School Effectiveness for Whom? Challenges to School Effectiveness and School Improvement Movements.* London: Falmer Press.

Grace, G. (forthcoming). *Catholic Schools: Mission, Markets and Morality.* London: RoutledgeFalmer.

Gray, J. (1998). *The Contribution of Educational Research to School Improvement.* Inaugural Professorial Lecture, Institute of Education, University of London.

Gray, J. (2001). Introduction: building for improvement and sustaining change in schools serving disadvantaged communities. In Maden, M. (Ed.), *Success Against the Odds*

- *Five Years On: Revisiting Schools in Disadvantaged Areas.* London: RoutledgeFalmer.

Green, A. (1990). *Education and State Formation.* London: Macmillan.

Green, A. (1994). Postmodernism and state education. *Journal of Education Policy,* Vol. 9, no. 1, pp. 67-84.

Green, A. (1997). *Education, Globalisation and the Nation State.* London: Macmillan.

Green, A. (2001). Education at a crossroads, *Perspectives - The Japan Foundation Newsletter.* London, Issue 3, March.

Green, A., Wolf, A., and Leney, T. (1999). *Convergence and Divergence in European Education and Training Systems.* Bedford Way Paper, Institute of Education, London.

Greene, J., and Peterson, P. (1996). School choice data rescued from bad science, *Wall Street Journal,* 14 August.

Greene, J., Peterson, P., and Du, J. (1998). School choice in Milwaukee: a randomized experiment. In Peterson, P. E. and Hassel, B. C. (Eds.), *Learning from School Choice.* Washington, DC: Brookings Institution.

Hackett, G. (1997). Researchers' warning on national targets. *Times Educational Supplement,* 25 October, p. 3.

Hall, P. A. (1997). Social capital: a fragile asset. In Christie, I. and Perry, H. (Eds.), *The Wealth and Poverty of Networks: Tackling Social Exclusion.* London: Demos.

Hall, S. (1991). The local and the global: globalization and ethnicity. In King, A. D. (Ed.), *Culture, Globalization and the World-System.* London: Macmillan.

Hallgarten, J., and Watling, R. (2001). Zones of contention. *Parliamentary Brief,* Vol. 7, no. 2, pp. 44-45.

Halpin, D. (1999). Democracy, inclusive schooling and the politics of education. *International Journal of Inclusive Education,* Vol. 3, no. 3, pp. 225-238.

Halpin, D., Power, S., and Fitz, J. (1997). Opting into the past? Grant maintained schools and the reinvention of tradition. In Glatter, R., Woods, P. and Bagley, C. (Eds.), *Choice and Diversity in Schooling: Perspectives and Prospects.* London: Routledge.

Halsey, A. H. (Ed.) (1972). *Educational Priority, EPA Problems and Policies, 1.* London: HMSO.

Halsey, A. H. (1977). Government against poverty in school and community. In Cosin, B. R., Dale, I. R., Esland, G. M., Mackinnon, D. and Swift, D. F. (Eds.), *School and Society: a Sociological Reader.* London: Routledge & Kegan Paul.

Halsey, A. H., Lauder, H., Brown, P., and Stuart Wells, A. (Eds.) (1997). *Education: Culture, Economy, Society.* Oxford: Oxford University Press.

Hammersley, M. (1996). Post mortem or post modern? Some reflections on British sociology of education. *British Journal of Educational Studies,* Vol. 44, no. 4, pp. 394-406.

Hanlon, G. (1998). Professionalism as enterprise: service class politics and the redefinition of professionalism, *Sociology,* Vol. 32, no. 1, pp. 43-63.

Hargreaves, A. (1994). *Changing Teachers, Changing Times: Teachers' Work and Culture in the Postmodern Age.* London: Cassell.

Hargreaves, D. (1982). *The Challenge for the Comprehensive School.* London: Routeldge & Kegan Paul.

Hargreaves, D. (1994). *The Mosaic of Learning: Schools and Teachers for the Next Century.* London: Demos.

Hargreaves, D. (2000). *Towards Education for Innovation: How Can Education Systems Meet the Demands of a Knowledge Society?* Presentation at the Institute of Education, London, 22 November.

Harris, K. (1993). Power to the people? Local management of

schools, *Education Links,* Vol. 45, pp. 4-8.

Harris, S. (1993). CEG post National Curriculum: What future? *Careers Education and Guidance,* October, pp. 2-3.

Harty, S. (1994). 'Pied Poper revisited'. In Bridges, D. and MaLaughlin, T. H. (Eds.), *Education and the Market Place.* London: Falmer Press.

Harvey, D. (1989). *The Condition of Postmodernity: an Enquiry into Origins of Cultural Change.* Oxford: Basil Blackwell.

Hatcher, R. (1994). Market relationships and the management of teachers. *British Journal of Sociology of Education,* Vol. 15, no. 1, pp. 41-62.

Hatcher, R. (1996). The limitations of the new social democratic agendas. In Hatcher, R. and Jones, K. (Eds.), *Education after the Conservatives.* Stoke-on-Trent: Tretham Books.

Hayek, F. A. (1944). *The Road to Serfdom.* London: Routledge.

Health Education Authority. (HEA) (1992). *Health Education Policies in Schools.* London: Health Education Authority.

Henig, J. R. (1994). *Rethinking School Choice: Limits of the Market Metaphor.* Princeton, NJ: Princeton University Press.

Hickox, M. (1995). Situating vocationalism. *British Journal of Sociology of Education,* Vol. 16, no. 2, pp. 153-163.

Hickox, M., and Moore, R. (1992). Education and post-Fordism: a new correspondence. In Brown, P. and Lauder, H. (Eds.), *Education for Economic Survival: from Fordism to post-Fordism.* London: Routledge.

Hill, D., McLaren, P., Cole, M., and Rikowski, G. (Eds.) (1999). *Postmodernism in Educational Theory.* London: Tufnell Press.

Hill, P. T., Foster, G. E., and Gendler, T. (1990). *High Schools with Character.* Santa Monica, CA: Rand.

Hillage, J., Pearson, R., Anderson, A., and Tamkin, P. (1998). *Excellence in Research in Schools.* Sudbury: DfEE.

Hillgate Group. (1987). *The Reform of British Education.* London:

Claridge Press.

Hirst, P. Q., and Thompson, G. (1996). *Globalization in Question: the International Economy and the Possibilities of Governance.* Cambridge: Policy Press.

HMCI. (1998). *Secondary Education 1993-1997: A Review of Secondary Schools in England.* London: Office for Standards in Education.

Holland, J. (1981). Social class and changes in orientation to meaning. *Sociology,* Vol. 15, no. 1, pp. 1-18.

Howarth, V. (1987). *Survey of Families in Bed and Breakfast Hotels.* London: Thomas Coram Foundation for Children.

Hoyle, E. (1962). *Karl Mannhiem and the Education of an Elite.* Unpublished MA dissertation, University of London.

Hoyle, E. (1964). The elite concept in Karl Mannheim's sociology of education. *Sociological Review,* Vol. 12, pp. 55-71.

Hoyle, E. (1974). Professionality, professionalism and control in teaching. *London Education Review,* Vol. 3, no. 2, pp. 13-19.

Hoyle, E., and John, P. D. (1995). *Professional Knowledge and Professional Practice.* London: Cassell.

Hutton, W. (2001). *Times Educational Supplement,* 16 February.

Jesson, D. (2000). The comparative evaluation of GCSE value-added performance by type of school and LEA. Available on http://www.york.ac.uk/depta/econ/rc/ cperm.htm

Jesson, D., and Taylor, C. (1999). *Value-Added in Specialist Schools.* London: Technology Colleges Trust.

Jessop, B., Bonnett, K., Bromley, S., and Ling, T. (1987). Popular capitalism, flexible accumulation and left strategy. *New Left Review,* Vol. 165, pp. 104-123.

Johnson, S. M., and Landman, J. (2000). 'Sometimes bureaucracy has its charms': the working conditions of teachers in deregulated schools. *Teachers College Record,* Vol. 102, no. 1, p. 85.

Jones, L., and Moore, R. (1993). Education, competence and the control of expertise, *British Journal of Sociology of Education,* Vol. 14, pp. 385-397.

Jowett, S., and Sylva, K. (1986). Does kind of pre-school matter? *Educational Research,* Vol. 25, no. 1, pp. 21-31.

Keddie, N. (1971). Classroom knowledge. In Young, M. F. D. (Ed.), *Knowledge and Control.* London: Collier Macmillan.

Kenway, J. (1993). Marketing education in the postmodern age. *Journal of Education Policy,* Vol. 8, no. 1, pp. 105-122.

Kenway, J., Bigum, C., Fitzclarence, L., and Collier, J. (1998). Pulp fictions? Education, markets and the information superhighway. In Carlson, D. and Apple, M. (Eds.), Power/ *Knowledge/Pedagogy.* Boulder, CO: Westview Press.

Kerckhoff, A., Fogelman, K., Crook, D., and Reeder, D. (1996). *Going Comprehensive in England and Wales.* London: Woburn Press.

Kettler, D., and Meja, V. (1995). *Karl Mannheim and the Crisis of Liberalism: The Secret of These New Times.* New Brunswick, NJ: Transaction Publishers.

Kettler, D., Meja, V., and Stehr, N. (1984). *Karl Mannheim.* Chichester: Ellies Horwood Limited.

Knight, J., Bartlett, L., and McWilliam, E. (Eds.) (1993). *Unfinished Business: Reshaping the Teacher Education Industry for the 1990s.* Rockhampton: University of Central Queensland.

Kozol, J. (1988). *Rachel and Her Children: Homeless Families in America.* New York: Crown.

Kritzman, L. D. (Ed.) (1988). *Foucault: Politics/Philosophy/Culture.* New York: Routledge.

Kudomi, Y. (1996). Karl Mannheim in Britain: an interim research report. *Hitotsubashi Journal of Social Studies,* Vol. 28, no. 2, pp. 43-56.

Ladwig, J. (1994). For whom this reform? Outlining educational policy as a social field. *British Journal of Sociology of Education,* Vol. 15, no. 3, pp. 341-363.

Lander, G. (1983). *Corporatist Ideologies and Education: the Case of the Business Education Council.* Unpublished PhD thesis, University of London.

Landman, M., and Ozga, J. (1995). Teacher education policy in England. In Ginsburg, M. and Lindsay, B. (Eds.), *The Political Dimension in Teacher Education: Comparative Perspectives on Policy Formation, Socialization and Society.* London: Falmer Press.

Lash, S. (1990). *Sociology of Postmodernism.* London: Routledge.

Lauder, H., Jamieson, I., and Wikeley, F. (1998). Models of effective schools: limits and capabilities. In Slee, R., Tomlinson, S. and Weiner, G. (Eds.), *School Effectiveness for Whom?* London: Falmer Press.

Lauder, H., Highes, D., Waslander, S., Thrupp, M., McGlinn, J., Newton, S., and Dupuis, A. (1994). *The Creation of Market Competition for Education in New Zealand.* Smithfield Project, Victoria University of Wellington.

Lauder, H., Highes, D., Watson, S., Waslander, S., Thrupp, M., Strathdee, R., Simiyu, I., Dupuis, A., Mcglinn, J., and Hamlin, J. (1999). *Trading in Futures: Why Markets in Education Don't Work.* Buckingham: Open University Press.

Lawlor, S. (1990). *Teachers Mistaught: Training in Theories or Education in Subjects?* London: Centre for Policy Studies.

Lawton, D. (1975). *Class, Culture and the Curriculum.* London: Routlgede.

Lee, V. E., and Bryk, A. S. (1993). Science or policy argument? In Rassell, E. and Rothstein, R. (Eds.), *School Choice: Examining the Evidence.* Washington, DC: Economic Policy Institute.

Le Grand, J. (1997). Knights, knaves or pawns? Human behaviour and social policy. *Journal of Social Policy,* Vol. 26, pp. 149-

164.

Le Grand, J., and Bartlett, W. (Eds.) (1993). *Quasi-Markets and Social Policy.* London: Macmillan.

Levacic, R. (1995). *Local Management of Schools: Analysis and Practice.* Milton Keynes: Open University Press.

Levacic, R., and Hardman, J. (1999). The performance of grant maintained school in England: an experiment in autonomy, *Journal of Education Policy,* Vol. 14, no. 2, pp. 185-212.

Literacy Task Force. (1997). *A Reading Revolution: How We Can Teach Every Child to Read Well.* London: Literacy Task Force.

Loader, C. (1985). *The Intellectual Development of Karl Mannheim.* Cambridge: Cambridge University Press.

Lucey, H., and Reay, D. (2000). *Carrying the Beacon of Excellence: Pupil Performance, Gender and Social Class.* Mimeograph, School of Education, King's College, London.

Mac an Ghaill. (1992). Teachers' work: curriculum restructuring, culture, power and comprehensive schooling. *British Journal of Sociology of Education,* Vol. 13, no. 2, pp. 177-200.

McCaig, C. (2000). New Labour and education, education, education. In Smith, M. and Ludlum, S. (Eds.), *New Labour in Government.* London: Macmillan.

McKenzie, J. (1995). The process of excluding 'education' from the 'public sphere', In Edgell, S. et al. (Eds.), *Debating the Future of the Public Sphere.* Aldershot: Avebury.

McKenzie, D. (1999). The clouded trail: ten years of public education post-Picot. In Thrupp, M. (Ed.), *A Decade of Reform in New Zealand: Where to Now?* Waikato: University of Waikato.

Maclure, S. (1993). Fight this tooth and nail. *Times Educational Supplement,* 18 June.

Maden, M. (Ed.) (2001). *Success Against the Odds Five Years On.*

London: RoutledgeFalmer.
Maden, M., and Hillman, J. (1996). Lessons in success. In National Commission on Education (Ed.), *Success Against the Odds.* London: Routledge.
Mahony, P., and Hextall, I. (2000). *Reconstructing Teaching: Standards, Performance and Accountability.* London: RoutledgeFalmer.
Mannheim, K. (1936). *Ideology and Utopia: An Introduction to the Sociology of Knowledge.* London: Kegan Paul.
Mannheim, K. (1940). *Man and Society in an Age of Reconstruction.* London: Kegan Paul.
Mannheim, K. (1943). *Diagnosis of Our Time: Wartime Essays of a Sociologist.* London: Kegan Paul.
Mannheim, K. (1951). *Freedom, Power and Democratic Planning.* London: Routledge & Kegan Paul.
Mannheim, K. (1957). *Systematic Sociology: an Introduction to the Study of Society.* London: Routledge & Kegan Paul.
Mannheim, K., and Stewart, W. A. C. (1962). *An Introduction to the Sociology of Education.* London: Routledge & Kegan Paul.
Marks, J. (2001). *The Betrayed Generation: Standards in British Schools 1950-2000.* London: Centre for Policy Studies.
Marquand, D. (1995). Flagging fortunes, *The Guardian,* 13 July.
Marren, E., and Levacic, R. (1994). Senior management, classroom teacher and governor responses to local management of schools, *Educational Management and Administration,* Vol. 22, no. 1, pp. 39-53.
Meja, V., and Kettler, D. (1993). Introduction. In Wolff, K. H. (Ed.), *From Karl Mannheim.* New Brunswick, NJ: Transaction Publishers.
Millerson, G. (1964). *The Qualifying Association.* London: Routledge & Kegan Paul.
Mills, C. W. (1961). *The Sociological Imagination.* Harmondsworth:

Penguin.

Moe, T. (1994). The British battle for choice. In Billingsley, K. L. (Ed.), *Voices on Choice: The Education Reform Debate.* San Francisco: Pacific Institute for Public Policy.

Molnar, A. (1996). *Giving Kids the Business: the Commercialization of America's Schools.* Boulder, CO: Westview Press.

Molnar, A., Smith, P., Zahorik, J., Palmer, A., Halbach, A., and Ehrle, K. (1999). Evaluating the SAGE programme. *Educational Evaluation and Policy Analysis Journal,* Special Issue: Class size - issues and findings, Vol. 21, no. 2, pp. 165-179.

Montgomery, S. M., and Schoon, I. (1997). Health and health behaviour. In Bynner, J., Ferri, E. and Shepherd, P. (Eds.), *Twentysomething in the 1990s: Getting On, Getting By, Getting Nowhere.* Aldershot: Ashgate.

Moore, D., and Davenport, S. (1990). School choice: the new improved sorting machine. In Boyd, W. and Walberg, H. (Eds.), *Choice in Education.* Berkeley, CA: McCutchan.

Mortimore, J., and Blackstone, T. (1982). *Education and Disadvantage.* London: Heinemann.

Mortimore, P. (1996). *Partnership and Co-operation in School Improvement.* Paper presented at the Association for Teacher Education in Europe Conference, Glasgow, Scotland, September.

Mortimore, P. (1998a). Neither whingers nor pessimists. *Time Educational Supplement,* 31 October, p. 19.

Mortimore, P. (1998b). *The Road to Improvement: Reflections on School Effectiveness.* Abingdon: Swets & Zeitlinger.

Mortimore, P., and Whitty, G. (1997). *Can School Improvement Overcome the Effects of Disadvantage?* London: Institute of Education.

Mortimore, P., Sammons, P., Stoll, L., Lewis, D., and Ecob, R. (1998a). *School Matters: The Junior Years.* London: Open Books.

Mortimore, P., Sammons, P., Stoll, L., Lewis, D., and Ecob, R. (1998b). The effects of school membership on students' educational outcomes, *Research Papers in Education,* Vol. 3, no. 1, pp, 3-26.

Morton, S. (1988). *Homeless Families in Manchester.* Faculty of Community Medicine, University of Manchester.

Mouffe, C. (1989). Toward a radical democratic citizenship. *Democratic Left,* Vol. 17, no. 2, pp. 6-7.

Mouffe, C. (Ed.) (1992). *Dimensions of Radical Democracy: Pluralism, Citizenship, Democracy.* London: Verso.

Mumby, D., and Stohl, C. (1991). Power and discourse in organization studies: absence and the dialectic of control. *Discourse and Society,* Vol. 28, no. 2, pp. 313-332.

Nash, R., and Harker, R. (1998). *Making Progress: Adding Value in Secondary Education.* Palmerston North: ERDC Press.

National Child Development Study. (1972). *From Birth to Seven: The Second Report of the National Child Development Study (1958 Cohort).* London: Longman/National Children's Bureau.

National Children's Bureau. (1987). *Investing in the Future - Child Health Ten Years After the Court Report.* London: National Children's Bureau.

National Commission on Education. (1996). *Success Against the Odds: Effective Schools in Disadvantaged Areas.* London: Routledge.

National Consumer Council. (NCC) (1996). *Sponsorship in Schools.* London: National Consumer Council.

National Curriculum Council. (NCC) (1990a). *Curriculum Guidance 3: The Whole Curriculum.* York: National Curriculum Council.

National Curriculum Council. (NCC) (1990b). *Curriculum Guidance 5: Health Education.* York: National Curriculum Council.

Neave, G. (1988). On the cultivation of quality, efficiency and enterprise: an overview of recent trends in higher education in Western Europe, 1968-1988, *European Journal of Education,* Vol. 23, nos. 1/2, pp. 7-23.

NERF (2000). *A National Strategy.* Consultation paper issued by the National Forum for Educational Research. London: NERF.

Noden, P. (2000). Rediscovering the impact of marketisation: dimensions of social segregation in England's secondary schools, 1994-1999. *British Journal of Sociology of Education,* pp. 371-390.

Noss, R. (1990). The National Curriculum and Mathematics: a case of divide and rule? In Noss, R. and Dowling, P. (Eds.), *Mathematics versus the National Curriculum.* Lewes: Falmer Press.

OECD. (1994). *School: A Matter of Choice.* Paris: OECD/CERI.

OECD. (1995). *Our Children at Risk.* Paris: OECD.

OERI. (Office of Educational Research and Improvement) (1997). *A Study of Charter Schools: First Year Executive Report Summary.* Washington, DC: US Department of Education.

Ozga, J. (1990). Policy research and policy theory. *Journal of Education Policy,* Vol. 5, no. 4, pp. 359-362.

Ozga, J. (2000). *Doing Research in Educational Settings:* Contested Terrain. Buckingham: Open University Press.

Penlington, G. (2001a). Why New Labour found itself converted to Church schools. *Parliamentary Brief,* Vol. 7, no. 2, pp. 42-43.

Penlington, G. (2001b). Wooing the middle class into inner city schools. *Parliamentary Brief,* Vol. 7, no. 8, pp. 9-10.

Penlington, G. (2001c). Specialist spin that works. *Times Educational Supplement,* 10 August, p. 9.

Peterson, P. E. (1998). School choice: a report card. In Peterson, P. E. and Hassel, B. C. (Eds.), *Learning from School Choice.* Washington, DC: Brookings Institution.

Phillips, M. (1996). Inspectors only come under fire when they say schools are doing badly. No-one complains about their methods when the results are good, *Observer,* 27 October.

Plank, S., Schiller, K. S., Schneider, B., and Coleman, J. S. (1993). Effects of choice in education. In Rassell, E. and Rothstein, R. (Eds.), *School Choice: Examining the Evidence.* Washington, DC: Economic Policy Institute.

Plant, R. (1990). Citizenship and rights. *Citizenship and Rights in Thatcher's Britain: Two Views.* London: Institute of Economic Affairs.

Plewis, I. (1997). Letter. *Times Educational Supplement,* 9 May.

Plewis, I. (1998). Inequalities, targets and zones. *New Economy,* Vol. 5, no. 2, pp. 104-108.

Plewis, I., and Goldstein, H. (1998). Excellence in schools - a failure of standards, *British Journal of Curriculum and Assessment,* Vol. 8, no. 1, pp. 17-20.

Pollard, S. (1995). *Schools, Selection and the Left.* London: Social Market Foundation.

Power, S., Fitz, J., and Halpin, D. (1994). Parents, pupils and grant maintained schools. *British Educational Research Journal,* Vol. 20, no. 2, pp. 209-226.

Power, S., Whitty, G., and Youdell, D. (1995). *No Place to Learn: Homelessness and Education.* London: Shelter.

Proudford, C., and Baker, R. (1995). Schools that make a difference: a sociological perspective on effective schooling. *British Journal of Sociology of Education,* Vol. 16, no. 3, pp. 277-292.

Pryke, R. (1996). Positioning the LEA in LEArning, *Education Journal,* Vol. 6, p. 21.

Putnam, R. D. (1993). The prosperous community: social capital and public life, *American Prospect,* Vol. 13, Spring.

Putnam, R. D., Leonardi, R., and Nanetti, R. Y. (1993). *Making De-*

mocracy Work: Civic Traditions in Modern Italy. Princeton, NJ: Princeton University Press.

Pyke, N. (1997). Billions fail to add up to rising standards. *Times Educational Supplement,* 3 October, p. 1.

Ranson, S. (2000). Recognizing the pedagogy of voice in a learning community, *Educational Management and Administration,* Vol. 28, no. 3, pp. 263-279.

Raywid, M. A. (1994). *Focus Schools: A Genre to Consider,* Urban Diversity Series No. 106. New York: Columbia University, ERIC Clearinghouse on Urban Education.

Reay, D., and Ball, S. (1998). 'Making their minds up': family dynamics and school choice. *British Educational Research Journal,* Vol. 24, pp. 431-448.

Reynolds, D. (1997). Now we must tackle social inequality not just assess it. *Times Educational Supplement,* 21 March, p. 23.

Riddell, P. (1992). Is it the end of politics? *The Times,* 3 August.

Roberts, P. (1994). Business sponsorship in schools: a changing climate. In Bridges, D. and McLaughlin, T. (Eds.), *Education and the Market Place.* London: Falmer Press.

Robertson, S. L. (1993). The politics of devolution, self-management and post-Fordism in schools. In Smyth, J. (Ed.), *A Socially Critical View of the Self-Managing School.* London: Falmer Press.

Robertson, S. L. (1995). *'Free' Capitalism and 'Fast' Schools.* Paper presented to the American Educational Association Annual Meeting, San Francisco, 18-22 April.

Robertson, S. L. (1996). *Markets and Teacher Professionalism.* Paper presented at the Ninth World Congress of Comparative Education Societies, Sydney, Australia, 1-6 July.

Robins, K. (1991). Tradition and translation: national culture in its global context. In Corner, J. and Harvey, S. (Eds.), *Enterprise and Heritage: Crosscurrents of National Culture.* London:

Routledge.
Robinson, P. (1997). *Literacy, Numeracy and Economic Performance*. London: CEP/London School of Economics.
Rose, L. C., and Gallup, A. M. (1999). The 31st Annual Phi Delta Kappa/Gallup Poll. *Phi Delta Kappa,* Vol. 81, no. 1, pp. 41-56.
Rose, N., and Miller, P. (1992). Political power beyond the state: problematics of government. *British Journal of Sociology,* Vol. 43, no. 2, pp. 173-205.
Rossell, C. H., and Glenn, C. L. (1988). The Cambridge controlled choice plan. *Urban Review,* Vol. 20, no. 2, pp. 75-94.
Rowe, D. (1993). Citizenship, PSE and the French dressing approach to curriculum planning. *Social Science Teacher,* Vol. 22, no. 2, pp. 16-17.
Rutter, M., Maughan, B., Mortimore, P., and Ouston, J. (1979). *Fifteen Thousand Hours*. London: Open Books.
Schweinhart, L. J., and Weikart, D. P. (1997). Lasting differences: the High/Scope pre-school curriculum comparison study through age 23, *Early Childhood Research Quarterly,* Vol. 12, no. 2, pp. 117-143.
Schweinhart, L. J., Barnes, H. V., and Weikart, D. P. (1993). Significant benefits: the High/Scope Perry preschool study through age 27. *Monographs of the High/Scope Educational Research Foundation,* Vol. 10.
Selywn, N. (1999). Gilding the Grid: the marketing of the National Grid for Learning. *British Journal of Sociology,* Vol. 20, no. 1, pp. 55-68.
Sexton, S. (1987). *Our Schools - a Radical Policy.* Warlingham: IEA Education Unit.
Shilling, C. (1993). The demise of sociology of education in Britain? *British Journal of Sociology of Education,* Vol. 14, no. 1, pp. 105-112.
Shorrocks, D., Daniels, S., Frobisher, L., Nebon, N., Waterson, A.,

and Bell, S. (1992). *Enca 1 Project: The Evaluation of National Curriculum Assessment at Key Stage 1*. Leeds: School of Education, University of Leeds.

Simon, B. (1994). *The State and Educational Change*. London: Lawrence & Wishart.

Sinclair, J., Ironside, M., and Seifert, R. (1993). *Classroom Struggle? Market Oriented Education Reforms and Their Impact on Teachers' Professional Autonomy, Labour Intensification and Resistance*. Paper presented at the International Labour Process Conference, 1 April.

Smith, A. B., and Gaffney, M. (1997). *Evaluation of the TIE Project: A Preliminary Report*. Dunedin: Children's Issues Centre.

Smith, C., and Pugh, G. (1996). *Learning to Be a Parent: A Survey of Group-Based Parenting Programmes*. London: Family Policies Studies Centre.

Smith, G. (1987). Whatever happened to educational priority areas? *Oxford Review of Education,* Vol. 13, no. 1, pp. 23-38.

Smith, K. B., and Meier, K. J. (1995). *The Case Against School Choice: Politics, Markets and Fools*. Armonk, NY: M. E. Sharpe.

Smith, T., and Noble, M. (1995). *Education Divides: Poverty and Schooling in the 1990s*. London: Child Poverty Action Group.

Smithers, A. (2001). Labour creating secondary maze. *Guardian,* 24 May.

Socialist Teachers Alliance. (1998). *Trojan Horses: Education Action Zones - the Case Against the Privatisation of Education*. London: Socialist Teachers Alliance.

Soucek, V. (1996). *Eduaction Policy Formation in the Post-Fordist Era and Its Impact on the Nature of Teachers' Work*. Unpublished PhD thesis, University of Alberta.

Stepien, D., Murray, L., and Lawrence, B. (1996). *Homelessness, Schooling and Attainment*. Portsmouth: University of

Portsmouth, Portsmouth City Council in association with LDJ Educational.

Stewart, W. A. C. (1967). *Karl Mannheim on Education and Social Thought*. London: George G. Harrap for the University of London, Institute of Education.

Stoll, L., and Fink, D. (1996). *Changing Our Schools*. Buckingham: Open University Press.

Stronge, J. H. (1992). The background: history and problems of schooling for the homeless. In Stronge, J. H. (Ed.), *Educating Homeless Children and Adolescents: Evaluating Policy and Practice*. Newbury Park, CA: Sage Publications.

Sullivan, K. (1994). The impact of education reform on teachers' professional ideologies. *New Zealand Journal of Educational Studies,* Vol. 29, no. 1, pp. 3-20.

Sylva, K., and Wilshire, J. (1993). The impact of early learning on children's later development: a review prepared for the RSA Inquiry 'Start Right'. *European Early Childhood Education Research Journal,* Vol. 1, no. 1, pp. 17-40.

Taylor, C. (2001). Specialist schools - the real facts behind their success. *Technology Colleges Trust News,* no. 18, Summer.

Taylor, W. (1996). Education and the Moot. In Aldrich, R. (Ed.), *In History and in Education*. London: Woburn Press.

Thompson, K. (1992). Social pluralism and postmodernity. In Hall, S., Held, D. and McGrew, T. (Eds.), *Modernity and Its Futures*. Cambridge: Polity Press.

Thrupp, M. (1995). The school mix effect: the history of an enduring problem in educational research, policy and practice. *British Journal of Sociology of Education,* Vol. 16, pp. 183-203.

Thrupp, M. (1999). *Schools Making a Difference: Let's be Realistic!* Buckingham: Open University Press.

Tooley, J. (1995). Markets or democracy? A reply to Stewart Ranson,

British Journal of Educational Studies, Vol. 43, no. 1, pp. 21-34.

Tooley, J. (1996). *Education without the State.* London: Institute of Economic Affairs.

Tooley, J. (2000). *Reclaiming Education.* London: Cassell.

Tooley, J., and Darby, D. (1998). *Educational Research: A Critique.* London: OFSTED.

Torres, C. (1998). *Education, Power, and Personal Biography.* London: Routledge.

Townsend, P. (1996). Comment quoted in Richards, H., Perspectives. *Times Higher Education Supplement,* 30 August, p. 13.

Troman, G. (1996). The rise of the new professionals: the restructuring of primary teachers' work and professionalism. *British Journal of Sociology of Education,* Vol. 17, no. 4, pp. 473-487.

Tulloch, M. (2001). Promoting comprehensive education. In Chitty, C. and Simon, B. (Eds.), *Promoting Comprehensive Education in the 21st Century.* Stoke-on-Trent: Trentham Books.

Usher, R., and Edwards, R. (1994). *Postmodernism and Education.* London: Routledge.

Vincent, C., Evans, J., Lunt, I., and Young, P. (1995). Policy and practice: the changing nature of special educational provision in schools, *British Journal of Special Education,* Vol. 22, no. 1, pp. 4-11.

Wadsworth, M. E. J. (1996). Family and education as determinants of health. In Blane, D., Brunner, E. and Wiklinson, R. (Eds.), *Health and Social Organisation: Towards a Health Policy for the 21st Century.* London: Routledge.

Wadsworth, M. E. J. (1997a). Changing social factors and their long-term implications for health. *British Medical Bulletin,* Vol. 53, no. 1, pp 198-209.

Wadsworth, M. E. J. (1997b). Health inequalities in the Life Course

perspective. *Social Science and Medicine,* Vol. 44, no. 6, pp. 859-869.
Walford, G. (1992). Educational choice and equity in Great Britain. *Educational Policy,* Vol. 6, no. 2, pp. 123-138.
Walford, G., and Miller, H. (1991). *City Technology College.* Milton Keynes: Open University Press.
Walker, A., and Walker, C. (Eds.) (1997). *Britain Divided: the Growth of Social Exclusion in the 1980s and 1990s.* London: Child Poverty Action Group.
Waslander, S., and Thrupp, M. (1995). Choice, competition and segregation: an empirical analysis of a New Zealand secondary school market 1990-1993. *Journal of Education Policy,* Vol. 10, no. 1, pp. 1-26.
Weiss, M. (1993). New guiding principles in educational policy: the case of Germany. *Journal of Education Policy,* Vol. 8, no. 4, pp. 307-320.
Wells, A. S. (1993a). The sociology of school choice: why some win and others lose in the educational marketplace. In Rasell, E. and Rothstein, R. (Eds.), *School Choice: Examining the Evidence.* Washington, DC: Economic Policy Institute.
Wells, A. S. (1993b). *Time to Choose: America at the Crossroads of School Choice Policy.* New York: Hill & Wang.
Wells, A. S., Grutzik, C., Carnochan, S., Slayton, J., and Vasudeva, A. (1999). Underlying policy assumptions of Charter School reform: the multiple meanings of a movement. *Teachers College Record,* Vol. 100, no. 3, pp. 513-535.
West, A., Noden, P., Kleinman, M., and Whitehead, C. (2000). *Examining the Impact of the Specialist Schools Programme.* DfEE Research Report RR 196, Centre for Educational Research, London School of Economics and Political Science.
Wexler, P. (1992). *Becoming Somebody.* Lewes, Sussex: Falmer Press.

Whitty, G. (1985). *Sociology and School Knowledge: Curriculum Theory, Research and Politics.* London: Methuen.

Whitty, G. (1992a). Education, economy and national culture. In Bocock, R. and Thompson, K. (Eds.), *Social and Cultural Forms of Modernity.* Cambridge: Polity Press.

Whitty, G. (1992b). Integrated humanities and world studies. In Rattansi, A. and Reeder, D. (Eds.), *Radicalism and Education: Essays for Brian Simon.* London: Lawrence & Wishart.

Whitty, G. (1994). Devolution in education systems: implications for teacher professionalism and pupil performance. *National Industry Education Forum: Decentralisation and Teachers: Report of a Seminar.* Melbourne: National Industry Education Forum.

Whitty, G. (1997). Creating quasi-markets in education: a review of recent research on parental choice and school autonomy in three countries. *Review of Research in Education,* Vol. 22, pp. 3-47.

Whitty, G., and Edwards, T. (1998). School choice policies in Britain and the United States: an exploration of their origins and significance. *Comparative Education,* Vol. 34, no. 2, pp. 211-227.

Whitty, G., and Power, S. (1999). Making sense of education reform: global and national influences. *International Journal of Contemporary Sociology,* Vol. 36, no. 2, pp. 144-162.

Whitty, G., and Power, S. (2000). Marketization and privatization in mass education systems. *International Journal of Educational Development,* Vol. 20, pp. 93-107.

Whitty, G., Edwards, T., and Gewritz, S. (1993). *Specialisation and Choice in Urban Education: The City Technology College Experiment.* London: Routledge.

Whitty, G., Power, S., and Edwards, T. (1998). The assisted places scheme: its impact and its role in privatization and marketization. *Journal of Education Policy,* Vol. 13, no. 2, pp. 237-250.

Whitty, G., Power, S., and Halpin, D. (1998). *Devolution and Choice in Education: The School, the State and the Market.* Buckingham: Open University Press.

Whitty, G., Rowe, G., and Aggleton, P. (1994a). Discourse in cross-curricular contexts: limits to empowerment. *International Studies in Sociology of Education,* Vol. 4, no. 1, pp. 25-42.

Whitty, G., Rowe, G., and Aggleton, P. (1994b). Subjects and themes in the secondary school curriculum. *Research Papers in Education,* Vol. 9, no. 2, pp. 159-181.

Whitty, G., Aggleton, P., Gamarnikow, E., and Tyrer, P. (1998). Education and health inequalities. *Journal of Education Policy,* Vol. 13, no. 5, pp. 641-652.

Wilby, P. (1998). Why not try old ideas? *Times Educational Supplement,* 13 February, p. 22.

Wilkinson, R. G. (1994). Health, redistribution and growth. In Glyn, A. and Miliband, D. (Eds.), *Paying for Inequality: The Economics Cost of Social Justice.* London: IPPR/Rivers Oram.

Wilkinson, R. G. (1996). *Unhealthy Societies: the Afflictions of Inequality.* London: Routledge.

Wilkinson, R. (1997). *Unfair Shares: the Effects of Widening Income Differences on the Welfare of the Young.* London: Barnardos.

Willms, J. D. (1999). Quality and inequality in children's literacy: the effects of families, schools and communities. In Keating, D. P. and Hertzman, C. (Eds.), D*evelopmental Health and the Wealth of Nations: Social, Biological and Educational Dynamics.* New York: Guilford, pp. 72-93.

Witte, J. F., Thorn, C. A., Pritchard, K. M., and Claibourn, M. (1994). *Fourth Year Report: Milwaukee Parental Choice Program.* Madison, WI, Department of Public Instruction.

Witte, J. F., Thorn, C. A., and Pritchard, K. (1995). *Private and Public Education in Wisconsin: Implications for the Choice Debate*. Medison, WI: University of Wisconsin.

Wohlstetter, P. Wenning, R., and Briggs, K. L. (1995). Charter Schools in the United States: the question of autonomy. *Educational Policy,* Vol. 9, no. 4, pp. 331-358.

Woldring, H. E. S. (1986). *Karl Mannheim: The Development of His Thought*. Assen/Maastricht: Van Gorcum.

Woodhead, C. (1998). Academic gone to seed. *New Statesman,* 20 March.

Woodroffe, C., Glickman, M., Barker, M., and Power, C. (1993). *Children, Teenagers and Health: The Key Data*. Buckingham: Open University Press.

Wright, E. O. (1995). The real utopias project, 'Preface'. In Cohen, J. and Rogers, J. (Eds.), *Associations and Democracy.* London: Verso.

Wylie, C. (1994). *Self Managing Schools in New Zealand: the Fifth Year.* Wellington: New Zealand Council for Educational Research.

Wylie, C. (1995). Contrary currents: the application of the Public Sector Reform Framework in Education. *New Zealand Journal of Educational Studies,* Vol. 20, no. 2, pp. 149-164.

Wylie, C. (1997). *Self Managing Schools Seven Years On - What Have We Learnt?* Wellington: New Zealand Council for Educational Research.

Wylie, C. (1998a). *School Self-Management in New Zealand: How Can It Make a Difference?* Address to NZCER Annual Conference, 21 October.

Wylie, C. (1998b). *Can Vouchers Deliver Better Education? A Review of the Literature with Special Reference to New Zealand*. Wellington: New Zealand Council for Educational Research.

Wylie, C. (1999a). Is the land of the flightless bird now the home of the voucherless voucher? *New Zealand Journal of Educational Research,* Vol. 34, no. 1, pp. 99-109.

Wylie, C. (1999b). *Choice, Responsiveness and Constraint after a Decade of Self-Managing Schools in New Zealand.* Paper delivered at AARE-NZARE conference, Melbourne, Australia.

Young, M. F. D. (Ed.) (1971). *Knowledge and Control: New Directions for the Sociology of Education.* London: Collier Macmillan.

Young, M. F. D. (1973). Taking sides against the probable. *Educational Review,* Vol. 25, no. 3, pp. 210-222.

Young, M. (1998a). Right questions, wrong answers. *Letter to the New Statesman,* 3 April.

Young, M. (1998b). *The Curriculum of the Future.* London: Falmer Press.

Young, M. (1999). Some reflections on the concepts of social exclusion and inclusion: beyond the third way. In Hayton, A. (Ed.), *Tackling Disaffection and Social Exclusion.* London: Kogan Page.

Young, M., and Whitty, G. (Eds.) (1977). *Society, State and Schooling: Readings on the Possibilities for Radical Education.* Lewes: Falmer Press.

Zeichner, K., and Liston, D. (1987). Teaching student teachers how to reflect. *Harvard Educational Review,* Vol. 57, pp. 23-48.

찾아보기

〈인 명〉

〈내 용〉

저자 소개

Geoff Whitty

Geoff Whitty(1946. 12. 31~)는 영국의 런던 대학교 교육연구대학원 교수다. 그의 핵심 연구 영역은 교육과정사회학, 교육정책, 교사교육, 그리고 건강교육이다.

주요 저서로는 *Devolution and Choice in Education: The School, the State, the Market*(1998), *Making Sense of Education Policy: Studies in the Sociology and Politics of Education*(2002), *Graduation and Gradations within the Middle Class: The Legacy of an Elite Higher Education*(2008) 등이 있다.

역자 소개

김달효(金達孝)

부산대학교 사범대학 교육학과 학사, 석사, 박사학위를 취득(교육행정 전공)하였고, 현재 동아대학교 교육학과 교수로 재직하고 있다.

주요 저서로는 『능력별 집단편성의 비판적 이해』(2006), 『교육행정 및 교육경영』(2011) 등이 있고, 주요 역서로는 『성공적인 학급경영을 위한 훈육: 단호한 훈육』(2012), 『훈육의 새로운 이해』(2005)가 있다.

주요 논문으로는 「한국 교사들의 좌파와 우파의 인식에 관한 실증적 분석」(2012), 「정의관의 유형 개발과 타당도 분석」(2012), 「초등학교 방과후학교 외부강사의 채용과 재직 그리고 재계약 과정에서의 문제 분석」(2011), 「사회성 측정(sociometry)을 활용한 학생의 사회성 개선 효과 검증」(2010), 「교원의 금품수수와 관련한 교원소청심사위원회의 결정 분석」(2010), 「대학의 영어강의 확대에 대한 비판적 논의」(2010), 「학교선택제의 시행에 대한 비판적 접근」(2010), 「교원평가의 주체 및 영역에 대한 초 · 중등학교 교원들의 인식」(2009), 「학교교육의 촌지문제에 관한 학부모의 인식」(2009), 「수업관찰을 통해 본 학생의 발표기회와 교육적 논의」(2008), 「학교 안전사고에 대한 대법원 판례 분석」(2007), 「교육감 주민직선제에 관한 교원들의 요구와 개선방안」(2007), 「초등학교 현장에서 본 학급경영의 잘못된 사례와 교육적 논의」(2007), 「학생의 능력별 집단편성에 대한 비판적 접근」(2006), 「초등학교 저학년 학부모의 급식 및 청소활동 참여 문화」(2005), 「고교평준화제도 정당화의 재조명」(2003) 등이 있다.

신자유주의 교육정책의 비판

교육정치학과 교육사회학의 관점

2012년 10월 5일 1판 1쇄 인쇄
2012년 10월 10일 1판 1쇄 발행

지은이 | Geoff Whitty
옮긴이 | 김달효
펴낸이 | 김진환
펴낸곳 | ㈜ 학지사

주　소 | 121-837 서울시 마포구 서교동 352-29 마인드월드빌딩 5층
등록번호 | 제313-2006-000265호
홈페이지 | http://www.hakjisa.co.kr
커뮤니티 | http://cafe.naver.com/hakjisa

ISBN 978-89-6330-965-1 93370

정가 13,000원